# EDUCAÇÃO NO BRASIL

O GEN | Grupo Editorial Nacional – maior plataforma editorial brasileira no segmento científico, técnico e profissional – publica conteúdos nas áreas de ciências sociais aplicadas, exatas, humanas, jurídicas e da saúde, além de prover serviços direcionados à educação continuada e à preparação para concursos.

As editoras que integram o GEN, das mais respeitadas no mercado editorial, construíram catálogos inigualáveis, com obras decisivas para a formação acadêmica e o aperfeiçoamento de várias gerações de profissionais e estudantes, tendo se tornado sinônimo de qualidade e seriedade.

A missão do GEN e dos núcleos de conteúdo que o compõem é prover a melhor informação científica e distribuí-la de maneira flexível e conveniente, a preços justos, gerando benefícios e servindo a autores, docentes, livreiros, funcionários, colaboradores e acionistas.

Nosso comportamento ético incondicional e nossa responsabilidade social e ambiental são reforçados pela natureza educacional de nossa atividade e dão sustentabilidade ao crescimento contínuo e à rentabilidade do grupo.

— ANDREA RAMAL —

# EDUCAÇÃO NO BRASIL

## UM PANORAMA DO ENSINO NA ATUALIDADE

ILUSTRAÇÕES DE ANDRÉ DAHMER

Apesar dos melhores esforços da autora, do editor e dos revisores, é inevitável que surjam erros no texto. Assim, são bem-vindas as comunicações de usuários sobre correções ou sugestões referentes ao conteúdo ou ao nível pedagógico que auxiliem o aprimoramento de edições futuras. Os comentários dos leitores podem ser encaminhados à **Editora Atlas Ltda.** pelo e-mail faleconosco@grupogen.com.br.



Rua Conselheiro Nébias, 1384
Campos Elísios, São Paulo, SP – CEP 01203-904
Tels.: 21-3543-0770/11-5080-0770
faleconosco@grupogen.com.br
www.grupogen.com.br

Designer de capa: Caio Cardoso
Editoração eletrônica: Caio Cardoso

CIP-BRASIL. CATALOGAÇÃO NA PUBLICAÇÃO
SINDICATO NACIONAL DOS EDITORES DE LIVROS, RJ

---

R134e

Ramal, Andrea
Educação no Brasil / Andrea Ramal ; ilustração André Dahmer. – São Paulo : Atlas, 2019.

ISBN 978-85-97-02300-8

1. Educação - Brasil. 2. Inovações educacionais - Brasil. 3. Prática de ensino – Brasil. I. Dahmer, André. II. Título.

19-59451 CDD: 370.981
CDU: 37.026(81)

---

Vanessa Mafra Xavier Salgado – Bibliotecária – CRB-7/6644

**Andrea Ramal** é consultora, escritora e palestrante. Doutora em Educação pela Pontifícia Universidade Católica do Rio de Janeiro (PUC-Rio), atua como comentarista sobre o tema na Rede Globo, no programa *Encontro com Fátima Bernardes*, e na Rádio CBN, no quadro semanal Escola da Vida.

Implantou programas de formação docente no Brasil, na Colômbia e em outros países da América Latina. Apoia o GEN | Grupo Editorial Nacional na produção de conteúdo multimídia para ensino superior. É consultora na implementação de inovação educacional.

**André Dahmer Pereira** é um dos mais célebres quadrinistas em atividade no Brasil. Desenhista e artista plástico, é autor das séries *Malvados*, *Quadrinhos dos Anos 10*, *Apóstolos, a Série* – entre outras.

Venceu o Prêmio Jabuti de Histórias em Quadrinhos em 2017. Suas criações já apareceram em veículos como *Jornal do Brasil*, portal de internet G1, jornal *O Globo* e *Folha de S.Paulo*.

# APRESENTAÇÃO

Este livro reúne artigos publicados entre 2014 e 2019, em diversos veículos de comunicação, sobretudo no portal G1. Eles estão agrupados em cinco capítulos: Educação no país, Atualidades e educação, Conversas com pais, Ser professor no Brasil e Tendências.

Ao longo dos textos podemos constatar que os anos passam e, na educação brasileira, a mudança é complexa e tarda a chegar.

O contraponto desse cenário é o advento de novas tendências no ensino, pois outros métodos de aprendizagem podem ajudar a revolucionar a sala de aula e abrir uma oportunidade para mudanças nos indicadores educacionais, ao menos no que depender exclusivamente da didática.

As questões que mobilizam os pais de hoje são inusitadas, como se vê na seção dedicada a eles: jogos virtuais que ameaçam os adolescentes, o surgimento de *youtubers* mirins ou o *cyberbullying*, entre outras. Além dos temas que acompanham as famílias de todas as épocas, como a volta às aulas, os problemas relacionados às notas ou a escolha da escola.

Os fatos do cotidiano serão sempre materiais valiosos para os pais, em sua tarefa de formar em valores, desenvolver o pensamento crítico e capacitar para a leitura do mundo. Alguns exemplos são apresentados na seção Atualidades e educação.

E no meio de tudo está o professor, esse personagem tão querido por todos os que passam pela escola, e tão esquecido ao longo da história das políticas públicas do país. Como diria Clarice, "Equilibro-me como posso, entre mim e eu, entre mim e os homens, entre mim e Deus". Assim é o professor brasileiro, em sua jornada de coragem e esperança.

Ao fim de alguns artigos, a autora indica vídeos sobre o tema que podem ser acessados por meio dos QR Codes. Para assisti-los, é necessário ter um leitor de QR Code instalado no *smartphone* ou *tablet* e posicionar a câmera sobre o código. Também é possível acessar os vídeos por meio da URL que aparece abaixo do código.

CAPÍTULO 1

# EDUCAÇÃO NO PAÍS, 1

CAPÍTULO 3

## CONVERSAS COM OS PAIS, 105

CAPÍTULO 5

# TENDÊNCIAS, 173

CAPÍTULO 1
EDUCAÇÃO
NO PAÍS

O MUNDO QUE DEIXAREMOS PARA OS NOSSOS FILHOS
EM FUGA, UM LADRÃO DE GALINHA É AGARRADO POR TRANSEUNTES

DEZENAS DE PESSOAS SE JUNTAM PARA DAR AO INFRATOR O QUE ELE MERECE

LIVROS

# A FALTA QUE ELA NOS FAZ

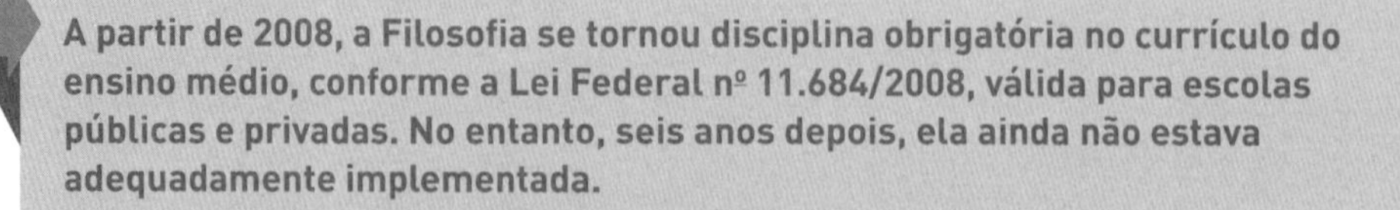

**A partir de 2008, a Filosofia se tornou disciplina obrigatória no currículo do ensino médio, conforme a Lei Federal nº 11.684/2008, válida para escolas públicas e privadas. No entanto, seis anos depois, ela ainda não estava adequadamente implementada.**

Sua presença no currículo é lei, mas nem todas as escolas conseguem incorporá-la como deveriam. E, ainda assim, isso acontece só no ensino médio, quando deveria ser desde a infância. Mais tarde, no mundo acadêmico, sentem-se claramente as lacunas que a sua ausência deixa no pensamento dos jovens. Estou falando dela: a Filosofia.

Questões importantes que a humanidade se coloca desde a Grécia Antiga deveriam ser trabalhadas na escola, com crianças – com as devidas adaptações. A série inglesa da BBC *What makes me?*, pós-produzida pela MultiRio e veiculada pelo Canal 26 da Net, é uma prova disso. Nela, animações baseadas em histórias clássicas como o barco de Teseu ou a fábula do sapo e o escorpião servem como introdução ao pensar e estimulam novas formas de olhar o mundo.

Na Inglaterra, os professores usam a série em sala de aula. Assistem aos vídeos com a turma e, na sequência, debatem as perguntas que as histórias apresentam. Por exemplo: "O que é justo?"; "O que me faz escolher ser bom e não fazer maldades?"; "Eu faria algo errado se não tivesse ninguém vendo?"; "Os animais não conseguem ir contra a própria natureza; e as pessoas, conseguem?". As crianças se surpreendem porque não há necessariamente respostas "certas" ou "erradas", o que importa é aprender a questionar.

Mais além de usar a cabeça para resolver problemas de matemática ou interpretar textos em português, a criança aprende, na introdução à filosofia, um outro tipo de pensamento. É convidada a conhecer melhor a si mesma e se indagar sobre a realidade. Claro que os benefícios transcendem o próprio raciocínio filosófico e podem impactar positivamente outras competências, como o pensamento lógico-matemático, a criatividade, a imaginação, a capacidade de argumentação, a sensibilidade.

Trazer questões de filosofia para as crianças, de forma acessível e divertida, é um modo de despertar nelas a inquietude da razão e o desejo de se aventurar no conhecimento. Isso traria benefícios significativos no desempenho dos estudantes no ensino superior.

*Jornal da PUC-Rio*. Maio 2014. Disponível em: http://aaapucrio.com.br/a-falta-que-ela-nos-faz-artigo-de-andrea-ramal/. Acesso em: 23 ago. 2019.

# ENSINO MÉDIO, O GRANDE GARGALO DA EDUCAÇÃO BRASILEIRA

**Em 5 de setembro de 2014, o MEC divulgava o resultado do Índice de Desenvolvimento da Educação Brasileira (Ideb), mostrando que o país ficara abaixo da meta no ensino médio e no ciclo final do fundamental. O índice de qualidade no ensino fundamental foi de 4,2; a meta era 4,4 pontos. No ensino médio, o país repetiu o índice de 2011 (3,7), abaixo da meta de 3,9.**

O resultado do Índice de Desenvolvimento da Educação Brasileira (Ideb) mostra que o ensino médio é o maior gargalo do sistema educacional brasileiro. Desde a primeira medição, em 2005, o Brasil segue com média abaixo de 4,0. A nota deste ano mostra que estamos patinando com mudanças de décimos, para cima ou para baixo, sem sair do lugar.

O Ideb é composto por três indicadores que ajudam a decifrar nossos problemas. O primeiro deles é o desempenho em português e matemática. O resultado revela que os estudantes não aprendem tudo o que poderiam aprender. É preciso reformular o currículo, formar os professores para ensinar com métodos mais efetivos e criar meios de diagnosticar e trabalhar as deficiências dos alunos antes que se tornem irreversíveis e se transformem em repetência – justamente o segundo indicador que compõe o Ideb.

Como resultado de tudo isso, em muitos casos, o jovem acaba abandonando os estudos. Tanto é assim que cresceu o número de jovens em idade escolar fora do ensino médio. É o terceiro indicador: o de evasão e abandono. Esse conjunto de fatores aumenta a geração nem-nem (jovens que nem estudam nem trabalham), ameaça a competitividade brasileira e o futuro do país.

Nesse cenário de estagnação, vale verificar o que acontece na gestão de redes estaduais que conseguem dar saltos. No Rio de Janeiro, por exemplo, que foi o estado que mais posições avançou no *ranking*, passando de 26º para 4º lugar, cinco pontos associados contribuíram para sair do lugar.

Em primeiro lugar, uma rede de ensino precisa ter professores nas salas de aula. Em 2010 faltavam 70 mil professores e hoje a carência não chega a 700.

Além disso, é lógico pensar que, numa rede com 900 mil alunos espalhados em 92 municípios, precisa-se garantir que todos aprendam um conjunto mínimo de conteúdos, mesmo que haja complementos específicos por região. O Rio definiu um currículo mínimo, comum a todas as escolas. Isso começou a reduzir as desigualdades dentro da rede.

Na sequência, resta ver se todos os estudantes estão mesmo aprendendo. Foi instituído um sistema bimestral de avaliação de português e matemática.

A partir dos resultados dessa avaliação, o passo seguinte foi colocar 225 mil alunos no reforço escolar, o que reduziu a repetência e a defasagem idade-série.

Para verificar se esse planejamento é mesmo cumprido, basta estabelecer e acompanhar as metas de desempenho para gestores e professores. Assim, sem perder a autonomia, eles passam a prestar contas dos resultados do seu trabalho.

Quando analisamos outros bons resultados brasileiros, como o caso de Goiás, que neste momento passou a ocupar o primeiro lugar e seguiu o mesmo movimento ascendente, as estratégias de gestão são muito similares. E nada muito mirabolante.

Sem dúvida, há muito a fazer – basta dizer que a nota do Rio de Janeiro é ainda 3,6. A infraestrutura das escolas fluminenses é precária, a relação com os professores precisa melhorar muito e, para o tamanho da rede, o programa de capacitação docente ainda é tímido.

Conteúdos mais atuais e próximos da vida, uma didática mais atual, professores mais bem formados e remunerados, tecnologias nas aulas e uma gestão mais profissional das redes de ensino são requisitos fundamentais para dar início a uma virada que, como se percebe, ainda não começou na maior parte do país.

*G1*, 5 set. 2014. Disponível em: http://g1.globo.com/educacao/blog/andrea-ramal/post/ensino-medio-o-grande-gargalo-da-educacao-brasileira.html. Acesso em: 23 ago. 2019.

# MATEMÁTICA NO BRASIL

**Em 12 de agosto de 2014, o brasileiro Artur Ávila, do Instituto de Matemática Pura e Aplicada (Impa), vencia a Medalha Fields, prêmio equivalente ao Nobel de matemática. Esse fato colocava em evidência as disparidades da formação matemática em nosso país.**

O prêmio que o carioca Artur Ávila, do Impa, venceu na terça é um estímulo para que o país redesenhe o ensino da matemática na escola básica.

O fato de ser a primeira Medalha Fields outorgada a um brasileiro confirma o abismo que existe na aprendizagem dessa área do conhecimento. Enquanto poucos se destacam, a maioria dos estudantes patina nessa disciplina que, em muitas escolas, ainda é ensinada de forma abstrata e descontextualizada, difícil de aprender.

Prova disso são os mais recentes indicadores que avaliam as competências dos estudantes brasileiros nessa área. No Pisa 2012, o Brasil ficou em 58º lugar entre 65 países participantes. Na Prova Brasil 2011, segundo levantamento do Todos pela Educação, apenas 10,3% dos jovens brasileiros aprendem o que deveriam, em matemática, no ensino médio.

Uma das consequências se percebe nos cursos de nível superior que exigem domínio da matemática, como as engenharias, por exemplo. Enquanto o Brasil forma menos de 40 mil engenheiros/ano, a Coreia do Sul forma o dobro e a China, dez vezes mais.

A média de evasão dos alunos matriculados em Engenharia entre 2001 e 2011, no Brasil, foi de 55,59% – o que significa que nem metade dos inscritos se formou, em parte pelas lacunas da formação básica.

Falta trabalhar desde a educação básica com desafios contextualizados, estímulo ao raciocínio lógico, geometria aplicada ao dia a dia, matemática financeira, problemas voltados para a realidade, para a matemática que está no cotidiano.

Falta, além disso, formação específica do professor, uma vez que, atualmente, a didática da matemática é deixada em segundo plano. Quando o ensino é muito tradicional, o problema fica ainda mais complexo.

O prêmio conquistado por Artur Ávila é um estímulo e mostra que, com as condições adequadas, a matemática pode ser, mais do que um conteúdo necessário, um desafio fascinante.

*Jornal da PUC-Rio*. 27 set. 2014. Disponível em: http://jornaldapuc.vrc.puc-rio.br/cgi/cgilua.exe/sys/start.htm?from%5Finfo%5Findex=37&infoid=3668&sid=27. Acesso em: 23 ago. 2019.

# O DESAFIO DO PRÓXIMO GOVERNO VAI ALÉM DO ENSINO EM TEMPO INTEGRAL

**Em meio às eleições presidenciais de 2014, entre o primeiro turno e o segundo, que se realizaria em 26 de outubro, os candidatos falavam bastante de educação e, sobretudo, do ensino em tempo integral.**

A crise na educação básica é dos problemas mais graves que o próximo governo irá enfrentar. Vamos direto ao ponto: milhões de crianças e jovens brasileiros não estão desenvolvendo, ao longo da vida escolar, as competências mínimas essenciais de leitura, interpretação de texto e raciocínio matemático.

Os estudantes avançam aos trancos e barrancos, mas o analfabetismo funcional e a defasagem idade-série perduram, assim como o despreparo para a vida profissional e cidadã. Exames internacionais como o Pisa, que comparam nossos estudantes com outros da mesma faixa etária, nos colocam na lanterna. É flagrante nossa baixa competitividade no cenário global do futuro.

O crescimento e a sustentabilidade do país nas próximas décadas não dependem só das políticas sociais e econômicas; dependem de uma reforma inadiável no sistema educacional. A situação não admite ações pontuais nem improvisos.

Nesse cenário, há muitas medidas necessárias e, entre elas, duas são mais urgentes: a valorização do magistério e a profissionalização da gestão.

Ser professor no Brasil precisa se tornar algo almejado e disputado pelos jovens de talento. Isso implica elevar a remuneração para tornar a área atrativa. Mas requer, ao mesmo tempo, melhorar as condições de trabalho, com tecnologias nas aulas, laboratórios, salas ambiente, espaços de leitura, convivência, esporte, artes e cultura. Demanda estabelecer planos de carreira, vinculando o crescimento profissional ao desempenho dos mestres.

Em paralelo, há que redesenhar a formação inicial, de forma que a teoria dialogue com a prática. A experiência da residência pedagógica, modelo da Finlândia em que os futuros mestres fazem estágio supervisionado nas escolas, é uma pista possível (sobre isso, há um projeto de lei já aprovado pelo Senado, embora com vários pontos indefinidos).

Com outro processo de formação, os professores aprenderão a lecionar para as gerações de hoje: da interatividade, do zapping, das novas linguagens e múltiplas mídias. Suas aulas serão mais interessantes, com conteúdos próximos da realidade. Eles se sentirão mais seguros e respeitados. Assumirão o papel de orientadores de estudos, fazendo diagnósticos e implantando estratégias didáticas personalizadas, de forma que nenhum aluno fique para trás.

O segundo ponto urgente é profissionalizar a gestão na área educacional. Isso abrange todas as esferas, desde a direção das escolas até a liderança das secretarias municipais e estaduais de educação, com seus subsetores.

A escola não é uma empresa, mas é um empreendimento com importante função social. Portanto, precisa de instrumentos de gestão, como planejamento estratégico, plano de metas, controle de resultados, indicadores de desempenho, cronogramas para implementação de projetos de inovação, processos de desenvolvimento de pessoas. Os gestores da educação precisam ser nomeados por competência profissional, nunca por indicação política.

Cabe aos gestores qualificados instituir mecanismos de participação da comunidade escolar nas decisões, modelos de avaliação 360º (em que pais e alunos avaliam os mestres, os professores avaliam gestores e assim por diante). É também deles a responsabilidade de incrementar a participação das famílias no acompanhamento da vida escolar do estudante, fator decisivo não só em aspectos cognitivos, mas também relacionados a valores e atitudes.

Na gestão das redes, é preciso estabelecer ações coordenadas para reduzir as desigualdades educacionais entre os municípios. Talvez o modelo de secretarias estaduais e municipais precise ser repensado.

Uma discussão relevante é a da federalização do ensino, sem necessariamente abolir a autonomia municipal e muito menos desconsiderar as diferenças e singularidades, ou desprezar as experiências de municípios exitosos.

Na Coreia do Sul, por exemplo, onde a educação é considerada o principal fator de sucesso para a competitividade do país, o sistema é centralizado pelo governo federal do primeiro ao último ano escolar. Isso pode tornar mais transparentes a distribuição e o controle dos recursos, além de ser um passo para o alinhamento dos currículos e métodos, de forma que as crianças que cursam a mesma série, em qualquer ponto do país, aprendam um mínimo necessário comum, respeitando-se as nuances regionais.

Ainda tomando a Coreia do Sul simplesmente como estudo de caso, lá o currículo é unificado, com aulas de coreano, matemática, inglês, ciências, estudos sociais, educação física, educação moral, artes e música até os 11 anos, e o acréscimo de ética, tecnologia e economia doméstica entre os 12 e os 16 anos. Nos últimos anos o ensino é dividido em áreas, para a orientação vocacional, como, por exemplo tecnologia e engenharia, comércio e negócios, estudos marítimos, ciências da saúde, agricultura, com a possibilidade de estágio nas áreas escolhidas.

É verdade que o sistema sul-coreano tem aspectos que não nos convém adaptar aqui, como o processo de seleção para as universidades. Mas isso não impede que busquemos inspiração em aspectos interessantes dessa e de outras experiências internacionais que têm se mostrado mais eficazes do que a nossa.

Sem dar uma virada nesses dois pontos urgentes que envolvem ensino e gestão, não deixa de parecer ingênua a proposta dos dois candidatos à Presidência de implantar a escola em tempo integral. Para fazer mais do mesmo? Por que dobrar o tempo que as crianças passam dentro de uma escola que não funciona?

A jornada em tempo integral fará sentido quando tivermos professores motivados e qualificados, com recursos didáticos e ambientes de aprendizagem de ponta, e uma gestão de excelência. Sem isso, os royalties do petróleo, que tanto podem turbinar nosso ensino, estão fadados a escorrer pelo ralo.

*G1*. 8 out. 2014. Disponível em: http://g1.globo.com/educacao/blog/andrea-ramal/post/o-desafio-do-proximo-governo-vai-alem-do-ensino-em-tempo-integral.html. Acesso em: 23 ago. 2019.

# ESCOLA NÃO É DEPÓSITO DE CRIANÇAS

**Seguem os debates entre os dois candidatos à presidência do Brasil, a dez dias do segundo turno: Dilma Rousseff e Aécio Neves. Eles seguem falando de ensino em tempo integral.**

Há alguns dias escrevi que o desafio do próximo governo vai além da escola em tempo integral, até porque, se nosso ensino continuar como está, ampliar a jornada não tem muito sentido. Para que dobrar o tempo que as crianças passam dentro de uma escola que não funciona? Diante dessa provocação, alguns internautas responderam algo como: "Pelo menos, o menino estaria longe das ruas, das drogas e das balas perdidas".

É claro que sou entusiasta do ensino em tempo integral. Se esse modelo é positivo no caso de países em que as crianças convivem com famílias de alta formação acadêmica e frequentam museus, teatros, fazem viagens e têm contato com livros desde cedo, tanto mais será no caso das crianças brasileiras, sobretudo de baixa renda, que têm pouco acesso a recursos e bens culturais, a não ser por meio de uma escola pública de qualidade.

Na escola em tempo integral, o estudante tem mais oportunidades para aprender, numa diversidade de ambientes e com agenda planejada e monitorada por educadores. Isso pode aumentar a qualidade do tempo que ele passa com a família, pois não há "dever", tudo é feito na escola e os momentos de casa são para conviver. Até a alimentação e a saúde podem melhorar, com um cardápio planejado por nutricionistas para as diversas horas do dia.

Por tudo isso, a escola em tempo integral é, com razão, o modelo educacional dos sonhos de boa parte das famílias e, não por acaso, é também uma das promessas prediletas dos candidatos à Presidência – no que não há mérito, pois a medida é mandatória pela meta 6 do Plano Nacional de Educação recém-aprovado: "oferecer ensino em tempo integral até 2026 em no mínimo 50% das escolas públicas, atendendo pelo menos 25% dos alunos da educação básica".

Entretanto, há alguns aspectos fundamentais para levar em conta ao ampliar a jornada.

Em primeiro lugar, além de adaptar as atuais, será preciso construir milhares de novas escolas, com arquitetura e mobiliário adequados: laboratórios, espaços para atividades culturais, vestiários, quadras poliesportivas, refeitórios etc.

O segundo fator a considerar é o projeto pedagógico. Ensino em tempo integral só tem sentido numa proposta de formação integral da pessoa. Implica estimular o desenvolvimento de diversas dimensões: cognitiva, afetiva, ética, estética, físico-corporal, cidadã etc. Significa ir além dos conteúdos e cuidar também da inteligência emocional, integrando artes, idiomas, música, esportes, literatura.

Por fim, precisaremos de professores. Só no ensino médio faltam 32 mil docentes com formação específica e 46 mil dão aula sem preparação, segundo o Tribunal de Contas da União (TCU). Um levantamento do Todos pela Educação mostra que mais da metade dos professores do ensino fundamental não tem licenciatura na área. Será preciso formar os mestres para esse modelo menos academicista e mais audacioso e, ao mesmo tempo, atrair novos talentos.

Colocar o estudante para passar mais horas na sala de aula do jeito que está, só para tirá-lo das ruas, é fazer da escola um depósito de crianças. Sem espaços adequados, com um currículo defasado e professores em falta, será que essa medida pode mesmo ajudar uma criança a aprender mais do que aprende hoje?

*G1*. 21 out. 2014. Disponível em: http://g1.globo.com/educacao/blog/andrea-ramal/post/escola-nao-e-deposito-de-criancas.html. Acesso em: 23 ago. 2019.

## ENEM 2014: EM BUSCA DO ESTUDANTE QUE SABE LER

**Nos dias 8 e 9 de novembro de 2014, foram realizadas as provas do Enem. O exame dava mostras da importância de competências relacionadas a leitura e interpretação.**

Uma das provas mais instigantes do Enem 2014 foi a de língua portuguesa, da área de Códigos, Linguagens e suas Tecnologias. O Exame Nacional do Ensino Médio já vinha acenando uma tendência que foi plenamente confirmada: o que será avaliado é se o aluno tem competência para ler, interpretar e relacionar textos.

O Enem reforça assim alguns sinais enviados à escola. Primeiro: é o fim do estudo focado na gramática normativa. Segundo: é o fim do estudo da literatura pelas listas de características de autores e de estilos demarcados por datas. Já não é tão decisivo saber se uma oração é "subordinada adjetiva restritiva". Nem decorar um inventário de itens para ver se um soneto é ou não parnasiano. Importa saber produzir e entender mensagens, decifrar os possíveis significados que as palavras revelam. O recado para a escola é: ensine a ler. Mas não no sentido de decodificar signos linguísticos.

Numa de suas músicas, Chico Buarque imagina que, numa cidade submersa há milênios, os escafandristas chegam para explorar uma casa: "seu quarto, suas coisas, sua alma". Chico diz que os sábios tentarão – em vão – decifrar o eco de antigas palavras: "fragmentos de cartas, poemas, mentiras, retratos, vestígios de estranha civilização".

É uma das mais férteis metáforas para falar de leitura, essa espécie de viagem para outras culturas, outros textos, inusitados contextos. Ler é, como tentam os sábios da canção de Chico, arriscar-se a decifrar essa mensagem reservada para nós, tecida entre as linhas. Como diz Drummond de Andrade: chegar mais perto e contemplar as palavras, pois "cada uma tem mil faces secretas sob a face neutra e te pergunta: [...] Trouxeste a chave?".

É esse o intuito das questões que trazem, na prova deste ano, Dalton Trevisan, Guimarães Rosa, Machado de Assis, Veríssimo, Manuel Bandeira, Gregório de Matos e outros. Mas os textos literários não aparecem como produtos acabados e inertes, como nas aulas de literatura clássica. Relacionam-se com quadros de Picasso, cartuns, anúncios publicitários. Ora, assim é a linguagem: dinâmica, polifônica, dada às interpretações e releituras. Essa capacidade de navegar pela intertextualidade é a proposta para avaliar o estudante.

O Enem deste ano é uma prova à procura de um estudante que saiba ler. Mas não a leitura da internet, da superficialidade e da rapidez.

A prova mede outra leitura: a que precisa de concentração, sensibilidade e razão aguçadas, que exige tempo, desprendimento, generosidade. Justamente como diz a música de Chico: "Não se afobe não, que nada é pra já". É uma leitura que pode não ter necessariamente "finalidade" nem "para que serve". Existe para quem ousa desvendar sentidos e, a partir deles, refletir, espelhar-se, reinventar-se. Porque, como escreveu Umberto Eco, "o autor e o leitor se definem um ao outro durante e ao fim da leitura; eles se constroem mutuamente".

É todo um saber que não nasce com as pessoas, e para o qual precisamos ser convidados e seduzidos. Um saber que será absolutamente decisivo ao longo da vida, como universitário, profissional, pessoa, cidadão. É um estilo de leitura, no entanto, bastante distante do jovem de hoje, para o qual a escola e a família ainda dedicam poucos tempos e espaços.

*G1*. 11 nov. 2014. Disponível em: http://g1.globo.com/educacao/blog/andrea-ramal/post/enem-2014-em-busca-do-estudante-que-sabe-ler.html. Acesso em: 23 ago. 2019.

## REPROVAR NÃO É SOLUÇÃO, MAS APROVAR QUEM NÃO APRENDEU É PIOR

**Entre dezembro e janeiro de cada ano, alguns estudantes que formalmente deveriam ter sido reprovados são colocados na série seguinte, pelo sistema de "aprovação automática". Em 2014, essa prática já dividia opiniões. Esse processo não era bem compreendido e nem bem implementado.**

Uma escola não é boa porque não reprova. A escola é boa quando todos os alunos aprendem e, por isso, nem precisa haver reprovações.

De fato, a reprovação é hoje muito questionada. Afinal, fazer os estudantes repetirem o ano inteiro para ver os mesmos conteúdos outra vez é uma solução ultrapassada, cômoda, cara e ineficiente. Países com alta qualidade de ensino encontraram alternativas que funcionam melhor e de forma preventiva, como, por exemplo, aulas de reforço ao longo do ano. Na Finlândia, os professores são orientados a dedicar mais tempo aos alunos que têm mais dificuldades. Resultado: a taxa de reprovação é de 2% e o índice de conclusão da educação básica é de 99,7%. Em Hong Kong, quando um professor tem mais de 3% dos alunos com baixo desempenho, uma comissão vai avaliar o trabalho do docente.

Já o Brasil é um dos países que mais reprovam. No ensino médio o índice chega a 13,1%. São quase 3 bilhões de dólares/ano gastos além do necessário, só nos anos finais. O pior é que, como mostram as pesquisas qualitativas e quantitativas, há grande relação entre repetência e evasão.

Não é à toa que o estudo recém-divulgado pelo Todos pela Educação mostra que apenas 54% dos jovens brasileiros conseguem concluir o ensino médio até os 19 anos. Dos jovens entre 15 e 17 anos, um a cada cinco ainda está no ensino fundamental, acumulando reprovações. E 15,7% abandonaram os estudos, certamente depois de experiências de fracasso escolar.

Da constatação de que reprovar não resolve nossos problemas à decisão de implementar um sistema de progressão continuada, sem as devidas melhorias na rede de ensino, o salto é arriscado demais. E o que é grave: muitos estados e municípios confundem esse conceito com o de "aprovação automática". Na aprovação automática, se o aluno aprendeu, vai para a série seguinte; se não aprendeu, vai também. Consequência: o caos. Já a progressão continuada é um conceito diferente, constitui um alargamento dos ciclos escolares.

Trocando em miúdos: as escolas estruturam os períodos de aprendizagem em etapas de um ano, ou 200 dias letivos. Ora, certas competências podem levar mais tempo para se desenvolver, e poderíamos organizar essa "trilha de aprendizagem" em períodos diferentes. Percebe-se que a divisão das etapas de desenvolvimento em 12 meses é arbitrária e poderíamos usar outras medidas, como 24 ou 36 meses, por exemplo, dependendo do planejamento.

Na escola da sociedade industrial, entendida como fábrica, os "produtos" com defeito são mandados de volta para o início da linha de produção ou descartados. Já a progressão continuada parte do princípio de que a escola não produz pessoas "em série" e o trabalho deve ser personalizado. Baseia-se no princípio de que todos os alunos são capazes de aprender, mas têm ritmos diferentes. Assim, é injusto interromper os percursos em dezembro e exigir que alguns recomecem do zero, como se não tivesse havido nenhuma evolução. Quando bem aplicada, essa lógica ajuda a criança a manter-se na escola e não desistir.

Se, em si, a progressão continuada pode ser uma alternativa, por que os indicadores do Índice de Desenvolvimento da Educação Básica (Ideb) continuam baixos mesmo nas redes que a adotaram?

Primeiro, porque há descontinuidade entre os professores das diversas séries. Alguns reclamam que o aluno "chegou sem base", o que indica a falta de um trabalho integrado. Os registros das lacunas de aprendizagem dos estudantes inexistem ou são falhos. Faltam processos de avaliação continuada para conhecer os problemas e definir novas estratégias didáticas.

Além disso, as famílias não compreendem como isso funciona. Alguns pais procuram a escola e reclamam que a criança passou "sem saber nada". Os professores não têm suficiente preparação para as novas práticas e, com frequência, não concordam com o modo como o sistema é implantado – até porque, não raro, são constrangidos a aprovar os estudantes compulsoriamente.

Ainda assim, a progressão continuada poderia funcionar melhor. Para começar, os professores precisam acreditar no modelo; para tanto, deveriam ser convidados a participar de sua construção e das mudanças que implica. É decisivo envolver as famílias, sobretudo no caso do ensino fundamental, capacitando-as para participar da vida escolar e reforçar o trabalho em casa. Os alunos devem ser acompanhados com registros cuidadosos, a partir de avaliações permanentes, que detectem lacunas e necessidades de correção. Há que desenhar um plano de reforço específico para alunos com mais dificuldades.

Sem isso, o problema vira uma bola de neve. O aluno vai sendo jogado para a etapa seguinte sem saber a matéria e depois a escola não sabe muito bem o que fazer com ele, porque formou um analfabeto funcional.

A fragilidade do modelo aparece no Ideb, que cruza números de aprovação com desempenho. Não adianta ter todos os estudantes nos anos finais da escola, se eles não conseguem responder às questões das provas. É isso o que vem acontecendo nas últimas medições: alta aprovação, mas baixo rendimento.

*G1*. 9 dez. 2014. Disponível em: http://g1.globo.com/educacao/blog/andrea-ramal/post/reprovar-nao-e--solucao-mas-aprovar-quem-nao-aprendeu-e-pior.html. Acesso em: 23 ago. 2019.

# POLÍTICAS EDUCACIONAIS PRECISAM DE CONTINUIDADE

**Faltavam dois dias para a posse de Dilma Rousseff em seu segundo mandato. Ela havia divulgado o nome do novo ministro da Educação: Cid Gomes. Era o quarto ministro da pasta desde que Rousseff assumira a presidência do país em 2011.**

A educação é o setor mais importante para o avanço sustentável de um país. Mas até agora, no Brasil, o cenário mudou pouco: vão-se os ministros, ficam os problemas.

Em 1º de janeiro de 2015, quatro anos depois de Dilma Rousseff ter assumido a presidência do país pela primeira vez, tomará posse também Cid Gomes, o quarto ministro da Educação escolhido pela Presidente. Ou seja, o MEC funcionou praticamente com um ministro diferente a cada ano.

Não entrarei no mérito do nome escolhido desta vez, que já vem sendo bastante analisado nos diversos meios. Mas não há como não se preocupar com a possível falta de continuidade numa pasta tão estratégica.

No Índice de Desenvolvimento da Educação Básica (Ideb) de 2013, a nota do Brasil ficou abaixo da meta tanto nos anos finais do ensino fundamental como no ensino médio. Meta que, no ensino médio, era de apenas 3,9, mas só alcançamos 3,7. Ao ver o resultado, o ministro Henrique Paim disse que era "hora de rever o ensino médio". Mas antes dele, na mesma gestão presidencial, o ministro Mercadante havia dito o mesmo, cobrando agilidade nessa reforma. Seu predecessor, o ministro Fernando Haddad, também falou o mesmo, anunciando uma reformulação radical nessa etapa do ensino. Agora o novo ministro, Cid Gomes, acaba de prometer prioridade para a reforma do ensino médio.

O país nunca atingiu a média 4,0 no ensino médio. Em matemática, só 10% dos estudantes aprenderam o que deveriam. Todos os indicadores mostram – inclusive o Pisa (exame internacional de competências) no qual o Brasil está na lanterna – que nossa educação se encontra estagnada. A rotatividade dos que lideram essa pasta pode estar retardando as mudanças.

A descontinuidade se propaga nas esferas subsequentes, como, por exemplo, as secretarias estaduais e municipais. São raras as reuniões do Conselho Nacional dos Secretários de Educação (Consed) em que mais da metade dos participantes havia estado presente também nos encontros de anos anteriores. Isso impede levar adiante políticas e acordos que ajudariam a enfrentar com mais força os desafios comuns; e traz a sensação de começar sempre do zero.

O desafio do novo ministro é imenso. Em diversas regiões do país, ele encontrará escolas sucateadas, sem laboratórios, sem quadras esportivas e até com professores acuados com o aumento da violência nas salas de aula, desvalorizados e com condições de trabalho precárias; muitas escolas dominadas por indicações políticas; alta defasagem idade-série. Além disso, em diversos estados a progressão continuada foi mal implantada, deixando passar de ano alunos que não aprenderam e formando analfabetos funcionais. Encontrará ainda currículos pouco adaptados aos jovens de hoje.

Nesse cenário, o novo ministro precisará ser um exímio gestor. Em quatro anos, é possível fazer bastante coisa. O Rio de Janeiro, por exemplo, no mesmo período saiu da penúltima para a terceira posição do país.

Esse avanço foi alcançado graças a uma combinação de estratégias de gestão moderna: metas para as escolas, diagnósticos permanentes e ações focadas nas deficiências encontradas, aulas de reforço para quem precisa, valorização dos que atingiram bons resultados, currículo mínimo comum. A equipe foi recrutada por uma empresa especializada em descobrir talentos. Os profissionais que hoje coordenam projetos regionais foram selecionados entre milhares de candidatos das próprias escolas. Muitos vieram de regiões do interior do estado e nunca teriam chegado a postos estratégicos se dependessem de articulações políticas.

Para o Brasil voltar a crescer, não bastam ajustes e medidas econômicas. O Ministério da Educação precisa ser tratado como estratégico e a pasta precisa de gestores de excelência, com a continuidade nas ações. Vale lembrar que a sociedade também terá papel decisivo. O poder público só prioriza a educação quando ela passa a ser uma demanda da sociedade e esta se envolve seriamente na fiscalização da qualidade e no controle da aplicação dos recursos.

*G1*. 30 dez. 2014. Disponível em: http://g1.globo.com/educacao/blog/andrea-ramal/post/politicas-educacionais-precisam-de-continuidade.html. Acesso em: 23 ago. 2019.

**ASSISTA AO VÍDEO SOBRE O TEMA**

**Fonte:** https://www.youtube.com/watch?v=8LlR9f4lmRA

Acesso em: 13 ago. 2019

# SEM EDUCAÇÃO DE QUALIDADE, O CONCEITO DE PÁTRIA É VAZIO

**Ao tomar posse para assumir seu segundo mandato, no dia 1º de janeiro de 2015, a Presidente Dilma Rousseff anunciava o lema do novo governo: "Brasil, Pátria Educadora".**

2015

O lema "Brasil, Pátria Educadora", do novo governo da Presidente Dilma Rousseff, evoca uma dimensão afetiva. Enquanto nação é um conceito mais jurídico, pátria implica um sentimento de pertencimento a uma terra – natural ou adotiva –, um vínculo carregado de memórias e experiências, valores, histórias e culturas compartilhadas. Mas só a educação pode colocar sentido nesse conceito. Caso contrário, ele se converte em patriotismo vazio.

Quando a pátria, exaltada na letra do hino nacional, pode ser de fato "amada"? Quando podemos desejar que nossos filhos sejam criados nesta terra e não em outra? Certamente quando eles podem se orgulhar do país e ter esperança no futuro, construir um projeto pessoal e profissional ancorado num projeto de nação, quando conhecem e valorizam as raízes de seu povo, em toda a sua plural beleza. Isso não se constrói com medidas econômicas, mas com educação.

Só que fazer do Brasil uma pátria educadora requer mudança de mentalidade. Não passa simplesmente, como afirmaram os três últimos ministros da educação e também o atual ministro Cid Gomes, por mudar o currículo do ensino médio. Nem requer apenas oferecer mais vagas em creches, submeter os professores a avaliações periódicas ou ampliar o ensino em tempo integral, como anunciou Cid Gomes em recente entrevista.

Ser uma pátria educadora é algo que ultrapassa o que se faz na escola. A educação começa em casa, nos exemplos dos pais, mas transcende para a esfera pública. Implica experimentar, no cotidiano, relações de civilidade, respeito, justiça. E atinge, claro, a dimensão política. Acontece quando há engajamento dos cidadãos, ética nos governantes, transparência no uso dos recursos públicos.

Sem dúvida que a escola, nessa pátria educadora, é ambiente fundamental, onde se aprende a atribuir significados e sentidos à história e à cultura. Nela se recebem as bases que podem formar o cidadão do futuro, capaz de construir uma nação democrática, inclusiva e sustentável.

Sem educação de qualidade não há "pátria", apenas um território sem rosto do qual não se pode sentir orgulho verdadeiro: é o país que, hoje, ocupa a lanterna nos exames internacionais de competências educativas e contrata gente fora porque não tem trabalhador qualificado.

Por isso, a sociedade brasileira deveria ter total atenção ao que está acontecendo na escola pública. Respeitar os mestres, fiscalizar mais e cobrar melhorias em situações que são inaceitáveis. Essas atitudes, porém, derivam de algo bem mais profundo, que ainda temos que conquistar: o valor que se atribui à educação.

Sem educação de qualidade, o conceito de pátria se torna meramente sentimental. Pode-se "morrer pela pátria", sentir-se "a pátria de chuteiras", ter a "semana da pátria", cultuando-a com bandeiras e símbolos oficiais. Mas um povo não educado será sempre vítima de civismo abstrato que, se supostamente unifica o país, no fundo o fragiliza e o torna vulnerável às mais diversas ideologias.

*G1*. 7 jan. 2015. Disponível em: http://g1.globo.com/educacao/blog/andrea-ramal/post/sem-educacao-de-qualidade-o-conceito-de-patria-e-vazio.html. Acesso em: 23 ago. 2019.

## ENEM MOSTRA ENSINO MÉDIO ESTAGNADO E DÁ NOVO SINAL DE ALERTA

**No dia 13 de janeiro de 2015, o Inep divulgava os resultados do Enem 2014. Segundo o MEC, 529 mil alunos haviam ficado com nota zero na redação.**

**A média das notas em redação mostrava uma queda de 9,7% em relação ao Enem de 2013 entre os alunos que estavam concluindo o ensino médio. Em matemática, a queda era de 7,3% em relação ao exame anterior.**

O resultado do Enem 2014 mostra que o ensino médio brasileiro permanece estagnado. No resultado divulgado, caíram as médias da redação e da prova de matemática. Não é um resultado isolado, porque o Índice de Desenvolvimento da Educação Básica (Ideb) vem mostrando a mesma coisa: nesse segmento da educação básica, nunca conseguimos alcançar a média 4,0 sobre 10,0.

Além da queda na nota da redação, meio milhão de candidatos ficou com zero nessa prova. Um dos fatores que explicam isso é o provável número de analfabetos funcionais. São alunos que foram aprovados em anos anteriores e estão no final do ensino médio, mas não sabem ler um enunciado, explicar uma ideia, fazer um texto com encadeamento e lógica.

Os três últimos ministros de Educação, quando assumiram, anunciaram que a prioridade seria "reformar o ensino médio". Neste ano, Cid Gomes disse o mesmo. Mas há décadas as notas não mudam e o processo de aprendizagem também não. Vão-se os ministros, ficam os problemas.

Todos os indicadores convergem nesse sentido. O Pisa (prova internacional de competências) fornece um diagnóstico similar há anos, num *ranking* em que os alunos brasileiros ocupam o desonroso 58º lugar entre 65 países. A última Prova Brasil indicou que, a cada dez alunos, nove terminam o ensino médio sem aprendizagem adequada em matemática.

O resultado disso é que, mesmo longe da nota ideal, milhares de alunos entrarão no ensino superior através do Enem e das políticas de inclusão – boas e oportunas, em si – mas infelizmente correm o risco de abandonar os estudos, sobretudo em carreiras que dependem de matemática ou exigem cálculos mais complexos.

Este último Enem é um sinal de alerta: não podemos mais adiar a reforma no sistema educacional. Caso contrário, a competitividade do país estará seriamente ameaçada. Não é de hoje que as empresas reclamam por não encontrarem gente qualificada. O Brasil pode até voltar a crescer em função de medidas econômicas, mas tornar esse crescimento de fato sustentável só será possível com educação pública de qualidade.

*G1*. 13 jan. 2015. Disponível em: http://g1.globo.com/educacao/blog/andrea-ramal/post/enem-2014-mostra-um-ensino-medio-estagnado.html. Acesso em: 23 ago. 2019.

# BAGAGEM CULTURAL É DECISIVA PARA A REDAÇÃO DO ENEM

**Nos resultados do Enem 2014 divulgados pelo MEC em 13 de janeiro de 2015, o número de alunos com nota zero na redação, superior a meio milhão de candidatos, chamava a atenção de todos.**

A redação do Enem é como a vida: não basta conhecer a técnica, é preciso ter conteúdo. No caso dos jovens, que ainda estão em fase de construir experiências, a melhor forma de adquirir conteúdo é o contato com textos literários.

O Enem pede uma redação que mostre capacidade de relacionar ideias e contextos, encadear argumentos, escrever de acordo com a norma culta, propor alternativas lógicas para resolver problemas. Parece simples, mas, para fazer um texto que vá além da técnica, é preciso ser um leitor.

Como escrever sobre reforma agrária sem ter se emocionado com o "Funeral de um lavrador" (Chico Buarque) ou *Morte e vida severina* (João Cabral de Melo Neto)? Como escrever sobre a polêmica entre censura e liberdade de expressão, sem conhecer *É proibido proibir* (Caetano Veloso), *Apesar de você* (Chico Buarque), os cartuns de Henfil ou *Os estatutos do homem* (Thiago de Mello)?

Como falar de preconceitos e inclusão sem mergulhar na letra de *Dia de graça*, de Candeia? Como tratar de ecologia ou dos conflitos entre o urbano e o rural sem conhecer *Triste berrante*, de Adauto Santos? Como dissertar sobre a complexidade da vida sem ter lido que "viver ultrapassa todo entendimento", como escreveu Clarice, ou que "uma parte de mim é todo mundo, e outra parte é ninguém: fundo sem fundo", nas palavras de Ferreira Gullar?

Nesse ponto o Brasil é um país privilegiado, não só pela riqueza da sua literatura, mas também da sua música. Queiramos ou não, essas e tantas outras narrativas vão formando nossa identidade, nossas visões de mundo. Somos lavrados pelas reflexões e emoções que os textos nos provocam, pelas atitudes que eles inspiram.

O fenômeno de meio milhão de zeros e apenas 256 notas máximas na prova de redação do Enem deixa uma questão, não só para os estudantes do ensino médio, mas para todos nós, cidadãos digitais. Nesse amálgama de informações, falta tempo para mergulhar com a devida atenção nas mensagens de romances, poemas e músicas que são os pilares de nossa cultura. Quem ficar o tempo todo apenas em redes sociais poderá constituir uma identidade rica e plural? Poderá aportar conteúdo criativo e transformar o esqueleto de "introdução – meio – conclusão" numa página viva, colorida, instigante e consistente?

Provavelmente, estamos vendo o impacto de uma fase de transição. É possível que nós e as próximas gerações aprendamos a selecionar e editar mais e melhor esse enorme fluxo de informações.

**ASSISTA AO VÍDEO SOBRE O TEMA**

**Fonte:** http://g1.globo.com/globo-news/jornal-globo-news/videos/v/a-cada-quatro-alunos-do-9o-ano-apenas-um-tem-habito-de-ler/7493402/

Acesso em: 13 ago. 2019

Um papel decisivo é o dos professores, que podem levar para a sala de aula toda a riqueza de nossos mais belos textos. Enquanto isso, eles continuam lá, esperando por nós para serem desvendados e, sutilmente, mudarem nossas vidas.

*G1*. 20 jan. 2015. Disponível em: http://g1.globo.com/educacao/blog/andrea-ramal/post/bagagem-cultural-da-vida-redacoes-do-enem.html. Acesso em: 23 ago. 2019.

# 57 MILHÕES DE ESTUDANTES EM BUSCA DE UM MINISTRO

**Em 18 de março de 2015, o ministro da Educação Cid Gomes pedia demissão após discutir com deputados na Câmara. A Presidente Dilma Rousseff nomeou um gestor interino. A educação brasileira estava novamente sem um norte.**

Cid Gomes ficou menos de três meses no comando do Ministério da Educação, mas o fato é que a educação no país já está sem rumo há algum tempo. O próximo ministro será o quinto, em cinco anos, num cargo que vem cumprindo um papel mais político do que estratégico. Isso é muito grave, dada a importância dessa área para o desenvolvimento do país.

O novo ministro encontrará enormes desafios. O primeiro deles é reduzir as desigualdades educacionais, melhorando a qualidade das escolas públicas. Hoje, enquanto alguns poucos alunos se destacam, a nota média não chega a 4,0 no Índice de Desenvolvimento da Educação Básica (Ideb).

É um desafio de gestão. Requer estabelecer um currículo mínimo comum, definir metas de desempenho com as instituições, alinhar práticas de estados e municípios, fazer diagnósticos para detectar deficiências e implementar planos de ação específicos, alocando os recursos da maneira mais eficaz.

O segundo grande desafio está no sistema educacional. Começa na educação infantil, onde faltam vagas e educadores bem preparados, justamente numa fase em que se desenvolvem aspectos cognitivos e socioemocionais decisivos para a vida escolar.

A questão se agrava no ensino fundamental. Nessa etapa, uma parte significativa dos alunos não está desenvolvendo hábitos de leitura e estudo, nem competências básicas ligadas a português, matemática e ciências. A indisciplina vem aumentando e não há como ignorar problemas relacionados a drogas e violência, inclusive contra professores.

A corda arrebenta no ensino médio, com jovens em idade acima da série, que acumulam histórico de reprovações. Muitos chegam a esse segmento quase analfabetos funcionais – não é à toa que o último Enem registrou meio milhão de notas zero e apenas 256 notas máximas na redação.

Nossa escola é do século passado. Há que valorizar e capacitar os docentes, garantir infraestrutura e recursos compatíveis com o aluno do século XXI, da geração Z, da interatividade. Renovar as formas de ensinar e aprender. Escola em tempo integral, do jeito que está, é absurdo: seria fazer mais do mesmo. Há que reforçar também a importância da contribuição das famílias. Sem que a família faça a sua parte em casa, as melhores políticas públicas fracassam.

O terceiro desafio é ligado ao ensino superior. Primeiro, no estímulo à pesquisa e inovação, que vêm sendo tratados de forma secundária. Além disso, o governo abriu as portas das faculdades para muitos estudantes sem base acadêmica, e não é toda instituição que faz trabalhos de suplência para ajudar o aluno a avançar.

Nesse ponto, a visão de Cid Gomes era temerária, pois fazer Enem *on-line* "qualquer dia, qualquer hora" não resolve: ao contrário, só agrava os riscos de deixar passar alunos despreparados. Essa bomba-relógio pode estourar no mercado de trabalho, com profissionais pouco qualificados, colocando em risco a capacidade produtiva e o crescimento do país.

Por tudo isso, a Educação se tornou o ministério mais decisivo do momento. Tratá-lo de forma responsável é condição essencial para garantir o avanço do país nas próximas décadas.

*G1*. 19 mar. 2015. Disponível em: http://g1.globo.com/educacao/blog/andrea-ramal/post/57-milhoes-de-estudantes-em-busca-de-um-ministro.html. Acesso em: 23 ago. 2019.

## OS SETE MAIORES DESAFIOS DO NOVO MINISTRO DA EDUCAÇÃO

**Em 27 de março de 2015, a Presidente Dilma Rousseff anunciava o professor Renato Janine Ribeiro como futuro ministro da Educação, a ser empossado no mês seguinte. Enquanto isso, seus desafios se acumulavam.**

Ao assumir o Ministério da Educação, Renato Janine Ribeiro vai encontrar um acúmulo de problemas graves. Sua contribuição ao país passa pelos seguintes desafios:

1. **Melhorar os índices da educação básica.** O país está na lanterna do *ranking* em exames internacionais como o Pisa, que mede competências de linguagem, matemática e ciências. Elevar a qualidade do ensino público implica: valorizar os professores para atrair talentos; capacitá-los, para que façam um ensino adequado ao século XXI; estabelecer um currículo mínimo e avaliações permanentes; e dotar as escolas da infraestrutura e dos recursos necessários.
2. **Reformar o ensino médio.** Pela Prova Brasil, sabemos que 90% dos estudantes não aprendem o esperado nesta etapa. Muitos são analfabetos funcionais. Quase 2 milhões de jovens entre 15 e 17 anos abandonaram a escola. Dos que se formam, uma parte importante entra na universidade sem base. Como resultado, nas engenharias, por exemplo, o índice de evasão é de 57% (CNI).
3. **Prouni e Fies.** Garantir a continuidade de ações afirmativas como o Prouni e o Fies, que possibilitam o acesso de estudantes de baixa renda ao ensino superior. Hoje, 86% dos contratos ativos desse fundo correspondem a alunos com renda familiar até 5 salários mínimos. Reduzir o Fies é um retrocesso social.
4. **Incentivar a pesquisa e a pós-graduação.** O valor atual das bolsas é baixo demais (R$ 500 reais para mestrado, no CNPq) e, muitas vezes, há atrasos no pagamento. Além disso, o governo chegou a lançar o Fies para mestrado e doutorado, há quase um ano, mas a política não saiu do papel.

5. **Implementar ensino técnico de qualidade.** Apesar de ser um dos carros-chefes da campanha eleitoral, o Programa Nacional de Acesso ao Ensino Técnico e Emprego (Pronatec) sofreu atrasos nos repasses de verba da União e, por isso, as aulas deste ano ainda nem começaram.
6. **Concretizar o Plano Nacional de Educação**, que levou quatro anos tramitando e, sancionado pela Presidente Dilma Rousseff no primeiro semestre de 2014, ainda não tem um cronograma de implementação. Ele comporta 20 metas para atingir em dez anos, entre elas: universalizar até 2016 a educação infantil na pré-escola para as crianças de 4 e 5 anos, alfabetizar todas as crianças, no máximo, até o 3º ano do ensino fundamental, oferecer educação em tempo integral em no mínimo metade das escolas públicas.
7. **Trabalhar sem o orçamento necessário.** Isso porque, embora fosse eleita como pasta prioritária, a Educação sofreu corte de R$ 1,9 bilhão por mês. Um dos argumentos que Janine Ribeiro poderá utilizar para mudar isso é o fato de que os ajustes econômicos podem fazer o país voltar a crescer em alguns meses, mas só a educação poderá garantir que ainda sejamos relevantes no cenário mundial daqui a 20 anos.

Ao ministro, boa sorte, bom trabalho e coragem.

*G1*. 28 mar. 2015. Disponível em: http://g1.globo.com/educacao/blog/andrea-ramal/post/os-sete-maiores-desafios-do-novo-ministro-da-educacao.html. Acesso em: 23 ago. 2019.

# MINISTRO JANINE RIBEIRO ESPERA FAZER MAIS COM MENOS

**Aos 6 de abril de 2015, o professor Renato Janine Ribeiro tomava posse como ministro da Educação, substituindo Cid Gomes. Era o quinto ministro da pasta desde o início do primeiro mandato de Dilma Rousseff, em janeiro de 2011. Ele dava, na sequência, a primeira entrevista coletiva, apresentando suas ideias.**

A entrevista coletiva do recém-empossado ministro da Educação, Renato Janine Ribeiro, ocorrida nesta segunda-feira (6), permite formar uma primeira impressão sobre seus planos e o modo como pretende conduzir o ministério.

O ministro se mostrou bastante realista. Ao contrário de alguns de seus antecessores, não trouxe ideias mirabolantes e foi cauteloso. Por exemplo, ao ser questionado sobre o Enem *on-line*, afirmou que a experiência só seria testada no futuro. Opção acertada: antes, há que considerar segurança digital, banco de perguntas e até a logística das máquinas. Não se pode improvisar num exame que atinge oito milhões de candidatos num país de dimensões continentais.

Além disso, Janine Ribeiro sugeriu a necessidade de diálogo entre universidades e educação básica. Em boa hora: não é de hoje que os professores do ensino superior se queixam da "falta de competências mínimas" dos alunos que recebem. Por outro lado, o conhecimento produzido na academia quase não chega à escola para impulsionar mudanças. Muitas vezes, os pesquisadores desconhecem os desafios que os professores vivem. O diálogo entre esses dois mundos seria enriquecedor e transformador para ambas as partes.

Um momento significativo da coletiva foi a proposta de formar, a partir da educação, uma cultura de paz. Existem algumas iniciativas nesse sentido, em algumas escolas, ainda isoladas. A educação para a paz precisa estar ancorada em políticas públicas, num projeto capaz de promover os valores e atitudes necessárias para alcançar uma cultura de paz no país, entendida como viver em harmonia consigo, com os demais e com o meio ambiente. Esse modelo é fundamental para reduzir os índices de violência doméstica e urbana.

Parece promissora a ideia de que o MEC ajude os municípios a enfrentar juntos os desafios comuns. O exemplo foi o da seleção unificada de professores, coordenada pelo Inep, mas deveria aplicar-se a outros pontos. Na educação brasileira, gasta-se muito reinventando a roda, começando do zero projetos que outros já testaram. É preciso estimular a troca de experiências entre as secretarias, implantar as melhores práticas. Isso é fazer mais com menos.

Faltou certa autocrítica ao falar do próprio MEC. Não há como aceitar a visão de que se dará continuidade a algo que "vem sendo feito". Nos últimos anos, avançou-se só em quantidade e o ministro, com certeza, sabe disso muito bem. Dele, a sociedade exige a tão esperada guinada da qualidade. Como fará isso?

Embora tenha falado em poupar recursos, ainda assim Janine Ribeiro foi taxativo ao afirmar que será necessário "muito dinheiro" – por exemplo, para implementar a escola em tempo integral. Pode ser apenas uma primeira impressão, mas a entrevista deixou a ideia de um gestor que não poupará o governo se não receber os recursos necessários – até porque sabe que também não será poupado pela sociedade se não tirar o lema da "pátria educadora" do papel.

*G1*. 7 abr. 2015. Disponível em: http://g1.globo.com/educacao/blog/andrea-ramal/post/ministro-janine-ribeiro-espera-fazer-mais-com-menos.html. Acesso em: 23 ago. 2019.

## PLANOS DE EDUCAÇÃO APROVADOS ÀS PRESSAS REVELAM FRAGILIDADES DA GESTÃO

**O Plano Nacional de Educação havia sido aprovado há um ano e previa que os municípios elaborassem planos locais, num processo cuidadoso e participativo. Porém, no dia 23 de junho de 2015, um dia antes do final do prazo limite, dos 5.570 municípios brasileiros, apenas 1.918 tinham seus planos sancionados. Entre aquela noite e a de quinta, 25 de junho, 1.801 planos foram sancionados. E em cerca de 48 horas, 994 foram colocados em votação no Legislativo, aprovados e sancionados, em tempo relâmpago.**

A forma como grande parte dos municípios brasileiros lidou com seus planos de educação é uma boa amostra de como acontece, em muitas cidades, a gestão do ensino público: sem planejamento, sem participação dos cidadãos nem dos agentes educacionais e sem grandes compromissos com as metas estabelecidas.

O Plano Nacional de Educação, promulgado há um ano, partia do princípio de que se construísse uma unidade nacional em torno de cada uma das 20 metas. Justamente por isso, o primeiro passo seria um trabalho organizado para elaborar os planejamentos municipais.

A orientação dada pedia que cada município fizesse um levantamento de dados e informações, análises e estudos, consultas públicas e, além disso, se alinhasse com os respectivos estados, pois o plano da educação estadual deveria refletir uma combinação das metas dos municípios. Somente assim a soma dos planos estaduais poderia refletir o conjunto das metas nacionais de educação.

Outra orientação era de que as redes não fizessem o trabalho sozinhas, pois um plano de educação deve refletir os anseios de todos os que moram no município e transcender os interesses de uma ou outra administração (já que vai atravessar mandatos de vários prefeitos e dirigentes).

Por isso, após a elaboração de um documento-base, era suposto que cada município promovesse amplo debate, com uma agenda de trabalho que favorecesse o envolvimento da população, contando inclusive com a utilização de meios de comunicação e viabilizando a participação da sociedade civil (associações de pais, organização estudantil, ONGs, associações de classe...), da sociedade política (como outras secretarias do governo) e das instituições de ensino, por meio de estudos e debates, seminários e fóruns.

Somente então deveria ser elaborado o projeto de lei, que refletisse ao máximo os resultados desse trabalho coletivo. Recebendo-o, a Câmara Municipal deveria promover audiências públicas, mobilizando a comunidade para acompanhar vetos e aprovações, garantindo que o texto final ficasse o mais próximo possível das expectativas apresentadas na consulta pública (cf. Caderno de Orientações PNE-PME, MEC, 2014).

Se esse processo tivesse sido realizado, a população não só teria ficado mais envolvida com as discussões sobre a qualidade do ensino, como também teria mais condições, no futuro, de cobrar as melhorias esperadas.

Na prática, porém, o que aconteceu foi bem diferente. No dia 23 de junho, um dia antes do final do prazo limite, dos 5.570 municípios brasileiros, apenas 1.918 tinham seus planos sancionados. Entre aquela noite e a de quinta, 25 de junho, 1.801 planos foram sancionados. Segundo o MEC, em cerca de 48 horas, 994 foram colocados em votação no Legislativo, aprovados e sancionados, em tempo relâmpago.

E o mais preocupante: os municípios que já têm plano – mesmo que em muitos casos construído às pressas – não representam nem 70% das cidades do Brasil. Isso significa que mais de 1.800 cidades continuarão gerindo a educação sem planejamento, sem metas e sem vínculo com o sistema nacional.

*G1*. 26 jun. 2015. Disponível em: http://g1.globo.com/educacao/blog/andrea-ramal/post/planos-de-educacao--aprovados-pressas-revelam-fragilidades-da-gestao.html. Acesso em: 23 ago. 2019.

# MERCADANTE SERÁ O SEXTO MINISTRO DA EDUCAÇÃO EM QUATRO ANOS

**Em 30 de setembro de 2015, a Presidente Dilma Rousseff demitia o ministro da Educação Renato Janine Ribeiro – que havia ficado apenas cinco meses no cargo. Em seu lugar, viria Aloizio Mercadante. Ministro da pasta pela segunda vez, mas recebendo então um cenário bem mais complicado.**

Aloizio Mercadante volta ao MEC com um cenário bem mais complicado do que aquele que deixou em 2012. Com os cortes de verbas do Fundo de Financiamento Estudantil (Fies), o número de alunos do ensino superior, que havia dobrado em dez anos e era um dos carros-chefes dos governos Lula e Dilma, já sofre o golpe da crise. No meio do ano, as novas matrículas caíram em média 30% quando comparadas ao mesmo período do ano passado – o que pode prenunciar uma tendência para o segundo semestre. Para piorar o quadro, os docentes das universidades federais estão em greve há quatro meses, com poucos avanços nas negociações.

Anunciado como prioridade do governo, o Pronatec sofreu e a oferta de vagas deve recuar em torno de 50%. Além disso, pesquisa divulgada em setembro pelo próprio Governo (Ministério da Fazenda) mostrou que os formados no Pronatec não têm diferenciais em relação a quem não fez esse curso, no momento de ingressar no mercado de trabalho. O Ciência sem Fronteiras não tem previsão para abrir novas vagas.

Cabe a Aloizio Mercadante comandar a implementação do Plano Nacional de Educação, com suas 20 metas, que vão desde universalizar a educação infantil na pré-escola e ampliar a oferta de educação infantil em creches para atender no mínimo 50% das crianças até 3 anos, até oferecer educação de tempo integral em no mínimo 50% das escolas públicas, implantar uma política nacional de formação de professores e elevar sua remuneração e, ainda, atingir média nacional 6,0 no Índice de Desenvolvimento da Educação Básica (Ideb) do ensino fundamental.

Na educação básica, acaba de sair uma proposta de currículo comum em que o MEC define 60% dos conteúdos e os outros 40% ficam a cargo de estados e municípios. Abriu-se uma consulta pública pedindo contribuições de professores, estudantes, pais, universidades, secretarias, entidades de classe.

A última vez que o MEC abriu consulta foi sobre o Enem, na gestão de Cid Gomes. Divulgou-se, em 18/3/2016, um balanço de mais de 37 mil contribuições recebidas. No mesmo dia, o ministro se demitia. Mercadante precisa garantir que a nova consulta pública não fique sem retorno. E, sobretudo, cuidar da implantação do novo currículo.

Além disso, Mercadante assume o posto às vésperas do Enem, exame com 7,7 milhões de candidatos inscritos e um histórico problemático: vazamentos, furto de provas, divulgação de gabaritos errados, incorreções na impressão de cadernos e até o famigerado caso das redações avaliadas com boas notas, mesmo tendo receitas de macarrão no meio do texto.

No discurso de posse da gestão anterior, em 24/1/2012, Aloizio Mercadante se comprometeu a consolidar o piso salarial dos professores em todo o território nacional, melhorando as condições de trabalho e da carreira docente. Disse que daria especial atenção ao Pronatec, "um dos mais importantes objetivos estratégicos da minha [sua] gestão".

E anunciou trabalhar por um pacto nacional pela educação envolvendo sociedade, empresários e governos. Dois anos mais tarde, saía do Ministério. Agora retorna como sexto ministro da Educação dos últimos quatro anos. Desta vez, encontrará um orçamento de R$ 9,2 bilhões menor do que o previsto, a reputação do Ministério bastante afetada por tantas mudanças e o Brasil na lanterna dos principais *rankings* internacionais que classificam os estudantes em competências básicas.

*G1*. 30 set. 2015. Disponível em: http://g1.globo.com/educacao/blog/andrea-ramal/post/mercadante-sera-sexto-ministro-da-educacao-em-cinco-anos.html. Acesso em: 23 ago. 2019.

## QUEM ESCOLHE O DIRETOR DA ESCOLA DO SEU FILHO?

**Em 26 de agosto de 2015, o IBGE divulgava a Pesquisa de Informações Básicas Municipais (Munic), mostrando que os diretores de escolas da rede municipal de ensino eram escolhidos apenas com base em indicação política em 74,4% dos municípios brasileiros.**

Os dados do IBGE sobre o perfil de estados e municípios brasileiros disparam um sinal de alerta para quem tem filhos no ensino público infantil ou fundamental (até a nona série). É preocupante que, de cada quatro redes municipais, três nomeiem os diretores das escolas públicas unicamente por indicação política.

Essa obsoleta prática de apadrinhamento contraria fatores decisivos para o bom desempenho de uma escola e seus estudantes, sendo necessário que predominem critérios técnicos para exercer um cargo de tal importância e que haja participação da comunidade na seleção dos seus gestores.

A indicação política pode afetar a qualidade das instituições, já que os interesses partidários ficam acima dos desejos e necessidades da comunidade escolar. De fato, quando o diretor é indicado por políticos, é comum que ele compartilhe pouco as decisões e não reúna (ou sequer nomeie) o conselho escolar – órgão constituído por professores, alunos e funcionários. Há casos em que o diretor chega a permitir a interferência de políticos na gestão e, nos períodos de eleições, converte a escola numa extensão da plataforma de campanha.

As consequências não podem ser positivas, seja para o desempenho dos estudantes, seja para a motivação dos professores. A falta de perspectiva na carreira, já que dificilmente se poderiam ocupar cargos de liderança sem uma indicação, acaba se convertendo em mais um fator para o abandono da profissão.

Como alternativa, alguns municípios passaram a adotar o concurso público para selecionar diretores escolares. Há vantagens, como o predomínio do critério técnico e a maior isenção. Porém, contar apenas com o concurso não parece o ideal. Seria como escolher o presidente de uma empresa apenas com uma simples prova.

O gestor escolar deve reunir competências que vão além do mero conhecimento técnico, como, por exemplo, a habilidade na gestão de pessoas, a capacidade de liderança, a abertura para o diálogo, o estímulo à inovação. Precisa também, preferencialmente, conhecer as dificuldades e os desafios da escola e da região em que se encontra, estar sensível às suas necessidades. Quando o diretor é nomeado só porque passou num concurso, é ele que escolhe o colégio, e não o contrário. Muitas vezes, o mais bem colocado opta por uma escola em região com menos problemas, ou que fica perto de sua casa, sem conhecer o dia a dia da instituição.

Outros municípios fazem eleições diretas para o cargo de direção. Nesse caso, embora a comunidade escolar escolha seu líder, ainda assim podem ocorrer interferências partidárias. É claro que a escola é um espaço político; porém, a política partidária não deveria se sobrepor aos interesses do processo educativo.

Uma opção interessante é o critério misto, já adotado em alguns estados e municípios: o candidato a diretor precisa cumprir alguns pré-requisitos, como cursar especialização em gestão educacional, ter experiência mínima comprovada na instituição e passar por uma certificação técnica para, então, tornar-se "elegível" pela comunidade ao cargo de diretor. Soluções desse tipo, mais alinhadas com o conceito de gestão democrática, parecem ser as que mais se aproximam de critérios justos e mais favoráveis para garantir o uso eficaz dos recursos e o máximo desempenho da escola.

*G1*. 27 ago. 2015. Disponível em: http://g1.globo.com/educacao/blog/andrea-ramal/post/quem-escolhe-o-diretor-da-escola-do-seu-filho.html. Acesso em: 23 ago. 2019.

# UM ANO PERDIDO NA EDUCAÇÃO

**O ano de 2015 se aproximava do fim. Hora de balanço, verificar o que foi realizado e em que pé estava a educação brasileira.**

O Brasil começou o primeiro dia de 2015 com um novo mote: "pátria educadora". Mas este foi, na verdade, um ano perdido na educação.

Com três ministros num ano só, corte de R$ 9,4 bilhões no orçamento, greve de cinco meses nas universidades federais, cancelamento das visitas de avaliação do MEC aos cursos superiores e apatia na implementação do Plano Nacional de Educação (PNE), pouca coisa se mexeu na educação brasileira.

Os cortes do Fundo de Financiamento Estudantil (Fies) fizeram pairar a insegurança sobre o sonho de milhões de estudantes. O Pronatec, reduzido à metade e autodeclarado ineficiente pelo próprio governo, já que não tem impacto na empregabilidade dos estudantes, acabou se tornando um programa com finalidade mais política do que técnica.

Enquanto isso, o programa Ciência sem Fronteiras foi praticamente extinto, reduzido apenas à manutenção dos alunos que já estão no exterior e com data definida para ser "congelado".

A meta número 1 do PNE era universalizar, até 2016, a educação infantil na pré-escola para crianças de quatro a cinco anos de idade. Porém, os R$ 3,4 bilhões destinados a construir creches foram cortados.

No último Índice de Desenvolvimento da Educação Básica (Ideb), computado em 2013, o estado brasileiro mais bem colocado, Goiás, ficou com nota 3,8 no ensino médio, numa lista alarmante que chega até os 2,6 de Alagoas, na lanterna.

Este mês, as escolas brasileiras fazem outra vez a Prova Brasil – para gerar novo Ideb. Tendo sido este o ano que foi para a educação, ninguém poderá ficar surpreso se, no próximo resultado e também nos *rankings* internacionais, a coisa continuar estagnada.

*G1*. 5 nov. 2015. Disponível em: http://g1.globo.com/educacao/blog/andrea-ramal/post/um-ano-perdido-na-educacao.html. Acesso em: 23 ago. 2019.

## CRESCIMENTO DO ENSINO SUPERIOR PRIVADO É IMPORTANTE, MAS TEM RISCOS

**O IBGE divulgava os resultados da Pesquisa Nacional por Amostra de Domicílios (PNAD) 2014, em 13 de novembro de 2015. Entre outros, um indicador chamava a atenção: o aumento do número de estudantes de ensino superior em faculdades privadas.**

Os indicadores da PNAD 2014 confirmam a tendência de aumento do número de estudantes de ensino superior em instituições particulares. Em 2011, 73,2% estavam em faculdades privadas, contra 26,8% que cursavam as públicas. Em 2013, 74,6% estavam no ensino superior particular, contra 25,4% no público. Agora temos a confirmação da tendência, com 75,4% contra 24,6%. Isso equivale a dizer que as faculdades particulares têm seis de cada oito universitários brasileiros.

Esse cenário indica, em primeiro lugar, que o Brasil está distante de atingir a meta 12 do Plano Nacional de Educação: "Elevar a taxa bruta de matrícula na Educação Superior para 50% [...] assegurada a qualidade da oferta e expansão para, pelo menos, 40% das novas matrículas, no segmento público". Ora, seria necessário praticamente duplicar o sistema de educação superior em uma década. Nesse desafio, o ensino privado tem a sua importância.

Com o estímulo de políticas de financiamento como o Programa Universidade para Todos (Prouni) e o Fundo de Financiamento Estudantil (Fies), o ensino superior particular tem atendido cada vez mais estudantes de baixa renda. Fusões e aquisições geraram gigantes no setor, que, muitas vezes, é mais ágil do que o setor público no movimento de interiorização, aumentando o número de vagas para incluir populações até então segregadas desse nível de ensino.

Além disso, até pela vocação empresarial do setor particular de ensino, essas faculdades são mais rápidas na criação de cursos diretamente conectados com o atual mercado de trabalho, o que responde aos interesses dos estudantes, de olho nas profissões com mais oportunidades no futuro, e às próprias necessidades de desenvolvimento do país.

O contexto descrito deixa, porém, vários pontos de alerta. O primeiro se refere à qualidade do ensino. Ao lado de instituições de excelente nível, existem outras cuja qualidade acadêmica é questionável. O MEC deveria retomar e ampliar com urgência os processos de avaliação dos cursos de graduação, num mercado em que há todo tipo de *player*. É preciso rigor. Isso vale também para os cursos a distância, responsáveis por um alto percentual das matrículas.

O segundo alerta se refere aos materiais didáticos utilizados. Há um movimento em muitas faculdades privadas de produzir os próprios livros, reduzindo assim os custos para equipar bibliotecas e aumentando margens de lucro. Essas produções, em geral, não contam com os teóricos, peritos e especialistas mais reconhecidos de cada área, a não ser por citações e recortes. Corre-se o risco de que os alunos tenham cada vez menos acesso às ideias originais, de pesquisadores de ponta, e cada vez menos exigência de leitura, com linguagem e conceitos simplificados demais para o que se espera da formação superior.

O terceiro desafio se refere às deficiências da educação básica no Brasil. O índice de evasão em cursos como Engenharia, por exemplo, atinge patamares alarmantes, pela falta de base dos estudantes em matemática. Professores universitários se queixam que os alunos não sabem interpretar textos nem redigir no padrão mínimo de qualidade. Em muitas faculdades privadas, esses alunos, que não deixam de ser entendidos como "clientes", seguem avançando nos cursos, com alguma tolerância nas avaliações e reprovações. Essa flexibilização excessiva pode ser um feitiço que se volte contra o feiticeiro, se tivermos a multiplicação de novos diplomados, médicos, advogados, professores e engenheiros, sem os requisitos mínimos para exercer sua profissão.

*G1*. 13 nov. 2015. Disponível em: http://g1.globo.com/educacao/blog/andrea-ramal/post/crescimento-do-ensino-superior-privado-e-importante-mas-tem-riscos.html. Acesso em: 23 ago. 2019.

## REORGANIZAÇÃO DE ESCOLAS EM SP NÃO DEVERIA SER BASEADA SÓ EM DADOS

**Em 23 de setembro de 2015, o Governo do estado de São Paulo anunciava um projeto de reestruturação da rede escolar, que consistia em separar as unidades escolares de modo que cada uma passasse a oferecer apenas um dos ciclos da educação (ensino fundamental I, ensino fundamental II ou ensino médio). A proposta também previa o fechamento de 94 escolas, que seriam disponibilizadas para outras funções na área de educação.**

**Em protesto ao plano do governo, os estudantes secundaristas começaram a ocupar escolas em 9 de novembro. As ocupações aumentaram à medida que o governo se negava a suspender a proposta.**

A reestruturação das escolas de São Paulo que prevê o fechamento de 94 unidades pode ser necessária, mas até agora o processo tem sido conduzido de forma desastrada. Nesta segunda, São Paulo completa uma semana com escolas ocupadas contra a medida.

O trabalho de um gestor tem dois lados. O primeiro é "racional": em cima de metas e indicadores, exige tomadas de decisão que, muitas vezes, não agradam a todos, mas em médio prazo podem se revelar benéficas para a otimização dos recursos. Por isso o bom gestor precisa ter certa frieza para empreender ações que nunca irão agradar a todos.

Por outro lado, há uma dimensão imprescindível, ligada ao lado "humano". O gestor, sobretudo em determinadas áreas (e a educação é uma delas), lida com pessoas. Isso envolve vidas, sonhos, relações afetivas. No caso de uma escola, laços construídos ao longo de anos.

Para o estudante, a sua escola é uma segunda casa. Os corredores, o pátio, as salas de aula não são meras estruturas de concreto. Para alunos e professores, são "o seu lugar", ambientes nos quais viveram histórias, construíram amizades e moldaram parte da personalidade. Símbolos de um tempo que não volta, das emoções da infância e adolescência.

Não é raro que as pessoas se lembrem do "cheiro" da escola, mesmo quando adultas. Esse sentimento aparece retratado em diversas crônicas da literatura brasileira, em que personagens lembram do tempo de escola dizendo: "Ah, se essas paredes falassem". Quanto de nossas vidas uma escola representa!

Estão envolvidos ainda: planos de curso elaborados pelos professores em função do contexto, dos perfis e do histórico escolar dos estudantes, projetos interdisciplinares aprimorados no corpo docente ao longo de anos de trabalho. No caso das famílias, todos sabemos o que significa mudar de escola, ainda mais de forma não desejada: cuidar da adaptação dos filhos, rever o transporte, estabelecer relações de confiança com a direção e professores.

Por tudo isso, os gestores que vão reestruturar o sistema escolar de São Paulo não deveriam se basear apenas no primeiro critério, o dos indicadores. É claro que redistribuir pessoas em novas instalações pode significar um uso mais racional e eficaz dos recursos, o que é legítimo.

Mas que isso seja feito em diálogo com a comunidade, aos poucos, numa mudança cuidadosamente preparada. Mudanças não podem ser simplesmente comunicadas e que cada um se adapte como puder. Até agora só se conseguiu revolta e indignação. Seria muito digno que o Governo de São Paulo se dispusesse a ouvir a comunidade, o entorno no qual cada escola se localiza e com quem constrói permanentes interações e pontes, e que encontrasse um modo diferente de conduzir o processo, com o respeito que alunos e professores merecem.

*G1*. 16 nov. 2015. Disponível em: http://g1.globo.com/educacao/blog/andrea-ramal/post/reorganizacao-de-escolas-em-sp-nao-deveria-ser-baseada-apenas-em-indicadores.html. Acesso em: 23 ago. 2019.

## MAIS DE 2 MILHÕES DE CANDIDATOS DO ENEM TÊM REDAÇÃO FRACA

**No início de 2016, o Inep divulgava as notas da redação do Enem 2015. Embora o número de notas zero tivesse diminuído, o resultado mostrava que, ainda assim, os resultados não eram muito bons.**

A primeira análise das notas das redações do Enem 2015 cria uma impressão de melhora. Afinal, agora já não temos meio milhão de notas zero, e sim apenas pouco mais de 50 mil.

No entanto, basta fazer uma análise dos números consolidados para ver que a situação do ensino médio não é nem um pouco animadora. Afinal, 38% dos participantes, ou seja, 2.212.460 candidatos atingiram apenas uma nota até 500 pontos, padrão considerado fraco por qualquer estudante ou escola que se preze.

A prova de redação do Enem continua evidenciando diversas inconsistências de nosso sistema educacional. Primeiro, porque avalia o raciocínio lógico e a habilidade para encadear ideias com coesão e coerência. Isso exige certo traquejo no uso da linguagem, que não se consegue com fórmulas que treinam o aluno para escrever no modelinho dissertativo-argumentativo. É preciso apresentar dados e exemplos, fazer comparações, ter bagagem cultural.

Além disso, a prova de redação pede que o candidato apresente uma proposta de mudança social frente à questão que analisou em seu texto. Desse modo, mede-se a visão global, a postura cidadã, a capacidade de pensar de forma alternativa, elaborando soluções com criatividade e respeito pela coletividade. Chega-se a isso com muita leitura, capacidade de interpretação de textos, reflexão crítica.

Por fim, o Enem também exige domínio do padrão formal da língua portuguesa. Ora, isso não se aprende decorando regras gramaticais, mas sobretudo lendo bons textos, tendo contato diário com o modo como a língua é usada por aqueles que tratam dela com zelo e inteligência.

Os mais de dois milhões de notas fracas na redação do Enem são a prova de que ainda estamos longe de uma escola que, em vez de só ensinar conteúdos, ensine a refletir e argumentar, na qual se aprenda a escrever, interpretar e pensar fora da caixa.

*G1*. 12 jan. 2016. Disponível em: http://g1.globo.com/educacao/blog/andrea-ramal/post/mais-de-2-milhoes-de-candidatos-do-enem-tem-redacao-fraca.html. Acesso em: 23 ago. 2019.

## BÔNUS POR CEP NA NOTA DO ENEM PUNE QUEM MORA LONGE

**Algumas universidades concedem bônus na nota do Enem dos candidatos, de acordo com o seu local de residência. Em 2016, 12 instituições fizeram isso. O bônus chegou a ser de 40% num instituto federal situado no Triângulo Mineiro.**

Diversas universidades participantes do Sistema de Seleção Unificada (Sisu) para o ensino superior têm adotado o "bônus por CEP" na nota do Enem. Nessa regra insólita, os candidatos que cursaram o ensino médio em municípios que ficam próximos à instituição ganham um percentual a mais na nota que alcançaram no Enem, ou têm certo número de vagas reservadas exclusivamente para eles.

O critério dessas instituições é incongruente com o próprio Sisu, mecanismo criado pelo MEC para, por meio de um único exame aplicado a todos os candidatos, possibilitar o acesso de estudantes de diferentes regiões brasileiras às melhores universidades do país, segundo seu desempenho na prova.

O MEC prevê autonomia para que as instituições atribuam bônus às notas dos candidatos, mas isso deveria ser vinculado a critérios acadêmicos, relacionados a competências essenciais para os cursos. Por exemplo, faculdades de Engenharia que dão maior valor à nota da prova de Matemática, ou cursos de Direito que colocam mais peso sobre o resultado da redação, e assim por diante.

Se o CEP conta pontos a mais só para alguns candidatos, a seleção para a universidade vira bairrismo e coloca em risco a equidade. Ao premiar os que moram mais perto, esse critério exclui muitos jovens com desempenho superior que poderiam preferir migrar para outras cidades por terem conquistado, de forma legítima, melhores oportunidades educacionais.

*G1*. 5 fev. 2016. Disponível em: http://g1.globo.com/educacao/blog/andrea-ramal/post/bonus-por-cep-na-nota-do-enem-pune-quem-mora-longe.html. Acesso em: 23 ago. 2019.

## DÉFICIT DAS UNIVERSIDADES PÚBLICAS ESCANCARA PROBLEMAS NA GESTÃO

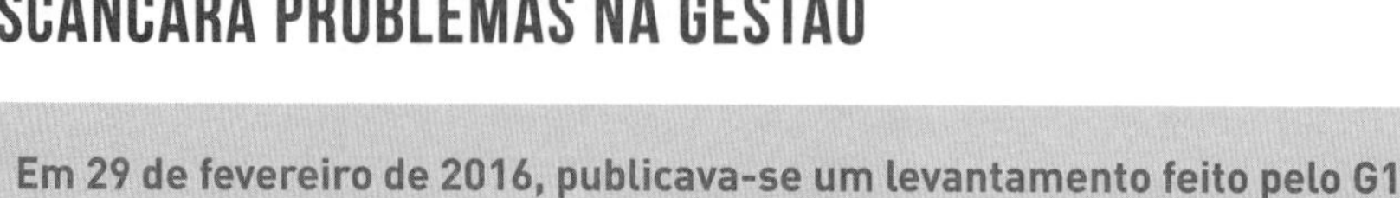

**Em 29 de fevereiro de 2016, publicava-se um levantamento feito pelo G1 que avaliava a situação das universidades federais. A dívida de nove dessas instituições somava 400 milhões de reais.**

O déficit das universidades públicas diante da redução das verbas governamentais escancara os problemas na gestão dessas instituições. Prova disso é a diferença no modo como universidades públicas e particulares – sobretudo as comunitárias – estão reagindo à mesma crise. As filantrópicas e comunitárias, por exemplo, sempre conviveram com certo rigor no uso dos recursos e com a necessidade ocasional de "apertar o cinto".

Uma universidade pública não é uma empresa, mas certamente é um empreendimento. Como tal, precisa ter um planejamento de médio e longo prazo, com metas definidas, planos de ação, indicadores de desempenho, gestão estratégica de recursos. Não é isso o que se vê na maioria das instituições de ensino superior da esfera pública.

Excesso de pessoal, ociosidade de espaços e tempos e considerável desperdício são alguns dos problemas. Com a certeza de uma verba anual fixa, além de recursos advindos de organismos como CNPq, Capes, Fapesp, Faperj etc., as universidades públicas se acostumaram a uma vida relativamente fácil, que não requeria alto esforço administrativo de contenção de despesas, nem priorização de necessidades. Basta observar o alto número de greves e paralisações observadas nos últimos anos, reflexo da insatisfação recorrente de professores e funcionários.

O momento do país apresenta às universidades públicas um desafio inadiável: profissionalizar a gestão. Haverá que otimizar recursos, reduzir gastos e excessos, trabalhar a partir de metas, indicadores e avaliações contínuas que vão além daquelas já realizadas pelo MEC. Longe de ser um passo para a temida "privatização" do ensino superior público, esse é o meio de, como entende ser possível o ministro Mercadante, "fazer mais com menos", usando os parcos recursos do orçamento da educação de forma consciente, responsável e sustentável.

*G1*. 29 fev. 2016. Disponível em: http://g1.globo.com/educacao/blog/andrea-ramal/post/deficit-das-universidades-publicas-escancara-problemas-na-gestao.html. Acesso em: 23 ago. 2019.

# A EDUCAÇÃO SUPERIOR PRIVADA NÃO PODE SE REDUZIR AO ENSINO

**No início de março de 2016, o MEC divulgava o dado de que a rede privada de ensino tinha 32% dos 134.494 contratos com doutores no ensino superior. O percentual foi considerado baixo por especialistas da área de educação, sobretudo quando se considera que as empresas são responsáveis por 75% dos 7.828.013 alunos matriculados em cursos de graduação.**

A cada dez alunos do ensino superior brasileiro, oito estão na rede privada e a maior parte deles estuda com professores sem doutorado. Esse dado leva a crer que persiste a dicotomia entre universidades públicas, entendidas como destinadas à pesquisa e à produção de conhecimento, e instituições particulares, focadas na formação profissional para o mercado.

Tal realidade se observa no mínimo desde 1998, como mostra o Censo da Educação Superior (MEC/Inep) daquele ano. Tínhamos, então, 165.122 docentes atuando em instituições de ensino superior (IES), sendo apenas 31.073 com doutorado. Destes, 23.544 (76%) estavam na rede pública e 7.529 (24%) na rede particular.

Embora o número total de doutores tenha se ampliado (hoje são 134.494), a maioria (67%) se concentra nas faculdades e universidades mantidas pela administração pública. A rede privada, que tem quase 6 milhões de estudantes, divide os 44 mil doutores restantes. A questão é: será que a formação ministrada nessas instituições consegue ser suficientemente ampla, ou corre-se o risco de acentuar apenas os requisitos de uma habilitação técnico-profissional?

A função social de uma IES envolve a reflexão e a produção de conhecimento nos mais diversos campos. Isso não se alcança só com o trabalho nas salas de aula ou com a preparação do alunado para o "fazer". Cabe à educação superior, de acordo com a Lei nº 9.394/1996 (Diretrizes e Bases da Educação Nacional), "incentivar o trabalho de pesquisa e investigação científica, visando ao desenvolvimento da ciência e da tecnologia e da criação e difusão da cultura e, desse modo, desenvolver o entendimento do homem e do meio em que vive" (artigo 43, III).

E não se trata apenas de um aspecto legal, mas de qualidade e de impacto social da formação. Professores que são pesquisadores atuam na produção de conhecimento voltado para a transformação da realidade pesquisada. Quando o processo e a experiência de pesquisa fazem parte da atitude cotidiana do docente, do discente e da instituição, o processo educativo é mais rico e socialmente mais relevante. Ao mesmo tempo em que o estudante aprende e incorpora a prática da pesquisa e se alinha com as tendências e saberes de ponta, ultrapassam-se os muros da instituição e o conhecimento produzido se insere no contexto humano e social, para dialogar com este e transformá-lo.

Pelo momento, o círculo vicioso está cristalizado. Nas instituições privadas, há pouca viabilidade econômica para fazer pesquisa. Dificilmente os custos podem ser repassados aos alunos e, ainda por cima, os professores não têm tempo, pois estão alocados em sala de aula. Por isso, os doutores brasileiros preferem trabalhar nas universidades públicas, onde encontram incentivo à pesquisa, apoio à continuidade de seus estudos e a chance de conciliar a docência com a investigação. Como atrair esses doutores para o ensino privado?

É hora de colocar a questão no interior das políticas públicas de ampliação das vagas em faculdades e universidades, para termos não só milhões de novos profissionais ingressando a cada ano no mercado, mas também cidadãos com possibilidades significativas de atuar na produção de conhecimento crítico, na reflexão e na inovação contínua.

*G1*. 8 mar. 2016. Disponível em: http://g1.globo.com/educacao/blog/andrea-ramal/post/educacao-superior-privada-nao-pode-se-reduzir-ao-ensino.html. Acesso em: 23 ago. 2019.

# EDUCAÇÃO BÁSICA AINDA NÃO AVANÇOU

**Em 22 de março de 2016, o MEC divulgava os resultados do Censo Escolar 2015. Entre outros dados, ele revelou que havia 1,6 milhão de jovens brasileiros de 15 a 17 anos fora da escola.**

Os dados recém-divulgados do Censo Escolar 2015 não são nada bons. Não houve avanço nos problemas mais graves. Analisemos os marcos de cada etapa de ensino:

- As creches atendem só 24,6% das crianças até três anos. A meta era no mínimo 50%.
- Na pré-escola, 600 mil crianças entre quatro e cinco anos não são atendidas. Isso fere a Constituição Federal (artigo 7º, XXV – vigente desde 2006). Trata-se de uma etapa importantíssima no desenvolvimento infantil, com influência direta no rendimento escolar futuro, e justamente por isso era a meta 1 do Plano Nacional de Educação: "universalizar até 2016 a educação infantil na pré-escola".
- Ao final do 3º ano do ensino fundamental, período limite para a criança de oito anos de idade estar alfabetizada, 12,2% dos estudantes são reprovados. É onde começa a se formar a bola de neve do analfabetismo funcional.
- Quando chegam ao 5º ano do ensino fundamental, 27,5% dos alunos das escolas municipais já estão "atrasados" em relação à série que deveriam cursar com essa idade. Ou seja, foram sendo reprovados pelo caminho. Já na escola particular, a distorção idade-série quase não ocorre.
- Por fim, chega o abandono escolar: 1,6 milhão de jovens entre 15 e 17 anos estão fora da escola, quando deveriam cursar o ensino médio. É a origem da geração nem-nem: nem estudam, nem trabalham, porque o mercado não pode mais absorvê-los.

Isso sem falar na estrutura das escolas públicas: segundo o Censo do ano anterior, mais da metade não tinha rede de esgoto, quase um terço carecia de rede de água e uma a cada quatro escolas não tinha coleta de lixo. Some-se a esse contexto a baixa remuneração dos professores e a falta de condições dignas para o trabalho docente.

Parte das razões para esse cenário desastroso estão nos cortes de verba para a educação e nos erros da gestão de estados e municípios.

Mas boa parte está, também, na falta de um especialista em gestão educacional à frente do trabalho no ministério, alguém com dedicação integral a esse trabalho, que tenha história na área para comandar uma pasta extremamente estratégica.

A Educação já teve seis ministros na era Dilma Rousseff. Se o Governo mantiver Aloizio Mercadante, que até o momento teve um papel visivelmente mais político do que técnico, então o Plano Nacional de Educação deveria passar a ser conduzido por uma equipe de especialistas. O que se vê hoje é um governo mais focado em sua defesa nas diversas frentes de ataque político, e paralisado no que se refere às urgências educacionais. Isso é fatal para qualquer nação – ainda mais no Brasil, país com tantas carências.

*G1*. 23 mar. 2016. Disponível em: http://g1.globo.com/educacao/blog/andrea-ramal/post/educacao-basica-ainda-nao-avancou.html. Acesso em: 23 ago. 2019.

**ASSISTA AO VÍDEO SOBRE O TEMA**

**Fonte:** https://globoplay.globo.com/v/7096550/programa/

Acesso em: 13 ago. 2019

# HORA DO ENEM É PALIATIVO E NÃO RESOLVE OS PROBLEMAS DO ENSINO MÉDIO

**Em 6 de abril de 2016, o MEC lançava o programa "Hora do Enem", com a finalidade de ajudar os estudantes do ensino médio a se preparar.**

O fracasso escolar observado nos estudantes brasileiros e latino-americanos oriundos de famílias com menos recursos foi motivo para, na década de 1970, dar lugar a uma série de políticas de "educação compensatória".

Os programas "compensatórios" partiam da suposta necessidade de suprir carências e defasagens que seriam inerentes à criação das crianças e jovens de camadas populares, o que explicava seu inexorável insucesso escolar.

Essa teoria de "privação cultural" chegou a ser usada para absolver a escola por sua ineficiência: por não terem "bagagem cultural", os estudantes de baixa renda não conseguiam aprender tanto como os outros, o que gerava repetência e evasão.

O que estava na base dessa concepção era uma leitura distorcida e falaciosa das realidades sociais e educacionais e, não poucas vezes, acabou reforçando o preconceito, a desigualdade educacional e a exclusão social, contribuindo pouco para melhorar o ensino formal.

Mais de quatro décadas depois, o lançamento do "Hora do Enem", pelo MEC, não deixa de trazer à mente um ranço de "educação compensatória".

Composto de um ambiente com exercícios e programas de TV com videoaulas, o projeto tem a finalidade de preparar os estudantes do ensino médio para fazer as provas do Enem.

Está certo que não se pode reclamar quando materiais de apoio são oferecidos gratuitamente aos estudantes. É verdade que podemos imaginar quantas atividades interessantes as escolas poderão criar a partir do uso desses materiais e videoaulas, que trazem, segundo o Ministro Mercadante, "os melhores professores".

Mas para quem acredita que passar no Enem não é tudo, e que a finalidade da educação básica é muito mais ampla, fica um sabor estranho.

O MEC pode criar um "cursinho preparatório" como paliativo para as deficiências das próprias escolas públicas, mas sanar os problemas do ensino médio, o maior gargalo da educação brasileira, vai requerer programas bem mais consistentes e uma parceria mais sólida com os professores – atores-chave na mudança escolar que, até o momento, têm ficado esquecidos.

*G1*. 5 abr. 2016. Disponível em: http://g1.globo.com/educacao/blog/andrea-ramal/post/hora-do-enem-e-paliativo-e-nao-resolve-os-problemas-do-ensino-medio.html. Acesso em: 23 ago. 2019.

## QUEM GANHA E QUEM PERDE NA EDUCAÇÃO COM O IMPEACHMENT

**À medida que o ano ia avançando, a pauta focava cada vez mais no andamento da Operação Lava Jato e no processo de impeachment, então já iniciado, da Presidente Dilma Rousseff.**

A batalha política em curso não paralisou só a economia, mas também a educação. Na última década, já não tivemos muitos avanços, exceto pelo aumento do número de estudantes universitários – aposta de risco, já que os alunos vêm de uma formação básica cheia de problemas.

Quando comparamos o desempenho dos estudantes brasileiros de hoje, após 14 anos de governo (somando a gestão de Lula e a de Dilma) com os indicadores da gestão anterior, não há melhoria notável. O mesmo vale para a estrutura precária das escolas, as condições de trabalho e remuneração dos professores e a ausência de políticas que poderiam fazer a diferença, como, por exemplo, a ampliação das vagas na educação infantil, a implantação do horário integral nas escolas ou a reforma do ensino médio. Num período de tempo similar, a Coreia do Sul já apresentava mudanças importantes que, pouco depois, a colocariam nos primeiros lugares da educação mundial.

Agora, numa área que deveria ser prioritária e urgente, o compasso é de espera. Com um ministério que mudou a liderança seis vezes em cinco anos, com enormes cortes no orçamento e a atenção da população voltada para o Congresso, nos próximos meses, seja com Dilma Rousseff ou com um governo de transição, não há previsão de ações muito significativas na área da educação.

Apesar disso, nem todos saem perdendo. O fato de o noticiário do dia ter passado a fazer parte das conversas familiares, a oportunidade de ver, na prática, numa memorável e por vezes até anedótica sessão da Câmara, a consequência imediata das escolhas políticas que fazemos e a esperança de acabar com a impunidade secular, materializada pela Operação Lava Jato, são episódios que valeram por muitas aulas e que, certamente, vão ajudar a formar uma geração com outra educação política e outros valores.

*G1*. 18 abr. 2016. Disponível em: http://g1.globo.com/educacao/blog/andrea-ramal/post/quem-ganha-e-quem-perde-com-o-impeachment-na-educacao.html. Acesso em: 23 ago. 2019.

# NUNCA HAVERÁ UM CURRÍCULO ÚNICO

**No dia 3 de maio de 2016, o MEC divulgava uma nova (segunda) versão da Base Nacional Comum Curricular, derivada de uma consulta pública. A primeira versão havia sido disponibilizada em 16 de setembro de 2015.**

É certo que são necessários indicadores que assegurem alguma unidade ao sistema educacional, num país de extraordinária diversidade. É direito do estudante mudar de cidade ou estado sem impacto na vida escolar. Essa unidade pode ser garantida por parâmetros e diretrizes recomendadas pelo Ministério da Educação, o MEC, mas nunca poderemos falar em um "currículo único comum".

O tema voltou a ser discutido recentemente a partir da "consulta pública" realizada pelo MEC para chegar à Base Nacional Comum Curricular.

No total, foram recebidos 12 milhões de contribuições até 23 de março e, no dia 3 de maio, foi divulgada a nova versão. Usando uma matemática simples: já que se passaram 40 dias, supostamente o MEC avaliou 300 mil contribuições/dia. Nem uma comissão composta por mil pessoas conseguiria fazer isso adequadamente e com o devido respeito a cada pessoa que dedicou tempo a essa tarefa.

Sem falar que, na consulta ampliada, poderiam ter sido criadas esferas mais formais para ouvir vozes de especial legitimidade no tema: dos estudantes e professores, ou seja, quem de fato vive e faz os currículos nas escolas.

É importante termos em mente que o currículo não pode ser reduzido a um "pacote" de conteúdos disciplinares. Por isso, a sua concepção não deveria se limitar ao "conteúdo ensinado", mas sim focar-se na autoria do professor e das escolas e na formação do cidadão.

Além disso, é anacrônico, no contexto da cibercultura, falar em itinerários comuns a todos. Lembro Fritjof Capra, que afirma que estamos nos movendo em direção à metáfora do conhecimento como uma rede, onde todos os elementos encontram-se conectados. E também Pierre Lévy, para quem o saber não é mais uma pirâmide estática, e sim uma vasta rede móvel.

Ora, então, como reduzir justamente o currículo, essa meganavegação de estudantes e professores por entre redes de conhecimentos, a uma listagem única? O currículo da cibercultura deve se construir em uma reunião de vozes e olhares, tecido por muitas mãos e aberto para todos os *links* e sentidos possíveis.

*G1*. 4 maio 2016. Disponível em: http://g1.globo.com/educacao/blog/andrea-ramal/post/nunca-havera-um-curriculo-unico.html. Acesso em: 23 ago. 2019.

# CURRÍCULO NACIONAL COMUM NÃO DEVERIA TER QUE PASSAR PELO CONGRESSO

**Em maio de 2016, não estava definido ainda se a Base Nacional Comum Curricular deveria ou não passar por aprovação do Congresso. Dois anos depois, ela seria homologada pelo Conselho Nacional de Educação e acabou não precisando da aprovação dos deputados.**

A Câmara dos Deputados deverá discutir e até aprovar o currículo da educação básica – ao menos, se for aprovado o Projeto de Lei nº 4.486/2016, do deputado Rogério Marinho (PSDB-RN). Mas será esfera do Parlamento legislar sobre conteúdos e competências trabalhados nas escolas?

Falar de um currículo comum já é, de certo modo, uma utopia. Claro que é necessário definir parâmetros, dando alguma unidade ao sistema educacional para garantir o direito de o estudante mudar de cidade sem impacto na vida escolar. Mas não há como reduzir o currículo ao conteúdo das disciplinas.

A noção de currículo envolve práticas culturais que se vivem na escola. Passa por vieses políticos, valores e relações, avaliações, conflitos e experiências dos sujeitos que ensinam e aprendem. Por isso, requer contar com a autoria dos professores e das escolas, com vistas a um ensino que não se limite ao conhecimento puro, mas forme cidadãos conscientes e críticos.

É na escola que o currículo se materializa e ganha vida. Levar o desenho do currículo ao Parlamento é retrocesso. Seria um documento de gabinete, descolado dos atos curriculares da prática escolar e de seus respectivos atores – professores e estudantes.

O retrocesso não para por aí. Atualmente, no Congresso, há pelo menos 30 projetos de lei para incluir novas disciplinas na formação. Entre as propostas, há matérias como segurança no trânsito, prevenção às drogas, segurança digital, primeiros socorros e educação financeira. Temas importantes, mas a mera sugestão de convertê-los em disciplinas mostra o desconhecimento dos congressistas a respeito do ensino básico, que já está atulhado de matérias, sem que o estudante necessariamente aprenda.

Enquanto deputados e senadores buscam definições para o currículo e o Ministério da Educação toma decisões quase sempre de cima para baixo, sem muita discussão com os interessados, vemos centenas de estudantes ocupando prédios de escolas e órgãos públicos e reivindicando direitos que vão na contramão desse processo.

No Brasil de hoje, há uma insatisfação crescente com a educação. O que as autoridades querem não é o que desejam estudantes, professores e famílias. E a maior parte dos políticos não tem conhecimento, atualização, experiência e, sobretudo, sensibilidade para perceber que, enquanto a educação no mundo toma novos rumos, com enorme rapidez, aqui estamos estagnados e colocando em risco o futuro do país.

*G1*. 23 maio 2016. Disponível em: http://g1.globo.com/educacao/blog/andrea-ramal/post/curriculo-nacional-comum-nao-deveria-passar-por-aprovacao-do-congresso.html. Acesso em: 23 ago. 2019.

# VIGENTE HÁ DOIS ANOS, PLANO NACIONAL DE EDUCAÇÃO NÃO SAIU DO PAPEL

**Em 25 de junho de 2016, completavam-se dois anos desde o dia em que o Plano Nacional de Educação havia sido promulgado, longe de cumprir as metas estabelecidas.**

As metas assumidas para hoje, dia 25 de junho de 2016, no Plano Nacional de Educação (Lei nº 13.005/2014) praticamente não saíram do papel:

- Metade da população infantil de até três anos de idade deveria estar em creches, mas temos 2,5 milhões de crianças sem tal atendimento.
- Este ano, todas as crianças entre quatro e cinco anos deveriam estar na pré-escola, mas ainda há 700 mil crianças não matriculadas.
- Em 2016, 100% dos jovens entre 15 e 17 anos deveriam estar cursando o ensino médio; no entanto, 1,6 milhão desses jovens estão fora da escola. É a futura "geração nem-nem": os jovens entre 18 e 25 anos que nem estudam nem trabalham, e são 20% da população brasileira dessa faixa etária.

A meta 15 previa o início de uma política nacional de formação docente. Apesar disso, até o momento só 32,8% dos mestres dos anos finais do ensino fundamental têm licenciatura na área em que atuam e 25% dos professores da educação básica não têm curso superior.

O monitoramento dos avanços deveria ser reportado periodicamente na internet, pelo MEC, mas nenhuma satisfação foi dada à sociedade.

É claro que a crise econômica e a turbulência política mudaram as prioridades e a educação, mais uma vez, ficou em segundo plano. Mas a letargia na passagem dos planos à ação indica também falhas graves na gestão da área educacional. Não é raro que na educação pública se façam reuniões e comissões nos âmbitos municipal, estadual e federal, gastando um tempo valioso para redigir planos que, pouco depois, caem no esquecimento.

Há saídas: em primeiro lugar, os planos precisam ser elaborados com as ferramentas básicas da gestão contemporânea: o cronograma de ações, a divisão de responsabilidades, o estudo de alocação das verbas, os indicadores de controle e avaliação. Além disso, é preciso que a educação seja entendida de uma vez por todas como prioridade e que haja continuidade nas políticas, em vez de cada governo começar do zero. Se não for assim, poderão entrar e sair os presidentes, oficiais ou interinos, mas a mudança não sairá do papel.

*G1*. 25 jun. 2016. Disponível em: http://g1.globo.com/educacao/blog/andrea-ramal/post/vigente-ha-dois-anos-plano-nacional-de-educacao-nao-saiu-do-papel.html. Acesso em: 23 ago. 2019.

**ASSISTA AO VÍDEO SOBRE O TEMA**

**Fonte:** https://globoplay.globo.com/v/6784376/

Acesso em: 13 ago. 2019

# ESCOLA SEM PARTIDO: DOUTRINAÇÃO, NUNCA; PERSEGUIÇÃO IDEOLÓGICA, JAMAIS

**O movimento Escola sem Partido, contra a "doutrinação ideológica" nas salas de aula brasileiras, já existia há anos, mas somente a partir de 2015 começou a provocar polêmica – desde que câmaras municipais, assembleias legislativas e o Congresso Nacional começaram a debater projetos de lei inspirados no grupo. Em Alagoas, a ideia virou lei, chegou ao Supremo Tribunal Federal (STF) e, no final de julho de 2016, a Advocacia-Geral da União (AGU) o considerou inconstitucional.**

Ensinar a pensar de forma crítica é um dos principais papéis da escola. Fazer a cabeça do estudante, ao contrário, é doutrinação inescrupulosa. Mas será mesmo necessário fazer uma lei sobre "escola sem partido" para estabelecer tais limites?

O movimento Escola sem Partido parte do princípio – legítimo – de que o professor não pode se aproveitar da audiência cativa dos alunos para promover as suas concepções ou preferências ideológicas, religiosas, morais, políticas e partidárias.

Se aprovada a lei que o movimento defende, o professor não poderá favorecer, prejudicar nem constranger os alunos em razão de suas convicções políticas, ideológicas, morais ou religiosas, ou da falta delas. Quando abordar questões políticas, socioculturais e econômicas, terá que apresentar aos alunos, de forma justa, as principais versões, teorias e perspectivas concorrentes a respeito.

Ora, todo professor com a devida ética profissional faz isso. E se ele, ao contrário, abusa da falta de conhecimento ou da imaturidade dos alunos para "fazer a sua cabeça", ou prejudica os alunos por causa das suas convicções, está desvirtuando o processo educacional, que deve incentivar a autonomia intelectual, a reflexão crítica e a capacidade de fazer suas próprias escolhas. É isso o que a educação de hoje requer: formação para a autonomia intelectual.

Quando um professor age sem a ética necessária ao exercício da profissão, cabe ao coordenador pedagógico e ao diretor da escola cuidar do assunto, eventualmente inclusive com punições. Os pais e os próprios estudantes devem ficar atentos para alertar a escola sobre abusos e desvios da função docente.

O mesmo se pode afirmar sobre os livros didáticos. Cabe ao MEC e a cada professor avaliar se um livro didático apresenta cada tema de forma adequada, de modo a contribuir para a visão global e a formação integral do estudante, ou se ele é tendencioso, ofensivo ou tem viés partidário. Nesse caso, o livro jamais deveria ser adotado.

Preocupam, nessa discussão, as interpretações radicais, que podem derivar no patrulhamento ideológico. Podemos imaginar um sem-número de situações absurdas: por exemplo, famílias processando escola e professor porque este mencionou determinado pensador, ou porque não deu o mesmo tempo de aula sobre o pensador "concorrente", ou porque a prova trazia questões sobre determinada linha político-econômica e assim por diante. Ou, ainda, escolas que abolissem de sua didática os debates ou as leituras mais provocadoras.

Doutrinação, nunca; ensinar a pensar, sempre. Isso se faz com leituras, filmes, debates, dinâmicas de interação, oportunidades para que o estudante exponha seus argumentos e aprenda com as visões de todos os outros.

Acreditar que existe educação "neutra" é ingenuidade. Mas é possível, sim, abordar os mais diversos temas e autores de forma instigante e, ao mesmo tempo, respeitosa da autonomia do estudante, estimulando-o a fazer uma leitura crítica da realidade e, com liberdade e consciência, se posicionar como cidadão. Professores com ética e bom senso fazem isso todos os dias.

*G1*. 3 ago. 2016. Disponível em: http://g1.globo.com/educacao/blog/andrea-ramal/post/escola-sem-partido-doutrinacao-nunca-perseguicao-ideologica-jamais.html. Acesso em: 23 ago. 2019.

## PARA O BRASIL MELHORAR NA OLIMPÍADA, ESPORTE DEVE ENTRAR NA ESCOLA PÚBLICA

**Os Jogos Olímpicos de 2016, iniciados em 5 de agosto daquele ano e sediados no Rio de Janeiro, eram a grande esperança de medalhas para os atletas brasileiros, que disputavam as competições em casa. No entanto, o final do evento se aproximava, programado para 21 de agosto, e o número de pódios nos 46 esportes incluídos nos Jogos ia ficando aquém das expectativas.**

Vamos assumir? Os anos passaram e até agora não conseguimos formar jovens para modalidades esportivas bem acessíveis à educação pública, mesmo sediando uma edição histórica dos Jogos Olímpicos em nosso país.

Há modalidades em que é possível desenvolver talentos sem necessidade de um investimento inicial alto. Vejamos o atletismo, por exemplo: corrida, revezamento e corrida com obstáculos são praticados, não raro, por atletas com parcos recursos financeiros, cujo potencial foi descoberto na infância.

Temos menos representantes nos Jogos do Rio do que poderíamos ter. Nossos campeões olímpicos ainda são exceções, atletas notáveis que, infelizmente, confirmam a regra. As razões estão na educação pública – como acontece em muitos dos casos de desperdício de talentos da infância e na juventude brasileiras.

O Censo Escolar 2015 mostrou que seis em cada dez escolas públicas do país não possuem quadra esportiva. Significa que a Educação Física, componente curricular obrigatório, não só não pode ser implementada totalmente como, muitas vezes, deve recorrer até a improvisos.

Quando comecei a lecionar, um fato me chamava a atenção. No conselho de classe – esfera de avaliação dos estudantes, para encontrar novas estratégias didáticas – as aulas não eram suspensas. Quem ficava com os estudantes naquele momento era o professor de Educação Física – que, curiosamente, não participava dessa reunião.

Naquela época, não se compreendia que esse professor tinha contribuições valiosas para o conselho de classe: dados relacionados a comportamento, posturas, relacionamento e atitudes dos estudantes que podiam não ser perceptíveis numa situação de ensino "formal", na sala de aula.

Quase três décadas depois, a situação mudou bastante. Os docentes de Educação Física foram conquistando uma formação mais abrangente e um espaço mais reconhecido nas práticas escolares. Porém, ainda precisamos avançar. Sem sequer um espaço apropriado para a atividade esportiva, muitos professores precisam dar aulas na sala. O que acontece nesses colégios? Explicações sobre regras? Trabalhos teóricos sobre o aforisma "mente sã em corpo são"? Parece complicado.

A consequência aparece, no mínimo, a cada quatro anos, nos Jogos Olímpicos. Apesar da habilidade e do talento de tantas crianças e jovens, revelados até em situações da cultura popular, como danças e brincadeiras de rua, não temos ainda um sistema estruturado para trazer a atividade esportiva à formação global.

Quando o ensino público incorporar de fato a educação para o esporte, o que ganharemos não serão só medalhas, mas algo ainda mais valioso: uma geração de jovens mais preparados, com menos risco de entrar nas drogas e na contravenção. Vidas com maior possibilidade de equilíbrio, qualidade e bem-estar, com posturas típicas de quem vive os esportes, como a autossuperação e a disciplina. E, claro, a oportunidade de revelar novos ídolos, bons exemplos que sirvam de inspiração para nossas crianças e jovens.

*G1*. 17 ago. 2016. Disponível em: http://g1.globo.com/educacao/blog/andrea-ramal/post/para-brasil-melhorar-na-olimpiada-esporte-deve-entrar-na-escola-publica.html. Acesso em: 23 ago. 2019.

## DIDÁTICA DEFASADA PODE TORNAR NOVO ENSINO MÉDIO UM DESASTRE

**Em 23 de setembro de 2016 era publicada a Medida Provisória nº 746/2016, como parte da reforma do ensino médio. Ela instituía o fomento às escolas de ensino médio em tempo integral.**

A medida provisória que reforma o ensino médio tem pontos positivos: a perspectiva de tempo integral nas escolas e a flexibilização do currículo, que parte de uma base comum e permite ao estudante construir a sua trilha de aprendizagem. Mas a forma um tanto desastrada como as mudanças vêm sendo comunicadas passa a impressão de um ensaio apressado, que não chega ao cerne dos problemas e, por isso, passa ao largo das soluções.

A primeira bola fora foi afirmar, na redação inicial, que as disciplinas Educação Física, Artes, Sociologia e Filosofia passariam a ser optativas. A proposta foi rapidamente corrigida, mas a má impressão ficou, até pelo fato de essa hipótese ter sido colocada em pauta.

Agora, o MEC acaba de informar que Artes e Educação Física estarão presentes em "metade" do ensino médio. Devemos supor que, embora o primeiro ano seja comum a todos, os estudantes que escolherem a área de matemática ou o ensino técnico, por exemplo, não precisarão necessariamente fazer esportes nem aprender música? Nada mais distante da educação de hoje, que busca formar mentes sensíveis, corpos saudáveis e corações informados.

Não se tratou, até o momento, de uma questão fundamental: a necessidade de revisão da didática utilizada nas escolas. Tão importante quanto o que aprender é o modo como se aprende. Hoje temos um ensino tradicional e obsoleto, incapaz de motivar o jovem do século XXI, enquanto em outros países já estão implantadas as metodologias ativas, com experiências de sala de aula invertida, aprendizagem entre pares e tecnologias digitais. Ampliar o tempo de aula para fazer tudo do mesmo modo pode tornar o ensino médio ainda mais entediante.

*G1*. 27 set. 2016. Disponível em: http://g1.globo.com/educacao/blog/andrea-ramal/post/didatica-defasada-pode-tornar-novo-ensino-medio-um-desastre.html. Acesso em: 23 ago. 2019.

# ENTENDA POR QUE AS NOTAS DA REDAÇÃO DO ENEM 2015 FORAM MAIS ALTAS

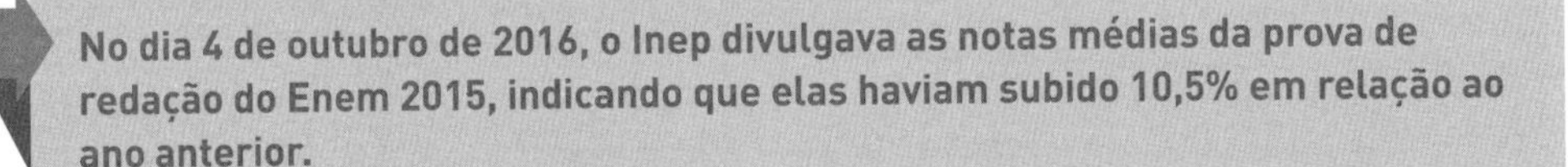

**No dia 4 de outubro de 2016, o Inep divulgava as notas médias da prova de redação do Enem 2015, indicando que elas haviam subido 10,5% em relação ao ano anterior.**

No Enem 2015 houve aumento de 10,5% na média da nota da redação. A principal justificativa está no tema proposto: tanto a violência como o preconceito contra a mulher são questões bastante debatidas não só ao longo do ensino médio, como também nos meios de comunicação e nas redes sociais. Tanto que boa parte dos candidatos afirmou que considerou o tema "fácil". De um modo geral, eles se sentiram à vontade para dissertar sobre o assunto.

Além disso, os textos de apoio deram muitas dicas, tornando-se quase um roteiro da dissertação. O primeiro mostrava o aumento no número de mulheres vítimas de assassinato; o segundo ajudava a exemplificar os tipos de violência sofrida. O terceiro texto de apoio lembrava ao candidato que existe preconceito envolvido nas agressões; o último, por fim, escancarava o paradoxo de que, embora exista a Lei Maria da Penha, a maioria dos casos nem são julgados e muito menos condenados, levando a perpetuar a impunidade.

Ora, bastava ao candidato interpretar e relacionar os textos de apoio na sua argumentação, pois a própria proposta do Enem já havia dado o caminho.

O terceiro motivo para a elevação das notas foi o susto que os candidatos levaram ao ver os resultados do ano anterior (o Enem 2014), quando mais de meio milhão de provas receberam nota zero. Esse foi um forte sinal de alerta para que escolas e estudantes passassem a dar mais atenção a esse exame.

Nessa linha, o resultado de 2015 é um estímulo para que os candidatos se dediquem cada vez mais, na preparação da reta final deste ano, às práticas de leitura e escrita. Se o tema for fácil novamente, muitos continuarão se saindo bem, o que torna a competição ainda mais acirrada. Se for difícil, tanto melhor para quem está atualizado sobre as questões da contemporaneidade e consegue dissertar, de forma analítica e crítica, sobre problemas e soluções.

A certeza que se fortalece, ano após ano, é que o Enem pode até mudar, mas a prova de redação será sempre decisiva e imprescindível. Ela permite aos avaliadores julgar uma série de aspectos qualitativos que a prova objetiva não tem como medir, tais como capacidade de leitura do mundo, encadeamento de ideias, criatividade, lógica argumentativa e até mesmo princípios e valores.

*G1*. 4 out. 2016. Disponível em: http://g1.globo.com/educacao/blog/andrea-ramal/post/entenda-por-que-notas-da-redacao-do-enem-2015-foram-mais-altas.html. Acesso em: 23 ago. 2019.

# PISA 2015 MOSTRA QUE AVALIAÇÃO ESCOLAR PRECISA MUDAR

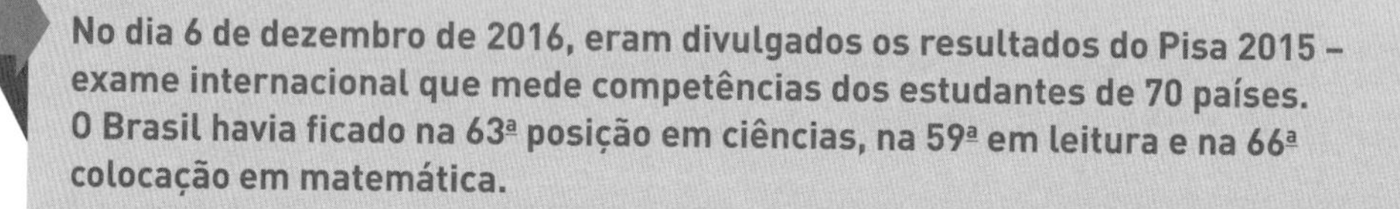

**No dia 6 de dezembro de 2016, eram divulgados os resultados do Pisa 2015 – exame internacional que mede competências dos estudantes de 70 países. O Brasil havia ficado na 63ª posição em ciências, na 59ª em leitura e na 66ª colocação em matemática.**

O nível de aprendizado dos estudantes brasileiros está entre os mais fracos do mundo, conforme mostrou, mais uma vez, o exame 2015 do Programa Internacional de Avaliação de Estudantes (Pisa). Se os alunos que participaram dessa prova estão na faixa dos 15 anos e todos cursam séries equivalentes, como explicar que os jovens brasileiros cheguem à mesma etapa do ensino sabendo menos que os outros, sem dominar competências básicas de matemática, ciências e leitura?

Existem problemas estruturais na educação do país, conhecidos há tempo. Mas um fator não pode ser relevado: a avaliação escolar anda frouxa. Então, como em muitas instituições se torna fácil alcançar, pelo menos, a nota mínima para passar de ano, o aluno brasileiro se dedica muito pouco aos estudos.

Aprovar os estudantes sem as mínimas condições é dar a eles um falso impulso. Seria como inscrever, numa maratona de 42 km, um competidor que não aguenta correr nem 5 km. O falso prêmio do certificado do ensino fundamental se converte em vergonha ao longo da vida, porque esse jovem, embora formado, não interpreta um texto, não faz uma regra de três, não passa nos exames mais disputados e não é escolhido para os melhores empregos. Se a cultura da reprovação reforça a exclusão escolar e social, e deve ser evitada a qualquer custo, por outro lado, a cultura da aprovação sem condições é ainda mais ludibriadora e humilhante.

Claro que é ilusão acreditar que uma nota de prova exprime tudo sobre o aluno. As provas são instrumentos limitados e avaliar um ser em desenvolvimento é algo bem mais amplo. Por isso, as escolas costumam examinar e acompanhar os estudantes considerando também elementos subjetivos, como participação, competências emocionais, trabalhos em grupo, entre outros.

Mas nada deveria mascarar a verificação mais objetiva: se o aluno está de fato preparado, ou não, para frequentar aulas nas quais serão ensinadas coisas novas, que dependem de uma aprendizagem completa e segura de conhecimentos anteriores. Se estes não foram fixados, então a escola precisa criar estratégias para cobrir as lacunas: aulas de reforço, atividades no contraturno etc. e, sobretudo, novas medições que atestem o aprendizado. Está claro que reprovar não é solução. Mas fazer o aluno avançar, sem corrigir os problemas, é ainda pior.

Os pais, por sua vez, precisam cobrar mais exigência – em vez de pedir que as escolas facilitem e sejam mais brandos na avaliação dos filhos. Afinal, protegê-los dos desafios não os ajudará a encarar a vida. Os educadores de maior mérito são os que acreditam que o aluno é capaz e sempre pode mais. Não se contentam com pouco. Exigir um desempenho mínimo, cobrar hábito de estudo e autodisciplina não é pressão, autoritarismo nem insensibilidade, e sim compromisso, responsabilidade e consciência do seu papel social.

*G1*. 7 dez. 2016. Disponível em: http://g1.globo.com/educacao/blog/andrea-ramal/post/pisa-2015-mostra--que-avaliacao-escolar-precisa-mudar.html. Acesso em: 23 ago. 2019.

## TENDÊNCIAS PARA A EDUCAÇÃO BRASILEIRA EM 2017

**A dois dias do final do ano de 2016, o cenário do país ainda apresentava muitas incertezas para o setor educacional. Era momento de olhar para o ano seguinte e pensar de forma propositiva.**

Na educação brasileira, em 2017, três discussões vão dominar a cena: a reforma do ensino médio, a base nacional comum curricular e a crise do ensino superior.

Na reforma do ensino médio, há previsão de turbulências. O início foi desajeitado; o desenho, pouco participativo; há resistências, poucos recursos e, ainda por cima, o Procurador-geral da República, Rodrigo Janot, enviou parecer ao STF, às vésperas do recesso do Senado, declarando a medida inconstitucional. Tudo indica que esse será um ingrediente a mais num momento que já é de bastante controvérsia entre os três poderes.

Os pontos mais promissores da reforma estão na flexibilidade (os estudantes escolhem certas áreas na formação) e na integração com o ensino técnico. Mas a implementação não será fácil: envolve mudar o currículo, ampliar a jornada escolar e capacitar os professores.

A Base Nacional Comum Curricular, até agora, não recebeu a devida importância, com a atenção da sociedade desviada pelo caos político do país. É urgente retomar o foco sobre a versão mais atual do documento – que vem sendo debatida desde maio em seminários por estado, e recebendo deles novas contribuições. Não deveríamos terminar 2017 sem uma definição com a qual a maioria dos envolvidos se sinta confortável e que resolva as principais inconsistências do ensino, hoje sobrecarregado de conteúdos e distante da vida concreta.

Por fim, o ensino superior enfrenta um cenário de incerteza, devido à redução das políticas de financiamento, aos cortes no orçamento e à queda no número absoluto de matrículas, motivada também pelas deficiências de aprendizagem dos estudantes.

O mercado de trabalho, cada vez mais exigente, está sofrendo as consequências de terem se aberto as portas das faculdades, sem a devida estrutura e sem que os alunos tivessem as competências mínimas. As instituições precisam rever seus processos de ensino e avaliação – sob pena de formar um sem-número de pseudoprofissionais, munidos de diplomas de areia.

Enquanto isso, pelo mundo, nas nações de alto desempenho educacional, outras discussões estão em marcha. Sala de aula invertida, metodologias ativas e novos papéis do professor, com apoio de tecnologias, são realidades que no exterior chegaram mais rápido do que aqui. O desempenho dos estudantes brasileiros, na lanterna dos exames internacionais, mostra que ficamos para trás. Colocar a educação como alta prioridade é uma decisão que não deveria mais ser adiada.

*G1*. 29 dez. 2016. Disponível em: http://g1.globo.com/educacao/blog/andrea-ramal/post/tendencias-para-educacao-brasileira-em-2017.html. Acesso em: 23 ago. 2019.

## ENSINO MÉDIO: REFORMA OU FICÇÃO?

**Em 16 de fevereiro de 2017, o Presidente Michel Temer sancionava a lei que estabelecia a reforma do ensino médio. Entre as mudanças, as escolas poderiam escolher o que iriam ensinar em 40% da carga horária.**

2017

Como o processo de construção da reforma do ensino médio foi atropelado e pouco participativo, há muitas dúvidas sobre sua implementação e, principalmente, sobre o tempo que isso levará – apesar da urgência em elevar a qualidade da formação dos jovens do país.

As teorias que embasam a reforma são positivas, como a flexibilização do currículo por meio de uma educação mais personalizada, ou a ampliação da jornada escolar. Falar em áreas do conhecimento no lugar de disciplinas e incentivar possibilidades múltiplas no currículo são alguns dos caminhos possíveis para motivar os alunos. Na sociedade do conhecimento interligado, das redes cooperativas, do ciberespaço e da inteligência coletiva, não podemos mais manter uma escola com matérias tão fragmentadas e isoladas.

Mas é preciso que os conteúdos essenciais de cada área não sejam deixados de lado. Como isso ocorrerá na prática é um enorme ponto de interrogação. Além disso, as mudanças na educação não se fazem por decreto nem tomando conceitos consagrados e transformando em lei. Isso sem falar em pontos bem questionáveis, como a escalação de professores leigos, sem preparação específica para lecionar.

Há um problema de fundo: a distância que se abre entre escolas públicas e particulares. As medidas são as mesmas, mas, por razões óbvias, as privadas terão mais facilidade e rapidez para implementá-las. Isso pode acentuar as desigualdades educacionais, em vez de reduzi-las.

Agora vamos a um ponto que causa perplexidade: a reforma do ensino médio depende da Base Nacional Comum Curricular (BNCC). Ela definirá os temas essenciais de cada área e as competências a desenvolver. No entanto, por incrível que pareça, essa base ainda é disciplinar, enquanto a reforma do ensino médio pressupõe interdisciplinaridade. E enquanto a reforma fala de ensino técnico e profissional, esses conteúdos ainda não são considerados na BNCC de forma integrada com o currículo básico.

A questão é de *timing*: nos termos da Lei, o cronograma de implementação da reforma deverá ser feito pelos sistemas de ensino "no primeiro ano letivo subsequente à data de publicação da BNCC". Já o processo de implementação, por sua vez, deverá ocorrer "a partir do segundo ano letivo subsequente à data de homologação da BNCC". Ora, segundo o MEC, a BNCC está prevista para 2018. Noves fora, o novo ensino médio só estaria valendo em 2020 – isso se tivermos gestores comprometidos e recursos suficientes. Justamente por isso, não é exagero afirmar que a geração que está hoje nesse período escolar não sentirá mudanças no dia a dia.

Para além da tradicional lentidão nas políticas educacionais, não podemos deixar de lado a alta vinculação que existe entre medidas como essas e os partidos e gestores políticos que as implementam. Uma troca de governo costuma colocar em risco muitas das ações realizadas.

Celeridade e constância, senhores, é o que mais precisamos, mesmo que a mudança proposta esteja longe da perfeição. Enquanto os especialistas travam um embate de teorias educacionais sobre o que pode ou não dar certo, as inovações ainda estão longe de virar realidade para estudantes e professores que fazem a educação brasileira, com seus acertos e mazelas, entre luzes e sombras, acontecer na prática.

*G1*. 21 fev. 2017. Disponível em: http://g1.globo.com/educacao/blog/andrea-ramal/post/ensino-medio-reforma-ou-ficcao.html. Acesso em: 23 ago. 2019.

## DIPLOMAS DE AREIA: 30% DOS CURSOS SUPERIORES TÊM NOTA FRACA NO ENADE

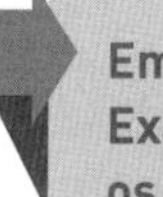

**Em 8 de março de 2017, o Inep divulgava um recorte dos resultados do Exame Nacional de Desempenho de Estudantes (Enade) 2015, revelando que os estudantes que concluíram o ensino superior tiveram média de acertos que variou de 52,8 a 57,9 nas questões de formação geral e de 41,3 a 44,9 nas questões específicas. A média dos estudantes que fizeram o exame não ultrapassou, em nenhum curso, 60 de um total de 100 pontos.**

É desastroso o retrato da educação superior recém-divulgado pelo MEC, com base na avaliação realizada em 2015. As médias do Enade ficaram entre 4,1 e 4,9. Pelo resultado desse teste, 30% dos cursos superiores estão reprovados e pouco mais da metade tem nível satisfatório – padrão que se repete há anos e mostra o ensino universitário estagnado.

Uma das principais causas do problema está na educação básica. Basta ver o resultado do último Pisa – medição internacional de competências de estudantes de 15 anos, nas áreas de leitura, ciências e matemática. Boa parte dos estudantes brasileiros ficou abaixo do nível de aprendizagem considerado adequado, sem conseguir interpretar um texto, relacionar dados ou acertar contas com poucos números. São tantas as deficiências que as universidades têm oferecido disciplinas de nivelamento para ensinar conteúdos do ensino médio.

Além disso, a avaliação dos estudantes está frouxa. Em muitas faculdades, o nível de exigência é baixo e falta rigor ao aprovar. As empresas brasileiras pagam o preço dessa baixa qualificação dos profissionais. Chegam a organizar as próprias "universidades corporativas", para adequar os funcionários às necessidades do mercado. Há um enorme grupo de profissionais certificados com diplomas de areia: dissolvem-se no primeiro desafio prático do mundo do trabalho.

Certas instituições privadas, voltadas mais para os resultados financeiros do que educacionais, chegam ao ponto de evitar custos com livros e produzir o seu material didático, escrito por "conteudistas" que resumem o essencial das ideias de autores de referência. Ora, como se pode formar um profissional por meio de apostilas que são colchas de retalhos, e sem ler os originais, sem ir às fontes nem ter contato direto com as teorias de ponta? Estudantes e professores deveriam rejeitar essas práticas simplificadoras, que não podem levar muito longe.

Por fim, há que lembrar que o resultado do Enade não pode ser tomado como único balizamento, porque há estudantes que ainda não levam esse exame a sério. Ainda por cima, é desvinculado do calendário acadêmico e não tem impacto sobre o certificado. Se as instituições querem melhorar o desempenho nessa prova, precisam sensibilizar os estudantes para realizá-la com seriedade. Um dos argumentos é o de que o conceito e a imagem da instituição estão diretamente ligados ao valor da chancela que ela concede. Assim, quanto melhor a nota do Enade e da instituição, maior o valor do diploma daqueles que lá estudaram.

*G1*. 8 mar. 2017. Disponível em: http://g1.globo.com/educacao/blog/andrea-ramal/post/diplomas-de-areia-30-dos-cursos-superiores-tem-nota-fraca-no-enade.html. Acesso em: 23 ago. 2019.

# OS TRÊS MAIORES ACERTOS NAS MUDANÇAS DO ENEM 2017

**Aos 9 de março de 2017, o MEC divulgava mudanças no Enem. Entre elas, destacavam-se a realização das provas em dois domingos consecutivos em vez de num único final de semana, a colocação da redação no primeiro dia de prova e o fato de que o Enem não serviria mais como certificação para o ensino médio.**

Demorou, mas o processo de revisão do Enem começou e trouxe boas surpresas. A principal delas é o fato de se realizar em dois domingos subsequentes, com o intervalo de uma semana entre um e outro. O modelo anterior era um verdadeiro teste de resistência, que causava desgaste e estresse e podia afetar o rendimento. Agora os candidatos poderão descansar física e mentalmente entre uma prova e outra e é provável que o resultado fique mais próximo do que precisa de fato ser avaliado: o conhecimento e as competências de cada candidato.

O segundo acerto é manter a prova de redação. Na roda-viva de ministros da Educação que se sucederam nos últimos anos, o assunto entrou em pauta e houve quem defendesse extinguir a redação. Não poderia haver maior erro do que um Enem só com questões objetivas.

É por meio da redação que se medem competências essenciais para a vida acadêmica e profissional, como a habilidade de argumentação, o uso da linguagem escrita, o pensamento crítico, a capacidade de relacionar e encadear ideias e dados e até mesmo a postura ética. Cada vez mais empresas usam a redação em seus processos de seleção de pessoal e perder essa prova justamente no Enem seria uma enorme bobagem.

Outra mudança acertada é a desvinculação do Enem da certificação da educação básica. Até o ano passado, alunos de 2º ano do ensino médio que se classificavam bem no exame passavam a pedir a entrada automática no ensino superior, perdendo parte da formação projetada para o período escolar e, em muitos casos, sem a maturidade suficiente. O ensino médio não desenvolve só os conhecimentos testados no Enem e trocar essa prova por três anos de formação escolar era questionável.

Passar a vincular a certificação do ensino médio ao Exame Nacional de Certificação de Competências de Jovens e Adultos (Encceja) beneficia aqueles que buscam validar os conhecimentos adquiridos fora da escola e que têm mais experiência de vida. A prova pode inclusive incluir habilidades específicas, voltadas para o mercado de trabalho.

Os três acertos comentados não eximem o MEC, entretanto, de resolver questões prementes sobre esse exame. Fica pendente, por exemplo, melhorar o teor conteudista das provas, tornando-as cada vez mais voltadas para medir o raciocínio, a bagagem cultural e a capacidade de transitar com desenvoltura entre as diversas áreas do conhecimento.

Além disso, tornar o cartão de respostas personalizado parece uma ação limitada para garantir a segurança. Há um enorme desafio a superar nos bastidores do exame, para acabar com as fraudes e violações recorrentes.

Por fim, acabar com a divulgação das notas por escola é um retrocesso. É direito dos estudantes e de suas famílias saber que instituições preparam melhor para um exame tão decisivo. Se há colégios que burlam o *ranking*, criando turmas especiais e CNPJs diferentes, isso deveria ser tratado diretamente, em vez de retirar da sociedade o direito de saber onde estão os melhores e os piores desempenhos.

*G1*. 9 mar. 2017. Disponível em: http://g1.globo.com/educacao/blog/andrea-ramal/post/os-tres-maiores-acertos-nas-mudancas-do-enem-2017.html. Acesso em: 23 ago. 2019.

## TETO DE DEDUÇÃO DE DESPESAS É ENTRAVE PARA A QUALIDADE DA EDUCAÇÃO BRASILEIRA

**No mês de abril terminava o prazo para a entrega da declaração do Imposto de Renda 2017. Como nos anos anteriores, o teto para dedução de despesas com educação seguia baixo.**

O limite anual de R$ 3.561,50, estabelecido pela Receita Federal para a dedução de despesas com educação, é mais um fator de estagnação da qualidade do ensino.

Educação é um processo que vai muito além da escola. Aprendizagem de esportes, artes ou idiomas é componente importante da formação do indivíduo, que desenvolve competências e habilidades socioemocionais, psicomotoras, relacionais e cognitivas. Praticando-se atividades que vão além do currículo tradicional, formam-se atitudes e disposições que tornam as crianças e jovens mais preparados para lidar com os desafios da própria vida acadêmica. Aprendem-se disciplina, autocontrole, gestão do tempo, proatividade, espírito de superação.

E os benefícios não se restringem às competências socioemocionais. Sabe-se que a música, por exemplo, contribui para a aprendizagem da matemática, a leitura estimula o raciocínio e a capacidade de interpretação de textos, e assim por diante. Ou seja, quanto mais aprendemos fora da escola, mais a nossa mente fica disposta a aprender e mais alto pode ser o rendimento.

Nada tão necessário num país em que a jornada escolar ainda é limitada a quatro horas diárias, na maioria dos colégios públicos, e onde são enfrentados desafios de infraestrutura nas salas de aula, falta de professores, má formação docente e superlotação de turmas, entre outros. É impensável restringir a formação dos jovens exclusivamente ao que a educação pública oferece.

Não poder deduzir do imposto as despesas com educação funciona como impeditivo para que as famílias brasileiras invistam em cursos, livros e outras atividades pedagógicas. Assim se reforça o abismo que separa os que podem e os que não podem pagar por mais educação.

Nos Estados Unidos, o contribuinte pode deduzir 4 mil dólares/ano das despesas desse tipo (o equivalente hoje a uns 12 mil reais). Isso certamente se reflete no desempenho dos estudantes. Aqui, o valor mensal não chega a R$ 300,00. Além de o teto de dedução ser injusto, já que o serviço educacional, dever do Estado, não é prestado com a devida qualidade, ele funciona também como um teto para essa mesma qualidade, fator de estagnação para o ensino. Inúmeras crianças chegam à escola com menos competências desenvolvidas. Ao lidarem com estudantes que não contam com nenhuma outra oportunidade de formação, os professores não conseguem fazer tudo sozinhos e a virada dos indicadores educacionais se torna cada vez mais distante.

*G1*. 3 abr. 2017. Disponível em: http://g1.globo.com/educacao/blog/andrea-ramal/post/teto-de-deducao-de-despesas-e-entrave-para-qualidade-da-educacao-brasileira.html. Acesso em: 23 ago. 2019.

## SAIR DO CONTEUDISMO PARA AS COMPETÊNCIAS É O MAIOR DESAFIO DA BNCC

**No dia 6 de abril de 2017, a proposta da Base Nacional Comum Curricular (BNCC) era entregue pelo MEC ao Conselho Nacional de Educação. De acordo com a Lei nº 9.131/1995, caberia então ao CNE, como órgão normativo do sistema nacional de educação, fazer um parecer e um projeto de resolução que, ao ser homologado pelo Ministro da Educação, se transformasse em norma nacional.**

A BNCC é bem didática ao listar as competências a desenvolver e, só então, detalhar os conteúdos que levam a elas. É um acerto: nossa escola é ainda muito conteudista. Os estudantes sabem muitas informações, mas têm dificuldade de relacioná-las com a vida e aplicá-las para resolver problemas do seu dia a dia.

A noção de competência está mais ligada aos recursos cognitivos que mobilizamos (raciocinar, comparar, analisar situações concretas etc.) para solucionar desafios. Por exemplo: votar envolve informações como usar o teclado da urna eletrônica e colocar o número do candidato, mas requer visão crítica sobre programas políticos, avaliação entre seus interesses e os dos programas de governo. Atender um doente envolve conteúdos como função dos remédios ou significado dos sintomas, mas exige a competência de relacionar esses dados para aplicar os socorros adequados e tomar decisões corretas.

As competências que precisamos desenvolver depende dos contextos e das condições sociais em que vivemos. O habitante do campo e o da cidade, as mulheres e os homens, os adultos e os idosos, os pobres e os ricos têm problemas diferentes. Que competências a escola irá priorizar na formação básica é algo que deve estar alinhado com os desafios das práticas sociais.

O risco: outros países já passaram pela elaboração de documentos como a nossa BNCC e muitos caíram nas armadilhas da redação, colocando verbos na frente das matérias de cada disciplina. Por exemplo, como aparece no texto da BNCC: em vez de dizer que o aluno aprenderá equações de 1º grau, lemos que ele deve ser capaz de "resolver e elaborar problemas relacionados ao seu contexto próximo, que possam ser representados por sistemas de equações de 1º grau".

Para que a mudança não seja só um jogo de palavras, há que ter clareza sobre quais são as situações da vida concreta que a escola irá trabalhar, que desafios o cidadão de hoje precisa de fato encarar, seja ele um jovem empreendedor, um morador de comunidade, um endividado, alguém com necessidades especiais.

Sobretudo, há que definir com que metodologia e recursos essas competências serão desenvolvidas, fazendo o que se chama de "transposição didática". Daí resulta que, por mais rica que seja a descrição das competências na BNCC, a implementação dependerá de professores bem formados, com uma didática eficaz. Sem isso, poderemos ter os representantes das disciplinas satisfeitos porque o essencial de cada área foi contemplado na base, mas na prática não iremos além de arrumar conteúdos velhos em documentos novos.

*G1*. 6 abr. 2017. Disponível em: http://g1.globo.com/educacao/blog/andrea-ramal/post/sair-do-conteudismo-para-competencias-e-o-maior-desafio-da-bncc.html. Acesso em: 23 ago. 2019.

# PLÁGIO NA REDAÇÃO DO ENEM: MEC TAMBÉM É RESPONSÁVEL

**No início de maio de 2017, um fato ligado ao Exame Nacional do Ensino Médio abria nova polêmica. Uma estudante que recebera nota mil na redação no Enem 2016 havia, na verdade, copiado textos decorados de provas bem-sucedidas em edições anteriores, repetindo as mesmas estruturas sintáticas.**

O candidato que faz a redação do Enem copiando trechos que decorou de "redações modelo" engana a si mesmo. A prova de redação existe para verificar competências como análise crítica, visão global, habilidade de argumentação, capacidade de propor soluções para problemas concretos. Isso será necessário na vida acadêmica e quem frauda o exame pode entrar no ensino superior sem os requisitos básicos. A cópia, verificada em diversos casos do Enem 2016, deve ser banida por estudantes, cursos preparatórios e, sobretudo, pelo MEC.

O MEC tem parte da culpa. Em primeiro lugar, ao propor temas genéricos demais, que se prestam a uma escrita com base em *templates* – modelos com estrutura já montada que facilitam a inserção de conteúdos.

Tanto é assim que muitas das redações nota mil chegam a decepcionar: se mudarmos certas palavras-chave no meio do texto (como preconceito, violência contra a mulher ou o tema da vez), e trocarmos por outro, a redação até fica compreensível e aceitável. Com temas como "Caminhos para combater a intolerância religiosa no Brasil" e "Caminhos para combater o racismo no Brasil", é bastante fácil preencher 30 linhas com fórmulas pré-fabricadas.

Outros exames de seleção acertam ao preferir temas com recortes mais específicos, que exigem posicionamento autoral. Um exemplo é o vestibular 2015 da Famerp, que teve como tema: *O imposto sobre grandes fortunas é uma injustiça com os mais ricos?* Outro exemplo vem da prova da UERJ do mesmo ano: *A necessidade de conhecer experiências históricas de violência e opressão para a construção de uma sociedade mais democrática.* São propostas que dificultam o uso de receitas e requerem mais autonomia intelectual.

A correção da redação também precisa melhorar. Os textos de 2016 são um enorme chamado de atenção para a banca, que pelo visto está corrigindo de um modo bastante burocrático, sem buscar diferenciais. Será que a correção também está ficando "templatizada"? A banca parece se impressionar ao ver citações de filósofos, mas muitas estão fora de contexto, sem relação direta com a frase seguinte. Foram bem valorizados os textos cheios de palavras supostamente eruditas: "hodierno", "inobservante", "alçará" e com mesóclises (pronomes no meio dos verbos) – todos com estrutura parecida e cara de receita pronta.

Num exame decisivo para milhões de candidatos, espera-se mais rigor do MEC. O Guia do Candidato até explicita que a nota máxima será dada para quem "apresenta opiniões **com indícios de autoria**". Então, a correção deve ser mais exigente, avaliando criatividade e a capacidade do candidato de fazer a própria leitura e análise das questões e rejeitando referências literais, a não ser a autores consagrados, e muito bem contextualizadas.

*G1*. 5 maio 2017. Disponível em: http://g1.globo.com/educacao/blog/andrea-ramal/post/plagio-na-redacao-do-enem-mec-tambem-e-responsavel.html. Acesso em: 23 ago. 2019.

# EAD NÃO É REMENDO, MAS PODE SER IMPULSO PARA O ENSINO MÉDIO

**Em 26 de maio de 2017, o MEC publicava um decreto que permitia que escolas ofertassem a modalidade de educação a distância para alunos dos anos finais do ensino fundamental regular, do 6º ao 9º ano, que estivessem privados da oferta de disciplinas obrigatórias do currículo escolar. Poucas horas depois, o ministro Mendonça Filho voltava atrás na decisão.**

Bastaram algumas horas para que o MEC voltasse atrás, ao perceber o engano que cometera ao autorizar a educação a distância (EAD) para o ensino fundamental (regulamentação do artigo 80 da Lei de Diretrizes e Bases da Educação Nacional). Ao falar de EAD autorizada em "situações emergenciais", o texto abria possibilidades arriscadas.

Que situações se prestariam à introdução da EAD: falta de professores, escolas sem infraestrutura, paralisações docentes, colégios situados em áreas de risco, baixos indicadores no Índice de Desenvolvimento da Educação Brasileira (Ideb)? Problemas não faltam, mas a educação a distância não é remendo.

O MEC percebeu que seria precipitado autorizar a EAD em ensino fundamental no cenário educacional de hoje e anunciou para esta semana uma correção do decreto. De fato, a educação a distância supõe determinados requisitos: estudantes com certa autonomia e autodisciplina, acompanhamento de tutores, materiais didáticos interativos e de qualidade, um novo perfil de professor. É todo um conjunto de que, pelo momento, não dispomos nesse segmento da educação básica, ainda mais para uma implementação em massa.

Por outro lado, vale registrar que esse passo em falso do MEC pode encontrar uma estrada promissora no ensino médio, maior gargalo da nossa educação. Conteúdos distantes da realidade do aluno, professores sem a formação necessária, alta rotatividade docente, classes superlotadas e turmas muito heterogêneas são alguns dos impasses que levaram a uma educação estagnada, avaliada há anos abaixo da média em exames nacionais e internacionais.

No ensino médio do jeito que está, o aluno não só não aprende, como também acaba abandonando os estudos: é o caso de 1 milhão e 600 mil jovens entre 15 e 17 anos que estão fora da escola. É aí que começa a se formar a geração nem-nem, os que nem estudam nem trabalham, que atualmente são 20% dos brasileiros entre 18 e 25 anos.

A reforma do ensino médio, sancionada há três meses, pretende rever o currículo e flexibilizar as trajetórias escolares, permitindo inclusive a opção pela formação profissional – uma alternativa interessante para quem busca acesso mais rápido ao mercado de trabalho. Porém, não se pode mudar o ensino médio sem atualizar as modalidades de ensino.

Há diversas mudanças a fazer. Por exemplo: processos híbridos (parte do ensino presencial, parte a distância); a metodologia da "sala de aula invertida", em que o aluno assiste a videoaulas antes do encontro com o professor e aproveita melhor a sua orientação; o acompanhamento personalizado do estudante, por meio de tecnologias e ambientes virtuais de aprendizagem. A regulamentação da EAD no ensino médio pode representar um impulso importante para que essas inovações didáticas finalmente cheguem às escolas.

*G1*. 31 maio 2017. Disponível em: http://g1.globo.com/educacao/blog/andrea-ramal/post/ead-nao-e-remendo-mas-pode-ser-impulso-para-o-ensino-medio.html. Acesso em: 23 ago. 2019.

## ENSINO SUPERIOR: ENTRE O ABANDONO E O BAIXO DESEMPENHO, POUCOS SE DESTACAM

**Afinal, a expansão de matrículas no ensino superior ocorrida entre os anos 2000 e 2010 é mesmo uma conquista? Tema para discutir e problematizar.**

Os governantes costumam se vangloriar por expandir as matrículas do ensino superior, mas isso é uma falácia. No Brasil, o mais difícil não é colocar o aluno na faculdade, e sim garantir que ele saia bem formado, com todas as competências para o alto desempenho profissional.

As turmas podem até começar completas, mas terminam pela metade. É o que diz o Censo da Educação Superior (MEC, 2015): 49% dos alunos abandonaram o curso para o qual foram admitidos. A situação é mais grave em áreas como engenharia, onde apenas 42% dos estudantes que ingressam em faculdades públicas e particulares chegam a se formar. Na saúde, em cursos como Medicina, Enfermagem e Psicologia, a média de desistência é de 48%. Uma parcela significativa sai logo no primeiro ano, quando as faculdades perdem 29% dos alunos de ciências da matemática e computação, 28% de engenharia, 26% da saúde.

Uma das principais causas é a deficiência da formação anterior. Desde 2005, ano em que o Índice de Desenvolvimento da Educação Básica (Ideb) foi criado, a nota do ensino médio brasileiro nunca ficou acima de 3,7 na escala de 1 a 10. O mau desempenho nas provas de leitura e interpretação de textos e de matemática pesa bastante.

Segundo levantamento do Todos pela Educação, apenas 10% dos estudantes saem do ensino médio com domínio dos conteúdos esperados em matemática. Pode-se imaginar a dificuldade dos universitários em disciplinas como Cálculo I – responsável por uma das mais altas taxas de reprovação. Oferecer apoio paralelo para que os estudantes desenvolvam as competências prévias já se tornou uma urgência nas faculdades que querem garantir o aprendizado.

Como esses estudantes despreparados chegam ao ensino superior? Uma das explicações é que a seleção do Enem é classificatória: mesmo com notas baixas, um candidato pode conquistar o ingresso na faculdade, se os concorrentes forem piores. Além disso, atualmente sobram vagas: em 2015, dos 8,5 milhões de vagas disponíveis, apenas 42,1% foram preenchidas. Isso representa mais de 3,5 milhões de vagas ociosas nas faculdades.

Quanto aos que concluem os cursos, é de se esperar que saiam formados com louvor, certo? Nem tanto. As faculdades têm parte da responsabilidade: falta acompanhamento mais personalizado e um ensino mais aplicável à vida profissional. Muitos alunos deixam a desejar na dedicação acadêmica: os professores se queixam de que falta estudo, mais empenho e mais leitura. De fato, para se formar como profissional são necessárias muitas horas de trabalho por dia, durante vários anos. Ainda assim, nas instituições menos exigentes, esses estudantes acabam se graduando. Nem todos conseguiriam, se houvesse mais rigor nas avaliações.

Prova disso é o fraco desempenho no Exame Nacional de Desempenho de Estudantes (Enade), que aplica aos graduados uma prova de conhecimentos gerais e específicos. No exame de 2015, que avaliou programas como Administração, Economia, Jornalismo e Turismo, entre outros, 30% dos cursos superiores foram considerados insatisfatórios. No ano anterior, que avaliou os cursos de Medicina, quase 20% tiveram nota insuficiente. Os cursos avaliados com nota máxima são só 1% do total. Essa nota é também um anúncio de como será o futuro de cada recém-formado. Mesmo com diploma, poucos se destacarão.

Esse cenário impacta o mercado de trabalho e mostra que políticas de incentivo ao ensino superior, como Fies, Prouni ou reservas de cotas poderão funcionar bem melhor se tivermos, de um lado, reforma da qualidade do ensino médio e, do outro, aumento do nível de exigência do ensino superior, concedendo a titulação somente a quem fez por merecê-la.

*G1*. 6 jun. 2017. Disponível em: http://g1.globo.com/educacao/blog/andrea-ramal/post/ensino-superior-entre-o-abandono-e-o-baixo-desempenho-poucos-se-destacam.html. Acesso em: 23 ago. 2019.

**ASSISTA AO VÍDEO SOBRE O TEMA**

**Fonte:** http://g1.globo.com/globo-news/estudio-i/videos/t/todos-os-videos/v/levantamento-do-inep-mostra-que-56-dos-universitarios-nao-concluem-o-curso/6870338/

Acesso em: 13 ago. 2019

## OS CORRUPTOS AGEM E A EDUCAÇÃO PAGA O PATO

**Em julho de 2017, a Operação Lava Jato chegava a sua 42ª fase. Os meios revelavam diariamente os altos montantes de dinheiro desviado. Mais empresários e políticos eram presos, ao passo que se revelava uma enorme teia de corrupção que parecia não ter fim.**

Quanto maior é a corrupção em um país, mais distantes seus cidadãos ficam de uma educação de qualidade e de um futuro melhor. Até porque educação é o oposto de corrupção. Corrupto é o adulterado, devasso, prevaricador; é quem tem maus hábitos morais, age de forma desonesta para tirar vantagens, se deixa perverter. A educação, ao contrário, remete a instrução e conhecimento, e também a gentileza e cortesia, a dotes intelectuais e morais, à civilidade e ao respeito. E essa diferença é facilmente constatada no Brasil: encheu-se o país de lama e agora, no atoleiro, a educação luta para sobreviver.

Lendo as notícias sobre os crimes atribuídos ao ex-Governador do Rio, Sérgio Cabral, incluindo o pagamento de propina e o desvio de verbas, lembrei-me de um encontro que tive com ele, quando acabava de assumir o primeiro mandato. Fui apresentar um projeto voltado à formação de professores. Ele me respondeu com entusiasmo: "Isso me interessa muito!". Depois de ouvir a apresentação, não restava dúvidas de que queria realizá-lo, e logo.

Pois bem, o projeto jamais foi adiante, parado nas inúmeras idas e vindas de uma estrutura de governo que tinha outras prioridades. Dá para imaginar quantos bons projetos foram abortados, em tantas secretarias do país, na mesma dinâmica. E mesmo que não fosse para tais projetos: onde estaria, afinal, a verba? Como explicar o enorme número de escolas sem manutenção, sem biblioteca e até sem quadra esportiva? Como justificar a falta de planos de carreira docente, o despreparo de tantos gestores escolares, o pouco investimento em pesquisa, os problemas envolvendo merenda e transporte escolar? Agora, basta ler os jornais dos últimos meses, para constatar que estudantes e educadores foram traídos.

Enquanto isso, seguimos em compasso de espera. Sem muita atenção da mídia e da própria sociedade em geral, a educação brasileira definha lentamente. Há milhares de crianças sem creche e pré-escola, a bola de neve do analfabetismo funcional continua a crescer, o ensino médio segue perdendo jovens e a educação superior pública está cada vez mais debilitada. O magistério se tornou uma profissão de passagem, enquanto não se consegue uma oportunidade melhor em outros campos. Em algumas escolas, não há mais aulas devido aos tiroteios do entorno. Em muitas, não há professores para todas as matérias.

Alguém arrisca um palpite sobre a nota do país no próximo Índice de Desenvolvimento da Educação Básica (Ideb)? Não é com um estalar de dedos que teremos melhoras. Ao contrário, mudar esse indicador requer muito foco, excelente gestão pública, acompanhamento e cobrança da sociedade, continuidade de ações. Não estamos nem perto disso – tanto que o Plano Nacional de Educação, até agora, praticamente nem saiu do papel.

Só que o tempo não parou para milhões de brasileirinhos que estão hoje nas escolas. E para aqueles que nem conseguem chegar lá. Eles não podem esperar. O que ocorre de bonito e emocionante na formação das crianças quase nunca deriva do sistema, mas sim do trabalho heroico de professores que vivem o ideal de transformar vidas. Como potencializar essas realidades? É difícil, num momento de efervescência política e econômica, dar atenção ao ensino. Mas os investimentos em qualidade da educação costumam reverter em desenvolvimento econômico e social para o país – tudo o que precisamos. Claro, leva em torno de 20 anos para começar a surtir efeito. Justamente por isso, deveríamos olhar para a educação antes que seja tarde demais.

*G1*. 4 jul. 2017. Disponível em: http://g1.globo.com/educacao/blog/andrea-ramal/post/os-corruptos-agem-e-educacao-paga-o-pato.html. Acesso em: 23 ago. 2019.

# REDAÇÃO DO ENEM DÁ UM PASSO À FRENTE NA LIBERDADE DE EXPRESSÃO

**Em 26 de outubro de 2017, a Justiça suspendia a regra que zera as provas de redação do Enem que contenham desrespeito aos direitos humanos. A decisão era provisória e havia sido tomada em ação civil pública movida pela Associação Escola Sem Partido. O Inep informava, então, que iria recorrer.**

Está suspenso provisoriamente pela Justiça Federal o item do edital do Enem que prevê nota zero e, portanto, desclassificação para quem expressar desrespeito aos direitos humanos na prova de redação. Se os responsáveis pelo exame tiverem juízo, devem simplesmente acatar a decisão.

É um silogismo: entre os direitos humanos, está a liberdade de expressão. Logo, para um candidato ser julgado em condições iguais que os demais, deveria ter a sua liberdade de pensamento e expressão respeitada. O Enem previa que, dependendo dos pensamentos que os candidatos manifestassem, eles pudessem ser eliminados. Não é um contrassenso?

A prova de redação pede um texto dissertativo-argumentativo, em geral sobre um problema atual e polêmico. Entre os temas, já tivemos o racismo, a violência contra a mulher, a intolerância religiosa, o trabalho infantil. É requerido do candidato que, além de analisar as questões e defender seus pontos de vista, apresente possíveis soluções, viáveis e factíveis.

Ao longo dos anos, com o aumento das posturas radicais, já se leu de tudo entre as soluções propostas pelos candidatos. Na lógica do edital do Enem, o ensino superior não desejaria contar com indivíduos que não tivessem afinidade com a mentalidade e atitudes de um cidadão do século XXI. Portanto, redações que defendessem violência, exclusão, agressividade ou qualquer tipo de extremismo radical seriam desconsideradas pelos avaliadores.

Se a tese faz sentido, a prática não é tão simples. O que é exatamente ferir os direitos humanos num texto? Por exemplo, suponhamos uma redação cujo autor defende um pensador ou candidato político rotulado como "direita" ou "esquerda". Outro texto que defende práticas comuns em outros países, como pena de morte ou porte de armas. Outro, ainda, que defende o princípio de "olho por olho, dente por dente". Estas ideias devem anular um texto? Sim, não, ou depende do avaliador?

Corrigir uma redação já é uma atividade carregada de subjetividade; tanto mais será o ato de avaliar os limites de um posicionamento ideológico. Ao retirar o critério do respeito aos direitos humanos do julgamento da qualidade de uma redação, o Enem dá um passo rumo à isenção e à neutralidade da análise, quesitos necessários num exame que envolve tais dimensões e tal heterogeneidade, com 7 milhões de participantes e 10 mil avaliadores.

Valem nota, agora ao menos provisoriamente, aspectos puramente técnicos, como a capacidade de usar a linguagem para argumentar, ou a clareza na expressão das ideias.

Quanto aos que desrespeitam os direitos humanos, sua sentença ficará para depois. A própria vida ensinará – assim esperamos – que todos os seres humanos nascemos livres e iguais em dignidade e em direitos. Quem tiver razão e consciência respeitará esses princípios dentro e fora da prova do Enem.

*G1*. 26 out. 2017. Disponível em: http://g1.globo.com/educacao/blog/andrea-ramal/post/redacao-do-enem-da-um-passo-frente-na-liberdade-de-expressao.html. Acesso em: 23 ago. 2019.

# O ANO EM QUE A EDUCAÇÃO PAROU

**Na véspera do Natal de 2017, o Presidente Michel Temer fez um balanço do ano, em rede nacional, pouco mencionando a educação. De fato, poucos foram os avanços naquele período, que teve as pautas totalmente direcionadas para as batalhas jurídicas e políticas.**

No balanço de 2017, realizado pelo Presidente Michel Temer em pronunciamento na véspera do Natal, só uma referência à educação: ele afirma que era seu dever pessoal "resgatar o Financiamento Estudantil". Ainda assim, a reestruturação do Fies só vale a partir do ano que vem e resta ver como funcionará na prática. O que temos hoje é queda no número de matrículas no ensino superior, pela primeira vez em 25 anos. O próprio número de contratos do Fies caiu para menos da metade com relação a 2014.

Nenhuma palavra do Presidente sobre a melhora da escola pública, o investimento na qualificação dos professores, as ações para reduzir a violência no entorno das escolas ou novas políticas para a qualidade da educação. O silêncio não surpreende: afinal, 2017 foi um ano em que a educação parou.

Com as discussões em Brasília tomadas por duas questões – de um lado, as denúncias de corrupção e, do outro, as reformas econômicas –, não sobrou espaço na pauta para a educação. Até o ministro da área foi exonerado mais de uma vez para votar na Câmara como deputado. Difícil manter a continuidade, ainda mais considerando que ele é o sexto ministro da Educação de 2014 para cá.

O Plano Nacional de Educação, que consolida as metas para mudar o ensino no país, completou três anos e meio no dia seguinte ao pronunciamento do Presidente, com apenas 20% das metas atingidas total ou parcialmente. Previa-se a criação de um Sistema Nacional de Educação, responsável por articular os sistemas estaduais e municipais para efetivar as estratégias do Plano. Isso devia ter ocorrido em 2016, mas o projeto está em tramitação na Câmara desde 2014, aguardando pela deliberação.

Há uma conquista: em 20 de dezembro, foi homologada a Base Nacional Comum Curricular (BNCC) para a educação infantil e o ensino fundamental (1º ao 9º ano). Passo importante para a equidade no ensino, pois estabelece o que se espera que os estudantes aprendam a cada ano, seja qual for a escola ou região.

Mas é ingênuo pensar que a BNCC, por si só, provocará algumas mudanças. Ela regulamenta o que deveria ser aprendido, mas para melhorar a aprendizagem não basta uma lista de conteúdos. São necessários professores habilitados e uma estrutura adequada nas escolas, entre outros fatores.

O MEC anunciou que destinará R$ 100 milhões para a implementação da BNCC, o que representa pouco mais de 2 reais por aluno. Enquanto isso, como acaba de mostrar a PNAD, quase metade da população brasileira acima de 25 anos não tem o ensino fundamental completo e 24,8 milhões de

**ASSISTA AO VÍDEO SOBRE O TEMA**

**Fonte:** https://globoplay.globo.com/v/6745695/

Acesso em: 13 ago. 2019

jovens entre 14 e 29 anos (48% da população dessa faixa etária) abandonaram a escola. Esses índices alarmantes deveriam servir de alerta: mesmo com melhora na economia, sem uma educação adequada, o país perderá produtividade e competitividade a cada geração.

*G1*. 27 dez. 2017. Disponível em: http://g1.globo.com/educacao/blog/andrea-ramal/post/o-ano-em-que-educacao-parou.html. Acesso em: 23 ago. 2019.

## O QUE ESPERAR PARA A EDUCAÇÃO BRASILEIRA EM 2018

**Mais um ano se iniciava. Em meio aos acontecimentos políticos, a crise econômica e o vai e vem dos confrontos jurídicos que envolvem mandatos de parlamentares e prisão e soltura de empresários, a educação brasileira aguardava a sua vez na agenda.**

No que se refere às formas de ensinar, em 2018 o foco estará em como avançar na implementação das metodologias ativas, que são realidade em instituições de ponta dos Estados Unidos, Ásia e Europa. Nelas, os estudantes assumem um papel mais efetivo na gestão da própria aprendizagem. Fazem tarefas antes de cada lição e encontram-se com o professor para receber orientação em atividades mais sofisticadas, como estudos de caso e dinâmicas que requerem o domínio de conhecimentos prévios. O processo é personalizado, interativo e motivador. Em geral, resulta em melhor desempenho acadêmico. Quem mantiver somente as aulas tradicionais vai gastar mais tempo para ensinar e aprender as mesmas coisas, e acabará ficando para trás.

Nas políticas educacionais voltadas para o ensino fundamental, o esforço visará à implementação da Base Nacional Comum Curricular (BNCC). Isso dependerá das redes estaduais e municipais, como também do engajamento das escolas para adaptar a BNCC à realidade local. Um dos pontos mais críticos é a meta de alfabetizar as crianças em dois anos, o que requer uma revisão da didática, professores qualificados, o envolvimento das famílias e ações sociais de suporte.

Para o ensino médio, o maior gargalo da educação brasileira, quase nada foi feito na última década. O resultado aparece nas taxas alarmantes de abandono escolar. Dos 51,6 milhões de brasileiros entre 14 e 29 anos de idade, quase metade não completou a formação (IBGE, 2017). É o retrato de um sistema que perde os jovens: um dia eles chegaram a estar na sala de aula, mas não voltam mais.

Como resposta a esse desafio surgiu a proposta do "novo ensino médio", sancionado no início de 2017; mas ele depende da base curricular comum para esta etapa da formação (que ainda está em discussão) e só atingirá as escolas em 2021. Há muito caminho pela frente, ainda mais considerando a infeliz tradição de descontinuar políticas educacionais a cada mudança de governo. Como vemos, tanto no ensino fundamental como no ensino médio, o rumos da educação ainda são incertos.

No ensino superior, também não se pode falar de uma política definida. A situação das universidades públicas está à beira do colapso. Não há recursos para o funcionamento diário, as bolsas de pós-graduação estão ameaçadas, o investimento em laboratórios, pesquisa e inovação cessaram e, em algumas instituições, os docentes estão sem receber salário. Um caso emblemático é o da Universidade do Estado do Rio de Janeiro (Uerj), onde a mistura de redução orçamentária, má gestão e corrupção levou à suspensão de atividades por total falta de condições.

Enquanto isso, no setor privado, os grandes grupos alcançam as maiores arrecadações da história, avolumadas também pelo crescimento da educação a distância. As fusões continuam, num mercado ainda pulverizado. Deveria ganhar importância, na pauta deste ano, a necessidade de avaliações mais severas, tanto das instituições como dos graduandos – afinal, nem todas as faculdades trabalham com o rigor que a formação de um profissional requer.

Um cenário de tantas incertezas ainda será atravessado pelas eleições do segundo semestre. No discurso dos candidatos, como sempre, não faltarão promessas de investir na educação e valorizar os professores. Resta fazer as escolhas corretas para que este possa ser o ano em que, finalmente, comecemos a realizar um sonho ainda tão distante dos brasileiros: o de uma escola pública de qualidade, que acolha todas as crianças e as ajude a recuperar a esperança.

*G1*. 2 jan. 2018. Disponível em: http://g1.globo.com/educacao/blog/andrea-ramal/post/o-que-esperar-para-educacao-brasileira-em-2018.html. Acesso em: 23 ago. 2019.

## MATEMÁTICA NO BRASIL: ENTRE O ORGULHO E A VERGONHA

O Brasil acaba de ser promovido para o Grupo 5, a elite da matemática mundial, que reúne as nações mais desenvolvidas na pesquisa da área, como Estados Unidos, Alemanha e Japão. Isso deveria ser motivo de orgulho, não fosse pelo fato de o país ter também um dos piores índices de aprendizagem nessa área. No último Pisa, exame internacional aplicado a jovens em torno dos 15 anos, o Brasil ficou no 66º lugar no *ranking* de proficiência em matemática, entre 70 participantes — atrás de Qatar, Indonésia e seus vizinhos da América Latina.

Nessa prova, 70% dos estudantes brasileiros ficaram abaixo do nível básico, sem conseguir resolver problemas numéricos simples. A Organização para a Cooperação e Desenvolvimento Econômico (OCDE) considera essas habilidades um pré-requisito mínimo para exercer a cidadania. No Ideb, o ensino médio brasileiro nunca atingiu a nota 4 sobre 10. Apenas 7% dos alunos atingem o aprendizado adequado em matemática; nas escolas públicas, o índice é de 3,6%.

As deficiências de base se tornam gritantes no ensino superior. Na graduação de Engenharia, só metade dos estudantes matriculados consegue se formar.

Esse quadro tem consequências graves na falta de qualificação, na baixa produtividade dos profissionais e, claro, na perda de competitividade do país.

Até o momento, não há sinais de melhora na educação matemática. Mas a virada seria possível, como já mostraram diversos países que reestruturaram o sistema educacional e hoje alcançam as melhores notas. Para isso, há três desafios fundamentais.

O primeiro deles é a revisão do currículo, retirando a ênfase excessiva no ensino da álgebra, que exige níveis cognitivos e capacidade de abstração muitas vezes acima das faculdades de crianças e adolescentes em idade escolar. Muitos alunos temem a matemática porque não entendem as aulas.

Há que trabalhar com desafios que tenham mais relação com o dia a dia do estudante e façam sentido na prática, estimulando o raciocínio lógico e o gosto por resolver problemas. Se eles curtem *games*, é claro que podem se apaixonar pela matemática.

Além disso, é preciso empreender uma verdadeira cruzada para superar o analfabetismo funcional. Reforçar, desde os primeiros anos escolares, a leitura e a interpretação de textos, imprescindível para resolver exercícios e entender enunciados.

Por fim, há que qualificar os docentes. Um a cada três professores de matemática não tem formação na área. Atualmente, há novas formas de ensinar, que são mais motivadoras para o aluno e melhoram o aprendizado. O Instituto de Matemática Pura e Aplicada (Impa) e a Sociedade Brasileira de Matemática (SBM) vêm dando uma excelente contribuição para repensar o ensino dessa disciplina, por exemplo, com a Olimpíada Brasileira de Matemática. É necessário ampliar o diálogo entre esses estudiosos e os professores das escolas, muitas vezes isolados e esquecidos, sem apoio nenhum para inovar.

*O Globo*. 31 jan. 2018. Disponível em: https://oglobo.globo.com/opiniao/entre-orgulho-a-vergonha-na-matematica-22346784. Acesso em: 23 ago. 2019.

## INOVAR: O MAIOR DESAFIO DA BASE NACIONAL COMUM CURRICULAR

**Em 20 de dezembro de 2017, a Base Nacional Comum Curricular (BNCC) foi homologada pelo ministro da Educação, Mendonça Filho. Neste artigo, do início do ano seguinte, são apontados os maiores desafios desse programa educacional, voltados sobretudo à inovação.**

A BNCC é mais do que uma lista de conteúdos por disciplina e ano escolar. Ela é, sobretudo, um convite à inovação. Isso fica evidente nas dez competências que a BNCC integra ao currículo da educação básica. São as competências de que um cidadão do século XXI precisa para viver bem neste mundo.

Ora, se quisermos formar pessoas com novos conhecimentos, atitudes e valores, precisaremos também de uma escola diferente. Três das competências gerais da BNCC relacionam conhecimento e cultura. Conhecimento, para entender e utilizar os saberes historicamente construídos sobre o mundo e para intervir na sociedade; pensamento científico, crítico e criativo; e repertório cultural, para reconhecer, valorizar e participar de práticas diversificadas de produção cultural.

Essas três competências desafiam tanto os componentes curriculares, como também a infraestrutura das escolas. É requerido o uso de laboratórios e outros espaços de experimentação, para exercitar a curiosidade intelectual e a atitude de investigação sobre a realidade, formando um indivíduo capaz de resolver problemas e inventar soluções.

Em vez de aulas tradicionais, precisaremos de estratégias didáticas como estudos de caso e outras dinâmicas, que problematizem a realidade e nosso lugar no mundo.

Ao mesmo tempo, não se trata de pura cientificidade. A BNCC exige oportunidades para desenvolver talentos artísticos, senso estético e repertório cultural, com atividades que envolvam teatro, música, dança e tantas outras manifestações.

Outras três competências da BNCC remetem à progressiva autonomia que se espera do estudante, para formar um cidadão consciente e responsável pela própria trajetória. Elas falam de autogestão, de forma que o estudante aprenda a fazer escolhas e seja capaz de planejar seu projeto de vida pessoal, profissional e social; autoconhecimento e autocuidado, a fim de que consiga cuidar de sua saúde física e emocional, com resiliência e equilíbrio; e autonomia e responsabilidade, de modo que assuma princípios éticos, democráticos, inclusivos, sustentáveis e solidários na prática de sua vida, no dia a dia.

Isso não será possível se as escolas não mudarem os métodos de ensino. Terão que avançar na implementação das metodologias ativas, nas quais os estudantes assumem um papel mais efetivo na gestão da própria aprendizagem. Em vez de usar o tempo da sala de aula para ouvir o professor, os estudantes precisarão ser estimulados a se preparar previamente para cada lição, encontrando-se com o docente para receber orientações sobre sua trilha de aprendizagem. O processo de ensino terá que tornar-se mais personalizado, motivador e interativo.

Por fim, quatro competências dizem respeito a comunicação e relacionamento. A BNCC fala da competência de comunicação, voltada para utilizar as diversas linguagens (visual, corporal, científica, tecnológica etc.) para expressar-se bem nos diversos contextos. Dá um passo a mais e traz a competência de argumentação, de forma que o indivíduo consiga formular, defender e negociar ideias, com posicionamento ético e respeitando os direitos humanos. Fala da cultura digital (competência que se liga também com a esfera de conhecimento sobre a realidade), para formar cidadãos que utilizem as tecnologias digitais de forma crítica, significativa, reflexiva e ética.

O conjunto é completado pela empatia e cooperação, já que se espera formar pessoas que tenham empatia, empenhem-se na resolução de conflitos pelo diálogo e a cooperação. Tal conjunto de competências vai mexer com o clima escolar, o ambiente da comunidade educativa, as relações que se vivem dentro e fora da sala de aula. Haverá que construir uma escola que respeite cada pessoa e promova o respeito por todos, que acolha e valorize a diversidade sem preconceitos.

Há um considerável caminho a percorrer para que as escolas sejam plenamente capazes de trabalhar essas dez competências, de forma integrada ao currículo. Imprescindível rever a formação de professores, inovar no uso de espaços e recursos, rever os modos como a tecnologia é apropriada na aula, questionar o exemplo e testemunho que a própria instituição escolar dá (por meio de diretores, professores e funcionários) aos estudantes e suas famílias.

Os caminhos necessários para acelerar esse conjunto fundamental de inovações deveria ser a tônica das discussões nas escolas ao longo deste ano.

*Revista Inoveduc*. Rio de Janeiro: Editora Folha Dirigida, n. 4, 1 fev. 2018. Disponível em: http://inoveduc.com.br/wp-content/uploads/2018/02/Revista-Educa%C3%A7%C3%A3o-FEVEREIRO2018-SITE.pdf.

# ENSINO SUPERIOR NO FUNDO DO POÇO

**Brasil investe quase quatro vezes mais no ensino superior do que na educação básica, mas as universidades públicas se encontram numa severa crise.**

Brasil investe quase quatro vezes mais no ensino superior do que na educação básica, ao contrário do que ocorre na maioria dos países da Organização para a Cooperação e Desenvolvimento Econômico (OCDE). No ensino fundamental, enquanto a média dos países da OCDE é de US$ 8 mil/ano por estudante, nós não chegamos a US$ 4 mil. No ensino superior, o investimento por aqui ultrapassa os US$ 11 mil/ano por estudante, valor superior ao praticado na Itália, República Tcheca e Polônia.

Ainda assim, a rede pública de universidades padece. São 300 *campi*, de 63 instituições, em situação crítica que, ano a ano, vêm se deteriorando, sobretudo por problemas de gestão. Há pelo menos três anos é realizado um forte contingenciamento de despesas, o que tem levado essas instituições a reduções continuadas de orçamento. Além dos atrasos em contas básicas, como água, luz, segurança e limpeza, são incontáveis as perdas com a falta de investimentos em novos equipamentos e na manutenção e modernização das suas estruturas. Essa situação afeta 2 milhões de estudantes.

Para a maior parte dos alunos universitários brasileiros, a opção é a rede particular, que hoje conta 6 milhões de matrículas nos cursos de graduação. O aumento exponencial de instituições de ensino, por todo o território nacional, se deu no momento dos incentivos do governo federal, sobretudo pelo programa Fundo de Financiamento ao Estudante do Ensino Superior (Fies). Atualmente, porém, elas enfrentam sérias dificuldades.

A primeira delas é a evasão. A precariedade da formação inicial faz com que os jovens saiam do ensino médio com sérias deficiências e imensa dificuldade para interpretar textos, relacionar dados e acertar contas simples. Essas competências fazem falta nos cursos superiores, a tal ponto que as instituições são obrigadas a criar disciplinas de nivelamento das turmas, ensinando conteúdos que deveriam ter sido aprendidos na escola. Muitos estudantes acabam abandonando os cursos logo no primeiro ano. Turmas inicialmente cheias começam a ficar pequenas, o que representa menos receita, não necessariamente com menos custos.

Ao mesmo tempo, com a redução de verbas federais, o mercado se tornou ainda mais competitivo. Enquanto alguns poucos se diferenciam pela qualidade, outros entram numa feroz guerra de preços. Deparamos com cursos que têm mensalidades em torno de inacreditáveis R$ 40. Ou seja, um curso com duração de quatro anos, em tese, pode ser pago integralmente por menos de R$ 2 mil – praticamente o que custa um mês de estudos numa universidade de elite.

Essa estratégia, que tem como principais objetivos dominar o mercado, evitar o surgimento de competidores e impedir o crescimento da concorrência, não parece sustentável. De fato, isso se reflete na queda da qualidade do ensino, com professores mal remunerados, salas de aula e laboratórios ultrapassados, infraestrutura deficiente. Em algumas instituições, o material didático, composto apenas de apostilas, é criado por profissionais que se limitam a resumir o que seria um conjunto de ideias essenciais de autores. Uma prática simplista e que não pode trazer bons resultados. Afinal, como é possível formar profissionais de excelência se não há o contato com textos originais, fontes e teorias de ponta?

Em paralelo, vem crescendo o número de cursos de educação a distância. Eles já chegam a quase 3 mil. Isso porque, nos últimos anos, o Ministério da Educação vem apostando fortemente na flexibilização das regras para essa modalidade. O acompanhamento e a avaliação da qualidade por parte do próprio MEC, no entanto, deixam a desejar. As instituições não investem como deveriam em material *on-line* especializado e em métodos de interação e tutoria. Os resultados incluem avaliações desastrosas no Enade, o exame que mede os conhecimentos dos graduados de cada faculdade.

Um problema adicional é a queda do nível de exigência de muitas das instituições. Como reprovar pode significar perder alunos e a receita das mensalidades, a régua se torna baixa. Falta rigor nos processos de avaliação e aprovação. Em consequência, essas faculdades jogam anualmente no mercado um enorme grupo de profissionais certificados com uma espécie de "diplomas de areia", que se dissolvem no primeiro desafio prático no mercado de trabalho. Isso contribui para aumentar o número de desempregados e de pessoas que precisam recorrer a profissões com menos exigências acadêmicas.

Essa situação dramática precisa ser tratada o mais rapidamente possível. As soluções envolvem uma série de ações. Uma medida importante é o aumento do rigor nas avaliações realizadas pelo Ministério da Educação, incluindo a retomada das visitas rotineiras de avaliadores. Aprimoramento da gestão, na rede pública, é condição para sair do fundo do poço. Quanto ao processo de aprendizagem, a didática do ensino superior também precisa melhorar. As instituições devem se voltar para as metodologias ativas, como fazem os países de alto desempenho em educação, ensinando o estudante a aprender e usando estratégias diversificadas e materiais didáticos de qualidade. E, para não voltarmos a ter um ensino superior que seja privilégio de poucos, é fundamental melhorar a qualidade da educação escolar.

*Estado de Minas*, 17 abr. 2018. Disponível em: http://impresso.em.com.br/app/noticia/cadernos/opiniao/2018/04/17/interna_opiniao,226229/ensino-superior-no-fundo-do-poco.shtml.

## FIES: UM APOIO QUE PREOCUPA O ESTUDANTE

**Depois de experimentar um grande crescimento até 2014, com milhares de contratos firmados, o Fies passa a enfrentar uma crise, em grande parte, causada pela desconfiança dos estudantes. A iniciativa do governo federal não atrai mais candidatos como antes. Há oferta de vagas sem interessados, e a inadimplência está em alta.**

O Fies está menos atraente para os estudantes. E os efeitos já são sentidos. Em 2018, das 80 mil vagas oferecidas na modalidade 1, apenas 30 mil deram origem a contratos firmados, segundo dados da associação que reúne as mantenedoras de ensino superior. Nas modalidades 2 e 3 a situação é ainda pior, apenas 800 contratos foram assinados, com 29.200 vagas ainda livres. A situação é grave e afeta diretamente os estudantes que mais precisam de financiamento.

A modalidade 1 de financiamento é sempre a mais procurada, porque não há cobrança de juros para os estudantes com renda familiar de até três salários mínimos. Mas, mesmo assim, os poucos beneficiados assumem riscos, visto que nessa linha o governo se compromete a pagar, no mínimo, 50% da mensalidade. Nas outras modalidades, as de números 2 e 3, há a cobrança de juros, os bancos participam do financiamento e as parcelas da dívida podem ser descontadas diretamente do contracheque. Tudo isso assusta o candidato, que sequer tem a garantia de conseguir um emprego depois de formado. Ele sai da faculdade endividado.

As razões para os maus resultados do Fies este ano são claras. A redução do prazo de carência e a mudança no início do prazo do pagamento estão entre elas. A partir da mudança das regras, no fim de 2017, em vez de iniciar os pagamentos em um prazo de 18 meses após o término do curso, o estudante começa a acertar os débitos assim que se forma. Além disso, uma parte do Fies foi delegada aos bancos privados, o que assusta demais as famílias. Afinal, o empréstimo e os juros passaram a ser regulados pelo mercado. A esses fatores se juntam ainda a crise econômica, burocracia no ingresso do programa e critérios cada vez mais rigorosos para a concessão do benefício como, por exemplo, o cruzamento da renda do candidato com a nota obtida no Enem.

Outro ponto que precisa ser ressaltado está ligado ao fato de o estudante não saber qual percentual da mensalidade será efetivamente financiado, um risco que muitos estudantes preferem não correr. O cenário, após as mais recentes votações no Congresso Nacional, as previsões divulgadas sobre o crescimento do PIB e a instabilidade do mercado financeiro criam um contexto pouco animador para quem pensa em contrair uma dívida que é a soma de quatro anos ou mais de mensalidades.

A crise no Fies não é de agora: os sinais começaram a ser percebidos ainda em 2014. E o momento não poderia ser pior. Afinal, depois de muito tempo, cada vez mais brasileiros entendem a importância do ensino superior, se formar e buscar, com mais chances, posição em um mercado de trabalho cada vez mais restrito e competitivo.

A ideia do Fies é boa: financiar os estudantes com juros (idealmente) baixos e dar a eles um prazo de 14 anos para pagar. Mas para que isso realmente funcione é preciso acertar os outros fatores que incidem no programa, como elevar a qualidade do ensino básico, para que os estudantes não precisem abandonar a faculdade por não conseguirem acompanhar os cursos; alocar uma verba maior no orçamento da União, para não depender de bancos privados; e criar oportunidades de emprego para que os recém-formados possam se integrar ao mercado e tenham renda para repor a dívida, o que tornaria o programa efetivamente sustentável.

*Jornal do Brasil*. 23 set. 2018. Disponível em: https://www.jb.com.br/pais/artigo/2018/09/8828-fies-um-apoio-que-preocupa-o-estudante.html. Acesso em: 23 ago. 2019.

**ASSISTA AO VÍDEO SOBRE O TEMA**

**Fonte:** https://globoplay.globo.com/v/7502118/

Acesso em: 13 ago. 2019

# ENSINAR PARA O FUTURO

**Num ano de eleições presidenciais, o debate sobre educação parece esquecido. É mais do que hora de pensar numa grande reforma, cada vez mais urgente.**

A educação brasileira precisa passar por uma grande reforma. O cenário é desolador e, para mudar, há três fatores decisivos: implantação do Plano Nacional de Educação, revitalização da figura do professor e retomada do investimento em ciência e tecnologia.

O Plano Nacional de Educação é de 2014 e prevê o investimento de 10% do PIB na área até 2024. Ele enumera as 20 metas decisivas para conquistar uma educação de qualidade nos diversos níveis. Deveria ser implementado no espaço de alguns anos; no entanto, na prática, o PNE está esquecido.

Nenhuma das metas foi cumprida e não existe sequer um plano de ação com previsão de recursos, cronograma ou responsabilidades. Também não há articulação entre municípios e estados para que as iniciativas sejam integradas e as reformas não se tornem uma "colcha de retalhos".

O segundo fator é um item que, embora esteja contemplado de certo modo no PNE, merece um olhar específico e mais abrangente. É a revitalização da figura do professor. Remuneração? Sim, mas é preciso muito mais do que isso. Há no país uma desvalorização moral da figura do professor, manifestada pelo próprio descaso e desprezo de estudantes e suas famílias.

A essa questão se somam outros problemas, como a falta de infraestrutura das escolas, divisão da carga horária do educador entre inúmeras instituições e dezenas de turmas, deficiências na formação inicial e falta de recursos para aperfeiçoamento profissional. O resultado são professores frustrados e decepcionados, que buscam outras carreiras. E o que mais preocupa: é cada vez menor o número de jovens que querem atuar no magistério.

Por fim, não podemos nos esquecer do investimento na área acadêmica, em pesquisa e inovação. O Brasil vem sofrendo com cortes drásticos em ciência e tecnologia, penando com a evasão de talentos e a deterioração das universidades públicas – e, com elas, de seus projetos de pesquisa, o que estanca a evolução das ideias e da ciência.

O país é cada vez mais associado a *commodities* e menos à tecnologia. Se seguirmos por esse caminho, o Brasil se converterá em um grande celeiro, que vive só dos frutos de uma economia primária e depende dos demais para o resto. Não temos indústrias, não temos desenvolvimento de tecnologias em áreas decisivas. Esse cenário, associado à falta de ensino básico de qualidade, deixa os brasileiros sem perspectivas, num mundo altamente competitivo e em contínua evolução.

Em educação não há passe de mágica. Os benefícios obtidos a partir de investimentos, incentivos e implantação de

uqr.to/fmk1

**ASSISTA AO VÍDEO SOBRE O TEMA**

**Fonte:** https://globoplay.globo.com/v/7311535/programa/?fbclid=IwAR0P2PmS2aV RNvqgZwTxodSc i4ml 6Cpa1GDvSraQcvh3_2NB 5jsb7Snermc

Acesso em: 13 ago. 2019

políticas efetivas demoram a aparecer. Como todos sabem, mesmo se começássemos a mudar agora, seriam necessárias décadas para alcançar o tão esperado salto de qualidade, que vai influenciar no nível de desenvolvimento do país. Algo que as sociedades de nações asiáticas, como Coreia, China e Singapura, já entenderam há tempo.

*Estado de Minas*. 18 out. 2018. Disponível em: https://www.em.com.br/app/noticia/90-anos/2018/10/18/interna_90_anos,998185/a-educacao-brasileira-precisa-passar-por-uma-grande-reforma.shtml. Acesso em: 23 ago. 2019.

# MEDICINA EM XEQUE

**O programa "Mais Médicos" estava a estas alturas com os dias contados, mas o Brasil teria que enfrentar um dos maiores desafios da educação superior: elevar a qualidade dos cursos de Medicina.**

Um dos primeiros desafios que o novo governo terá que enfrentar é o da formação dos médicos brasileiros. Desde o início deste ano, está vetada pelo MEC a abertura de novos cursos de Medicina pelos próximos cinco anos.

Essa "moratória" tem o objetivo de reavaliar a formação médica no país. O presidente eleito expressou a intenção de substituir progressivamente os estrangeiros do Mais Médicos por brasileiros, criando uma carreira de Estado, com salário atrativo e oportunidades no interior do país para o atendimento à população mais desassistida. Essa ideia, que tem como base uma proposta da Associação Médica Brasileira, de 2009, depende de quantidade suficiente de profissionais — hoje, o número de habitantes por médico, no Norte do país, é três vezes maior que o do Sudeste. E depende, sobretudo, da qualidade da formação.

De fato, nos últimos anos, houve uma proliferação de cursos de Medicina: hoje são cerca de 300 no país, que lançam ao mercado mais de 29 mil novos médicos por ano. O problema é que muitos foram abertos sem a devida estrutura, adotando currículos inadequados, com poucos laboratórios e didática longe da ideal. Isso faz com que haja enormes deficiências num número expressivo de médicos recém-formados.

Isso é comprovado, por exemplo, pela dificuldade de preencher as vagas de residência médica. Este ano, no exame do Conselho Regional de Medicina de São Paulo (Cremesp), 40% dos recém-formados foram reprovados. Quase 70% dos médicos não sabiam medir a pressão arterial, e 68% não acertaram os procedimentos que devem ser adotados em pacientes com sinais de infarto.

Se fosse aplicado um exame de certificação em outros estados, certamente teríamos resultados similares. E se a medicina aplicasse um exame vinculado à concessão de registro profissional, como é o caso da OAB no campo jurídico, teríamos ainda menos médicos exercendo a profissão.

Para melhorar este cenário, a revisão dos cursos de Medicina precisa ser acelerada. Cinco anos é tempo demais se considerarmos que essa quantidade de indivíduos despreparados está atuando dentro do sistema de saúde e pondo em risco os recursos existentes e, sobretudo, a vida dos pacientes.

No âmbito pedagógico, há o desafio de implementar as metodologias ativas. A didática contemporânea supõe que o aluno estude individualmente, antes da aula, e os encontros presenciais discutam estudos de caso, com abordagens interdisciplinares. Menos exposição do docente, mais autonomia do aluno. Isso funciona com mais responsabilidade e autodisciplina, pelo lado dos estudantes, e mais rigor na avaliação, por parte dos professores.

Algumas inspirações podem ser buscadas no Reino Unido e nos Estados Unidos, onde as instituições de formação contam com notável infraestrutura, laboratórios de ponta e fortes incentivos para pesquisas. Segundo o mais recente *ranking* da consultoria britânica QS, as seis melhores instituições do mundo para estudar Medicina estão localizadas nas duas nações: MIT, Stanford e Caltech (nos Estados Unidos), Cambridge, Oxford e UCEL (no Reino Unido). E não é à toa que os dois países, juntos, têm 137 vencedores do Nobel de Medicina, entre outros importantes prêmios e honrarias internacionais.

*O Globo*. 12 nov. 2018. Disponível em: https://oglobo.globo.com/opiniao/artigo-medicina-em-xeque-1-23226364. Acesso em: 23 ago. 2019.

## ESCOLA SEM PARTIDO, MAS COM POLÍTICA

**Ensinar a pensar de forma crítica é um dos principais papéis da escola. Fazer a cabeça do estudante, ao contrário, é doutrinação inescrupulosa. Esses limites podem ser bem definidos se falarmos de uma escola que não seja partidária, mas que não abra mão de suas funções educacionais mais amplas.**

Os grêmios estudantis andavam esquecidos, mas neste ano ressurgiram com força. No Rio de Janeiro, funcionam em 957 das 1.222 escolas públicas estaduais. Em São Paulo, há mais de 5 mil escolas com grêmios. O fenômeno é observado em diversas regiões do país.

O movimento indica amadurecimento dos jovens e vontade crescente da participação cidadã, já percebida nas últimas eleições. O envolvimento político dos jovens não terminou nas urnas: se mantém ativo, por exemplo, nas manifestações contra o contingenciamento de verbas para a educação.

Outra razão está no estímulo dado pelos educadores. Aos poucos, as escolas se mostram mais abertas à gestão participativa. Além de representar os interesses dos alunos, os grêmios são importantes para manter a comunicação entre famílias e escola e podem ser aliados na promoção de ações e campanhas, como a redução do *bullying* ou o voluntariado.

Um outro fator explica o engajamento juvenil: a mudança nas formas de ensinar. As metodologias ativas, cada vez mais adotadas, investem no protagonismo do aluno, incentivam a participação em aula e contribuem para desenvolver competências de proatividade, capacidade de diálogo e inclusão.

O retorno dos grêmios indicaria a oficialização de uma "escola com partido"? Não necessariamente. Esses estilos de participação estudantil têm, na base, a promoção do pensamento crítico e a autonomia intelectual. Quanto mais grêmios e mais metodologias ativas de ensino, menos oportunidades de fazer a cabeça dos alunos e de constrangê-los por suas convicções; e mais chances de formar cidadãos que façam as próprias escolhas.

Que tal, então, entendermos assim: é uma escola sem partido, mas com política. Todo ato de educação é político – até quando se busca a neutralidade. A organização dos estudantes é um fenômeno que renova a escola e lança luz sobre as relações entre educação, sociedade e política.

*O Globo*. 31 ago. 2019. Disponível em: https://oglobo.globo.com/opiniao/artigo-sem-partido-com-politica-23917747. Acesso em: 04 set. 2019.

O ANO LETIVO

CAPÍTULO 2

# ATUALIDADES E EDUCAÇÃO

## HORA DO RECREIO

# PIADAS DE MAU GOSTO SOBRE TRAGÉDIA SÃO RETRATO DE UM MOMENTO EM QUE "VALE TUDO"

**No dia 13 de agosto de 2014, o candidato a presidente nas eleições de 2014 Eduardo Campos morria tragicamente num acidente de avião. Apesar da comoção geral da nação, era possível encontrar muitos comentários satíricos nas redes sociais, na forma de memes e outros.**

2014

Quase tão chocantes quanto a morte trágica de Eduardo Campos são os conteúdos desrespeitosos que rapidamente se espalharam pela web: piadas de mau gosto, teorias da conspiração, dedos apontando "culpados", tudo em questão de minutos após o acontecido.

Isso vem ocorrendo com cada vez mais frequência nas redes sociais, seja qual for o acidente ou a tragédia da vez.

Como explicar tais reações, tanto de quem cria como de quem aplaude e dissemina esse tipo de conteúdo disfarçado de humor?

Incapacidade de se colocar no lugar de quem sofre, gosto pelo que é bizarro e infame, curtição da desgraça alheia, indiferença absoluta pela vida e o sofrimento humanos?

Gostaria de convidar os pais a refletir: de que educação precisamos para reforçar outros valores, sobretudo neste momento da cibercultura, em que poderosas e velozes tecnologias digitais estão a nosso alcance e podem ser usadas com qualquer finalidade?

Pais, se vocês também sonham com um mundo melhor para seus filhos, fiquem atentos a essa formação ética. Cuidem de princípios que são imprescindíveis para a convivência social. Formem para a civilidade. Ensinem critérios éticos para guiar todas as atitudes da vida, inclusive o que se diz e se pratica na internet.

Não permitam que seus filhos se escondam atrás do anonimato para debochar dos outros. Ensinem o respeito, a empatia, o sair de si mesmo, a solidariedade.

Não se trata de ser conservador, reacionário nem apegado a tradições. Trata-se apenas de formar pessoas que optem livremente por não participar de nada que ameace ou despreze a dignidade humana.

*G1*. 14 ago. 2014. Disponível em: http://g1.globo.com/educacao/blog/andrea-ramal/post/piadas-de-mau-gosto-sobre-tragedia-sao-retrato-de-um-momento-em-que-vale-tudo.html. Acesso em: 23 ago. 2019.

# É HORA DE LUTAR JUNTO COM MALALA PELA EDUCAÇÃO

**No dia 10 de outubro de 2014, era anunciado que o Prêmio Nobel da Paz ia para a adolescente paquistanesa Malala Yousafzai, de 17 anos. Dois anos antes, ela havia sobrevivido a uma tentativa de assassinato dos talibãs por sua militância em favor da educação das meninas em sua região natal. Malala dedicava o prêmio "às crianças que não têm voz".**

O Prêmio Nobel da Paz deste ano é uma forte chamada de atenção dirigida a todos os adultos do mundo. É hora de assumir como nosso o desafio de Malala Yousafzai, que quase perdeu a vida por defender que nenhuma criança seja privada do direito de estudar.

Assim como para Malala, para muitas crianças brasileiras o acesso à educação é uma vitória diária. Quase um milhão de crianças entre seis e 14 anos estão fora da escola e, se considerarmos os menores entre quatro e cinco anos e os adolescentes de 15 a 17, temos 3,8 milhões de excluídos dos bancos escolares.

Entre as razões, o fato de que milhões de meninos e meninas trabalham para completar a renda das famílias ou para sobreviver. Muitos são submetidos a condições degradantes, como escravidão e exploração sexual. Milhares de meninas engravidam precocemente e acabam por abandonar os estudos. Sem falar nas cerca de 140 mil crianças com deficiências que também não encontraram lugar em nossas salas de aula.

Mesmo para quem entrou na escola, a vida nem sempre é simples. Em determinados municípios, as crianças precisam caminhar por quilômetros em estradas de terra para chegar ao colégio. Em áreas rurais e em periferias, muitas frequentam escolas sem saneamento, sem banheiro e sem água potável. Em algumas regiões, estudam todos juntos na mesma sala, mesmo cursando séries diferentes.

Quando moram em áreas de violência, as crianças ficam impedidas de ir à escola diversas vezes ao ano. Algumas acabam cooptadas pelo tráfico. E pelo Brasil há, quase sempre, alguns milhares de crianças sem aula, devido a greves ou porque seus professores simplesmente desistiram da profissão.

É assustador o número de denúncias de violência e agressões contra crianças e mais da metade delas se refere ao que acontece no próprio ambiente familiar. Em 90% dos processos analisados, segundo pesquisa da Universidade de Brasília (UnB), as crianças são vítimas de espancamento, socos, tapas e chutes. A maioria dos casos não é denunciada e a criança sofre calada, ao longo dos anos.

Entre as formas de violência contra a infância, não podemos deixar de incluir a das comunidades que vivem em pobreza extrema, sem alimentos, remédios e nem recursos para ampliar as oportunidades educacionais.

E até no mundo virtual não é fácil ser criança, com a disseminação de conteúdos de violência e pornografia e dos ambientes de atuação dos pedófilos.

Malala é uma inspiração para que lutemos pelo direito de milhões de meninos e meninas que, a cada dia, vencem a batalha de estudar e de aprender a sobreviver num mundo que, muitas vezes, parece feito contra elas. Se acreditamos que outra realidade é possível, com desenvolvimento sustentável e justiça social, vamos nos juntar a essa causa. Lutemos com Malala por nossas crianças.

*G1*. 10 out. 2014. Disponível em: http://g1.globo.com/educacao/blog/andrea-ramal/post/e-hora-de-lutar-junto-com-malala-pela-educacao.html. Acesso em: 23 ago. 2019.

# COMBATE AO PRECONCEITO CONTRA NORDESTINOS PRECISA COMEÇAR EM CASA E NA ESCOLA

**Os nordestinos voltaram a ser vítimas de comentários preconceituosos nas redes sociais, após a grande votação da presidente reeleita, Dilma Rousseff, nos estados das regiões Norte e Nordeste. O mesmo já havia ocorrido logo depois da apuração do primeiro turno das eleições.**

A onda de comentários ofensivos contra os nordestinos que se alastrou nas redes sociais logo após o resultado das eleições revela que o país não está dividido somente pela opção política, mas também por um preconceito latente, pronto para explodir diante da primeira oportunidade.

O que surpreende é que as redes sociais, embora sejam frequentadas por pessoas de todas as idades, são o espaço privilegiado dos jovens. Como então sonhar com mudanças, se uma parte importante da juventude, em vez de ousar e ir contra a corrente, apresenta a mais conservadora e grosseira das atitudes?

De onde vem tal preconceito, a estas alturas? Os caminhos que explicam são muitos e um deles passa pela educação recebida, tanto em casa como na escola.

Muitas vezes, até sem perceber, os pais podem ensinar atitudes preconceituosas às crianças menores. Quando, por exemplo, se referem a alguém pejorativamente como "aquele paraíba", "o cabeça chata", "o ceará". Somados a outros adjetivos e comparações que a família possa empregar no cotidiano ("todo baiano é preguiçoso", "o ebola só podia vir da África", "só não gosto de argentinos") e pronto, está fértil o terreno para criar uma cabecinha preconceituosa e xenófoba, presa aos estereótipos do século passado.

Mais tarde, na escola, o estudante pode acabar reforçando visões discriminatórias, como, por exemplo, com as mensagens (mesmo implícitas) dos livros didáticos. Neles, o Nordeste é quase sempre retratado como lugar pobre e de privações, onde se sofre pela seca. Pouca diferença se faz entre um estado e outro, como se o Nordeste fosse um amálgama sem identidades, definido só pelos mapas. O nordestino é descrito, até nas ilustrações, como migrante e retirante.

Em muitos livros didáticos vi uma imagem similar: o personagem maltrapilho desenhado sob um sol escaldante, a terra cheia de sulcos e aridez, ele com uma trouxinha, acompanhado de uma mulher grávida com outra criança no colo, e uma legenda explicando que "nordestinos partem em busca de melhor destino".

Um certo livro escolar dá como título ao capítulo que fala do Nordeste "Penando na terra", com imagens de seca e sertão. Enquanto isso, ao apresentar o Sudeste, o capítulo seguinte traz fotos de cenas urbanas, contextos industriais e desenvolvimento.

Esse discurso reforça uma suposta condição de inferioridade daquele que nasce numa "região-problema", "afligida" por um fenômeno climático. Sugere passividade das populações e vitimização irremediável.

Nas festas juninas, que são das poucas ocasiões em que a cultura nordestina é trazida para o interior das escolas das demais regiões, as crianças são fantasiadas de um modo que ridiculariza o homem do campo. O "caipira" é caracterizado com a roupa remendada, sem combinar as cores, e lhe faltam dentes, ou dança com as pernas tortas. É a cultura urbana debochando da cultura rural.

Pouco se fala, no currículo escolar, da riqueza e da heterogeneidade da cultura nordestina, com sua música, danças, culinária, arte, manifestações religiosas, as belas festas populares, os grandes nomes da literatura, da política, da dramaturgia, da indústria, da educação e de tantas outras esferas.

Qual seria o motivo de tanta agressividade nos comentários registrados contra os nordestinos? Talvez – é apenas uma hipótese – o fato de que nesta eleição, os "pequenos" e condenados ao esquecimento hajam tido um papel protagonista, o que colocou em xeque uma noção de hierarquia regional cristalizada por longas gerações.

Cabe a nós, pais e educadores, criar oportunidades para educar numa lógica diferente. Afastar os velhos paradigmas que rotulam regiões e seus habitantes. Estimular um modelo mental que combine mais com o mundo de hoje, das redes e interconexões, em que as pessoas precisam trabalhar em grupos multidisciplinares, aprender com as diferenças e interagir o tempo todo com empatia e respeito.

*G1*. 28 out. 2014. Disponível em: http://g1.globo.com/educacao/blog/andrea-ramal/post/combate-preconceito-contra-nordestinos-precisa-comecar-em-casa-e-na-escola.html. Acesso em: 23 ago. 2019.

# A EDUCAÇÃO DE HOJE PERPETUA O RACISMO?

**No dia 20 de novembro de 2014, comemorava-se, como todos os anos, o Dia da Consciência Negra. A data é uma oportunidade de fazer uma reflexão sobre a importância do povo e da cultura africana no Brasil. Também serve para evidenciar o impacto que tiveram no desenvolvimento da identidade cultural brasileira.**

Foi necessário promulgar uma lei (10.639/2003), há pouco mais de dez anos, para que as escolas passassem a ensinar história e cultura afro-brasileiras, incluindo temas como história da África e dos africanos, a luta dos negros no contexto brasileiro e sua contribuição nas diversas áreas da história e da cultura do Brasil.

Isso porque, embora sejamos um país em que a maioria da população é negra e parda, a história sempre foi ensinada com um viés eurocêntrico, em que os colonizadores são ousados, atravessam oceanos e, para levar adiante seus planos, tornam-se senhores de escravos. A ideia de escravidão é introduzida nas primeiras séries escolares com certo ar de naturalidade. O negro entra como objeto trazido à força de um continente "primitivo"; um ser sem passado nem vínculos sociais, que aceita de forma omissa e acomodada um destino desumano e humilhante. Como as crianças brasileiras podem sentir orgulho de suas origens e sua identidade com essa forma de descrever seus antepassados?

Nos livros didáticos, depois dos capítulos que falam da escravatura, os negros praticamente desaparecem dos textos, como se a história continuasse sem a sua participação. As imagens mais importantes são reservadas aos personagens brancos de cabelos louríssimos, como na capa da coleção "Infância Brasileira", uma das mais adotadas na década de 1960.

A imagem do negro no mundo do trabalho é muitas vezes desvalorizada de forma implícita. Uma conhecida cartilha escolar pede que o aluno escreva o nome das profissões e apresenta os desenhos de um menino branco vestido de médico, outro vestido de juiz e um menino negro em funções subalternas.

Reproduzindo o cenário sociocultural, o sistema de ensino também reserva ao negro, até em função de suas condições sociais e de renda, uma trajetória escolar incerta, na qual continuar estudando é uma conquista diária.

Assim, a educação contribui para reforçar o racismo, ora explícito ora velado, que existe na sociedade brasileira.

Porque foram educados, em casa e na escola, com narrativas que apresentam o negro como inferior e coadjuvante, muitos ainda hoje têm dificuldade de aceitar que ele possa chegar a altos níveis de formação ou que ocupe posições sociais importantes. É forte, em alguns grupos, o sentimento contra qualquer política de reparação da dívida social contraída nos tempos da escravidão.

Ações afirmativas como as cotas para as universidades ajudam a atenuar, ainda que de um jeito capenga, o abismo educacional forjado na época da colônia e que, se não fosse por força de lei, dificilmente seria superado neste século.

A Lei nº 10.639/2003, sobre ensino de história e cultura afro-brasileiras, é uma ruptura no ciclo educacional que perpetua o racismo. Propõe que as crianças aprendam uma nova história, mais realista e respeitosa, a partir de conteúdos sobre as lutas de libertação que o negro trava até os dias atuais, em busca dos seus direitos de cidadão.

A proposta ainda não foi totalmente tirada do papel, mas escolas e famílias deveriam levá-la a sério. Trazer para o debate os problemas raciais da sociedade, rejeitar o preconceito e ensinar as crianças a fazer o mesmo. Valorizar a diversidade e a igualdade. Ficar atentos aos materiais didáticos, verificando se incluem a valorização da cultura negra.

Esse resgate não interessa só aos negros, mas a todos os estudantes, porque os prepara para viver como cidadãos atuantes num país pluriétnico e multicultural e ajuda a desconstruir os mitos de inferioridade e superioridade entre culturas, valorizando a riqueza de uma de nossas marcas distintivas, a miscigenação. Não é suficiente para garantir que a população negra seja mais bem tratada na escola e na sociedade, mas é um passo para reduzir as injustiças e emancipar muitos jovens das lentes caducas com que aprenderam a ver o mundo.

*G1*. 20 nov. 2014. Disponível em: http://g1.globo.com/educacao/blog/andrea-ramal/post/educacao-de-hoje-perpetua-o-racismo.html. Acesso em: 23 ago. 2019.

**ASSISTA AOS VÍDEOS SOBRE O TEMA**

uqr.to/fmk3

**Fonte:** https://globoplay.globo.com/v/5492420/

Acesso em: 13 ago. 2019

uqr.to/fmk4

**Fonte:** https://globoplay.globo.com/v/2250839/

Acesso em: 13 ago. 2019

# USO DE ELETRÔNICOS AO DIRIGIR PODE AGRAVAR SÍNDROME DO BEBÊ ESQUECIDO

**No dia 18 de dezembro de 2014, uma criança de dois anos e quatro meses foi encontrada morta em um carro em São Bernardo do Campo. O pai disse aos policiais militares que esqueceu a filha no veículo. Infelizmente, naquela mesma semana, esse era o terceiro caso de morte de crianças em carros, por esquecimento dos pais.**

Esquecer um bebê dentro de um carro parado sob o sol pode acontecer mesmo com os pais mais amorosos. Ao menos, esta é a conclusão de neurologistas que estudam o fenômeno, chamado de Forgotten Baby Syndrome (FBS) ou "Síndrome do Bebê Esquecido".

Segundo pesquisa realizada nos Estados Unidos, 11% dos pais já esqueceram o filho no carro alguma vez. No caso de pais de crianças até três anos, um a cada quatro admitem o mesmo. Por causa dessa negligência morrem lá, em média, 40 crianças por ano. No Brasil, só na última semana, foram três casos fatais: no Rio de Janeiro, em São Paulo e em Minas Gerais.

O perigo se agrava com a obrigatoriedade de transportar crianças no banco de trás dos automóveis. Se, por um lado, a prática é fundamental para minimizar os acidentes, por outro, faz com que muitos pais não interajam com a criança ao longo da viagem e, em muitas ocasiões, esqueçam que ela está lá. A criança, protegida e confortável na cadeirinha, acaba dormindo e, simplesmente, "sai da cabeça" dos pais, com a mente já sobrecarregada pelos compromissos do dia.

Quando fazemos trajetos de rotina, como dirigir de casa até o trabalho, a mente se abstrai do controle dessa atividade. Nosso cérebro é projetado dessa forma para que fiquemos livres para pensar em outras coisas. Se a pessoa introduz uma atividade pouco usual, alterando o desenho inicial, é possível que a mente "apague" isso e siga no piloto automático.

Há, porém, um elemento novo a considerar: a tendência crescente dos motoristas de utilizar celulares e seus aplicativos. Uma pesquisa divulgada pela Ford mostrou que um a cada quatro jovens europeus usa o celular enquanto dirige, inclusive acessando redes sociais e enviando mensagens.

De fato, estamos cada vez mais hiperativos e multimidiáticos. Temos a necessidade de simultaneidade, de ter várias "janelas" abertas e fazer várias coisas ao mesmo tempo. Os motoristas ocupam cada vez mais as mãos enquanto dirigem, mexendo no celular, no GPS, em programas de rotas de trânsito, sintonizando rádio e TV ou buscando objetos. A situação é tão temerária que vários estados americanos planejam implantar leis para reduzir essa dispersão.

O uso contínuo dos eletrônicos ao dirigir pode contribuir para elevar o número de casos de Síndrome do Bebê Esquecido. Paradoxalmente, já surgiram aplicativos de celular para lembrar os pais de retirar o filho do carro.

Para a maioria de nós parece impensável, cruel e desumano esquecer o próprio filho. Porém, como o fenômeno ocorre mesmo com pais esmerados e prudentes, é importante habituar-se a checar o carro antes de trancá-lo. Nos Estados Unidos, esse foi o lema de uma campanha nacional: "Look before you lock" (olhe antes de trancar).

Esse cuidado simples e óbvio pode, senão resolver, ao menos atenuar riscos que uma vida invadida pelo estresse, a pressão e as tecnologias traz para nós e para nossos filhos.

*G1*. 22 dez. 2014. Disponível em: http://g1.globo.com/educacao/blog/andrea-ramal/post/uso-de-eletronicos-ao-dirigir-pode-agravar-sindrome-do-bebe-esquecido.html. Acesso em: 23 ago. 2019.

## COMO EDUCAR SEU FILHO PARA UM MUNDO MULTICULTURAL

**Logo no início do ano de 2015, a França vivia momentos de terror com uma sequência de atentados entre 7 e 9 de janeiro, em Paris e arredores. Dezessete pessoas morreram nos ataques. No dia 7, dois atiradores invadiram a redação do semanário de humor Charlie Hebdo, matando 12 pessoas e deixando outras 11 feridas.**

2015

Os recentes atentados ocorridos na França reacendem uma discussão, que ultrapassa fronteiras, sobre a necessidade cada vez maior de uma educação multicultural, num mundo em que convivem grupos étnicos muito diferentes entre si, seja pela língua, valores, origens ou crenças religiosas.

A educação multicultural, para muitos, parece simples e óbvia: apresentar às crianças os aspectos das diferentes culturas e ensiná-las a apreciar o que elas têm de fascinante e inusitado. Na verdade, esse é um primeiro passo, mas o principal deveria ser cuidar das atitudes, tanto em casa como na escola.

Pense a respeito: quantos exemplos de intolerância ou de preconceito as crianças presenciam hoje? Essas posturas aparecem o tempo todo, tanto nas conversas do dia a dia como nos *posts* das redes sociais. Basta entrar numa delas para ler frases como, por exemplo: "Tenho medo de viajar porque os aeroportos estão cheios de muçulmanos", ou "o Brasil está criando um problema ao deixar entrar imigrantes haitianos e sírios", e assim por diante.

Essas visões de mundo são, muitas vezes, acentuadas nos modelos de educação tradicional, nos quais o padrão a ser buscado é o dominante e cabe à escola apagar as diferenças entre os indivíduos. Para isso, busca reforçar as identidades e os comportamentos hegemônicos por meio de rotinas e disciplinas, uniformes, conceitos memorizados e repetidos, vigilância permanente, avaliações punitivas.

Nas escolas mais modernas, tem-se buscado implantar uma educação multicultural, que parte do princípio de que o futuro de nossa sociedade é pluralista. Cada vez mais teremos, nas mesmas salas de aula, uma enorme variedade de grupos sociais, culturas e idiomas, com estudantes provenientes de grandes centros urbanos, das periferias e de áreas rurais. Isso requer que os professores, além de estimularem o conhecimento mútuo e o respeito de uns pelos outros, adotem estratégias que garantam que todos aprendam igualmente e possam alcançar sucesso na escola e no mercado de trabalho.

Em casa, também se pode implantar um modelo de educação multicultural. O princípio é justamente ensinar aos filhos que aprendemos com as diferenças e elas nos enriquecem. Mas, como não é fácil conviver com o divergente, é preciso dar o exemplo. Para isso, permita que seus filhos se expressem na sua diversidade e acolham as suas formas de pensar. Mostre na prática que é possível construir uma sociedade tolerante e inclusiva.

A casa é um laboratório do mundo. As relações que se mantêm na família ensinam mais do que muitas aulas da escola. É no dia a dia que a criança pode aprender a reproduzir a sociedade ou transformá-la; a perpetuar as injustiças ou a batalhar por um mundo justo e solidário.

**Dicas práticas**

- Explique a seu filho o que é um "pré-conceito": julgamento feito antes de conhecer a pessoa. Mostre exemplos de preconceitos: racial, social, sexual.
- Peça que seu filho reflita: é possível julgar alguém só pela aparência, pelo jeito de vestir ou pela nacionalidade, sem conhecer bem a pessoa de que se trata?
- Pergunte a ele: como você se sentiria se fosse avaliado em função de um estereótipo, como: "Os jovens só querem saber de festas", ou "todas as crianças são preguiçosas"?
- Dê exemplos para comprovar que as pessoas podem pensar de formas diferentes, mas todas têm o direito de expressar seus pontos de vista.
- Discuta com seu filho a célebre frase atribuída a Voltaire: "Posso não concordar com nenhuma das palavras que você disser, mas defenderei até a morte o direito de você dizê-las". Pratique isso em sua própria casa.

*G1*. 13 jan. 2015. Disponível em: http://g1.globo.com/educacao/blog/andrea-ramal/post/como-educar-seu-filho-para-um-mundo-multicultural.html. Acesso em: 23 ago. 2019.

# O PERIGO DE VER A BEBIDA COMO PASSAPORTE PARA A ACEITAÇÃO SOCIAL

**No dia 28 de fevereiro de 2015, o jovem Humberto Moura Fonseca morria depois de ingerir uma quantidade excessiva de álcool em uma festa universitária. O fato ocorreu enquanto ele participava de uma competição para ver quem conseguia beber mais.**

Se consumido em doses moderadas o álcool já representa um risco para pessoas de qualquer idade, o perigo se torna ainda maior quando ele passa a ser visto como passaporte para a aceitação social no ambiente universitário, com regras que valorizam quem bebe mais e excluem os que não são "da turma".

A morte de um estudante por ingestão de 20 doses de vodca, numa "brincadeira" que mede a capacidade de beber mais em menos tempo, é um exemplo disso.

A necessidade de ser aceito, tão própria dessa idade, acaba se convertendo numa oportunidade comercial para muitos. As propagandas das festas para universitários fazem verdadeira apologia ao álcool, a começar pelos nomes dos eventos: "Odontobeer", "Medbeer", "Psicólatras", "Direito Beer", "Habeas Copus" e assim por diante.

É anúncio destacado a oferta de "*open bar*", com design que faz referência a garrafas e copos, muitas vezes com logomarcas de fabricantes. Rodadas de tequila, camarotes com uísque e "*beer games*" são anunciados como valor agregado. Nas imagens, jovens saudáveis e bonitos se divertem. Sugere-se que a inclusão no grupo passa pela adesão às atitudes divulgadas nessas propagandas.

Quase nunca há referências a alimentos a serem servidos, o que remete a outra ameaça crescente entre os jovens, a da drankorexia, transtorno que mistura a anorexia e o alcoolismo. Os jovens somam a obsessão por estar magro com a aceitação social pelo consumo do álcool, trocando as calorias não consumidas com alimentos pelas da bebida.

Casos como o do universitário Humberto Fonseca, que morreu numa festa de universitários em Bauru, não são isolados. É comum que vários jovens terminem a noite em coma alcoólico. Mais de uma vez, quando comentei esses fatos com alguns estudantes, ouvi a resposta: "É só tomar glicose na veia e pronto".

A solução para atitudes como essas, que colocam em risco a saúde e a própria vida, não passam, de forma alguma, pela proibição às festas, mas pela educação. Em primeiro lugar, papel da família, formando desde cedo para uma postura de autoconfiança, que não dependa do ato de transgredir, ou de atitudes autodestrutivas, para sentir-se aceito pelos outros.

Além disso, cabe às universidades colocar o tema na pauta. Mesmo que as festas aconteçam fora do espaço acadêmico, não há como ser indiferente e ignorar o que atinge seus alunos.

Por fim, falta uma ação mais efetiva do governo, com campanhas mais contundentes voltadas à prevenção. O novo presidente do Uruguai, Tabaré Vázquez, já anunciou como prioridade um programa forte contra o consumo de álcool. Boa oportunidade para conhecer as estratégias e, por que não, pegar carona nessa iniciativa.

*G1*. 3 mar. 2015. Disponível em: http://g1.globo.com/educacao/blog/andrea-ramal/post/o-perigo-de-ver-bebida-como-passaporte-para-aceitacao-social.html. Acesso em: 23 ago. 2019.

## DESIGUALDADE ENTRE HOMENS E MULHERES COMEÇA NA INFÂNCIA

**Como todos os anos, aos 8 de março de 2015 celebrou-se o Dia Internacional da Mulher, oportunidade para refletir sobre seus papéis e desafios na sociedade contemporânea e no país.**

O Dia da Mulher é apenas um por ano, mas a reflexão sobre a criação das meninas deveria estar presente, nas famílias, todos os dias. Isso porque a desigualdade de gênero no Brasil surge ainda na infância. Enquanto o filho homem é preparado para trabalhar fora e encontrar a casa organizada, a mulher ainda é vista como a principal responsável pelas tarefas domésticas e por cuidar dos filhos.

É o que mostra, por exemplo, uma pesquisa recente realizada pela organização Plan com crianças de cinco estados brasileiros (cidade e interior). Dos entrevistados, 81,4% das meninas arrumam a própria cama, atividade que só é executada por 11,6% dos irmãos meninos; 76,8% das meninas lavam a louça e 65,6% limpam a casa, enquanto apenas 12,5% dos irmãos lavam a louça e 11,4% limpam a casa. Além disso, cabe a elas cuidar dos irmãos menores (em vez de estudar) quando os pais trabalham, nas famílias com poucos recursos. Muitas chegam a abandonar a escola para assumir essas tarefas.

A educação de casa reforça a visão de que é da mulher o papel de "cuidadora". Assim são os presentes que recebe: casinha, panelas, bonecas – enquanto os meninos ganham bolas, carrinho, jogos de tabuleiro, laboratório de ciências, avião, peças de montar.

Essa criação influencia toda a vida adulta. A mulher acaba vendo como natural o fato de ter dupla jornada: trabalhar fora de dia e, à noite, ainda acompanhar as tarefas escolares dos filhos, dar atenção ao marido e cuidar da administração da casa. Chega a sentir-se culpada quando não consegue dar conta de tudo. E recebe cobranças de todo lado.

A influência chega até à escolha da carreira. A profissão de professor, por exemplo, que é bastante associada ao ato de "cuidar", é predominantemente exercida por mulheres: hoje, do total de 2 milhões de professores da educação básica brasileira, 1,6 milhão são mulheres. Na educação infantil, há meio milhão de mulheres e apenas 13,5 mil homens.

Já em profissões entendidas historicamente como "masculinas", a participação da mulher não só é menos valorizada – quase sempre com remuneração mais baixa – como também é discriminada. O Sindicato dos Engenheiros do Paraná, por exemplo, criticou recentemente a "restrição velada" às mulheres no mercado de engenharia.

Já passou da hora de as famílias se darem conta de que a criação com mais igualdade é mais positiva, tanto para as meninas como para os meninos. Por exemplo, ao assumir tarefas domésticas, a criança desenvolve uma série de habilidades importantes: planejamento, gestão de recursos, organização, trabalho cooperativo, autonomia.

Há que dar aos meninos a oportunidade de aprender a cuidar: da casa, da ordem do quarto, de um animal doméstico. Fazer brincadeiras em que a menina reveze a liderança com os irmãos. E mostrar aos filhos que, hoje, homens e mulheres dividem responsabilidades e compromissos: em casa, no trabalho e até no governo dos países.

*G1*. 10 mar. 2015. Disponível em: http://g1.globo.com/educacao/blog/andrea-ramal/post/desigualdade-entre-homens-e-mulheres-comeca-na-infancia.html. Acesso em: 23 ago. 2019.

**ASSISTA AO VÍDEO SOBRE O TEMA**

**Fonte:** http://globoplay.globo.com/v/6215160/

Acesso em: 13 ago. 2019

# ESTUDANTES TÊM DIREITO AO SIGILO SOBRE DADOS PESSOAIS

**Em 19 de março de 2015, estudantes de um colégio tradicional de São Paulo protestavam por causa do vazamento de fichas que continham informações sobre os alunos, inclusive com comentários de professores a seu respeito. O caso deu origem a um debate sobre até onde a escola pode – ou não – divulgar dados dos estudantes.**

O vazamento de informações dos estudantes num colégio tradicional de São Paulo, divulgado pela mídia na última quinta-feira (19), lança um alerta para famílias e escolas: é necessário cuidar melhor do sigilo sobre a vida pessoal dos alunos.

O estudante tem direito à confidencialidade sobre informações que se referem à sua vida. Não respeitar isso pode constituir violação do Estatuto da Criança e do Adolescente (Lei nº 8.069/1990), artigo 17: "O direito ao respeito consiste na inviolabilidade da integridade física, psíquica e moral da criança e do adolescente, abrangendo a preservação da imagem, da identidade, da autonomia, dos valores, ideias e crenças, dos espaços e objetos pessoais".

De fato, os professores precisam conhecer dados que possam influenciar a vida escolar. Problemas psíquicos, físicos, familiares ou de qualquer outra ordem podem afetar o processo de aprendizagem. Quanto mais o professor conhece as circunstâncias da vida de cada aluno e seu histórico escolar, mais pode lhe oferecer um ensino contextualizado e adequado a suas necessidades específicas.

O sigilo e a confidencialidade sobre a ficha do estudante são condições para o exercício docente. São tão importantes que deveriam fazer parte do contrato de trabalho. Além disso, no intercâmbio de informações sobre os alunos, deve-se ter todo o cuidado para não confundir dados relevantes com percepções subjetivas, às vezes até pejorativas, que não colaboram com o processo pedagógico e podem se converter numa forma de rotular os jovens.

É verdade que comentários ofensivos ocorrem, eventualmente, nas mais diversas rodas de conversa. Podem acontecer entre alguns médicos, que falam das manias de seus pacientes, ou alguns advogados, que comentam peculiaridades de clientes, e assim por diante. Então, alguns poderiam questionar: por que não entre professores, ao falar dos estudantes? E por acaso alguns alunos não fazem o mesmo, ao falar dos mestres?

A resposta está no caso divulgado semana passada, que comprova os riscos de uma conduta inadequada e os danos que pode causar a todos. Vale como chamada de atenção, não só para professores e diretores de escolas, mas para todo profissional, sobre a ética inerente ao exercício de sua função.

*G1*. 24 mar. 2015. Disponível em: http://g1.globo.com/educacao/blog/andrea-ramal/post/estudantes-tem-direito-ao-sigilo-sobre-dados-pessoais.html. Acesso em: 23 ago. 2019.

# O MUNDO AINDA AMA OS CONTOS DE FADAS

**Aos 4 de abril de 2015, nascia a filha do príncipe William e de Kate Middleton, no Reino Unido. O evento provocou fascínio no mundo, o que mostra o quanto os contos de fadas ainda vivem no imaginário social.**

O casamento de Kate Middleton com o príncipe William, em 2011, foi um dos assuntos mais comentados daquele ano. Agora acontece o mesmo no nascimento da pequena princesa, que ganhou nesta segunda (4) o nome de Charlotte Elizabeth Diana.

Se por um lado nossa sociedade é pós-moderna, por outro, sente estranho fascínio pelos eventos da realeza.

Isso acontece porque ainda nos encantamos com os contos de fadas. Não é à toa que o filme *Cinderela*, da Disney, já é uma das maiores bilheterias de 2015.

O que isso tem a ver com educação? Tanto na escola como em casa, os educadores podem ajudar as crianças a desvendar o que essas histórias dizem sobre nossos papéis na sociedade e relacionamentos.

Nos contos de fadas, o príncipe surge para resgatar a mulher de uma situação difícil, levando-a para uma vida de sonho. Esse príncipe é um homem perfeito, que garante um futuro em que ambos serão "felizes para sempre".

No caso de algumas mulheres, a visão do relacionamento afetivo é tão idealizada que se torna um "complexo de Cinderela", ou seja: ela só será feliz se encontrar o verdadeiro "príncipe". Ora, tais mulheres correm sério risco de nunca estar satisfeitas com o parceiro.

Essas histórias precisam ser debatidas à luz dos valores de hoje, ajudando a criança a pensar sobre si mesma: eu me identifico com essa princesa do conto de fadas? Em que aspectos sim, em quais não? Existe uma vida que é somente sonho e fantasia?

A visão da mulher que espera pelo príncipe é bastante contraditória quando pensamos na mulher de hoje, tão presente no mercado de trabalho e na sociedade em geral. Muitas são líderes de equipes, sustentam as próprias famílias, vivem sem depender do companheiro – o que é saudável no modelo de relacionamento contemporâneo, em que os parceiros buscam compartilhar a vida com equilíbrio e harmonia.

Essas histórias também colocam certa pressão sobre o papel masculino: há que ser perfeito, em vez de se transformar no sapo. Muitos homens acabam idealizando a figura da mulher, sobretudo quando pensam na "princesa", a menina "para casar". Tais projeções de ambos os lados precisam ser problematizadas desde cedo, para evitar expectativas, frustrações e, quem sabe, até certo sofrimento desnecessário.

*G1*. 4 maio 2015. Disponível em: http://g1.globo.com/educacao/blog/andrea-ramal/post/o-mundo-ainda-ama-realeza-e-os-contos-de-fadas.html. Acesso em: 23 ago. 2019.

# DE DRONES A SOFTWARES: A BATALHA CONTRA A COLA

**Na prova de ingresso à universidade realizada na China, no dia 8 de junho de 2015, uma das províncias decidiu utilizar drones para dissuadir os estudantes de colar. O "gaokao", que é chamado de "maior exame do mundo", costuma provocar uma grande comoção na sociedade chinesa pela dificuldade e feroz concorrência que existe na prova. O fato de usar até drones para evitar a cola desperta a discussão sobre essa prática.**

No temido exame chinês gaokao, equivalente ao Exame Nacional do Ensino Médio (Enem) no Brasil, a China usará, além de milhares de policiais e vigias, drones que detectam comunicação entre candidatos e até minúsculos aparelhos de transmissão de dados.

Enquanto isso, em universidades de todo o mundo aumenta a preocupação com o "copiar-colar" nos trabalhos acadêmicos. Pelo visto, a cola não é só "coisa de criança". Dois estudos recentes, um da Universidade da Carolina do Sul e outro da Universidade de Virgínia, ambas nos Estados Unidos, mostram isso em números.

O primeiro estudo analisou trabalhos de graduação em diversas faculdades e constatou que 64% deles continham algum tipo de plágio, desde "mudar as palavras" de um modo insuficiente até copiar direto de uma fonte da internet. A segunda pesquisa analisou dissertações de pós-graduação e verificou que 27% delas também continham textos copiados de *sites*, sem aspas nem citações.

O problema vem se tornando tão sério que muitas instituições passaram a adquirir programas para detectar os trechos copiados pelos estudantes. Na Espanha, os reitores das universidades chegaram a fazer um acordo coletivo com um provedor de software antiplágio, depois de descobrirem que 60% dos trabalhos dos estudantes apresentavam algum nível de cópia.

Há alguma conexão entre a prática criminosa percebida na China, organizada por quadrilhas que vendem as respostas de uma das provas mais difíceis do mundo, por meios eletrônicos, financiada por pais que querem comprar o acesso às melhores universidades, e a simples transcrição da internet, aparentemente inofensiva, como sugeria o ditado: "Quem não cola não sai da escola"?

Essas situações têm em comum o uso fraudulento da tecnologia, totalmente dissociado da ética. Muitos dirão que a cola já existia antes da web. É verdade, mas a tecnologia torna tudo bem mais fácil e tentador: se no passado era preciso passar horas copiando, hoje um simples comando no teclado resolve tudo.

O reflexo disso se vê no mundo do trabalho. A maioria das empresas reclama que seus colaboradores têm deficiências ao escrever e que a escrita é um empecilho para crescer na carreira. Reclamam também da falta de competências comportamentais de muitos funcionários, ligadas à ética e ao profissionalismo.

Qual é a solução? Como profissional da área de educação, eu adoraria ter uma resposta segura. Mas não creio que ela exista, até porque esse é um dos problemas que mais inquietam os professores de todo o mundo.

Entre as boas sugestões que tenho visto, destacam-se:

- **Para os professores:** empenhar-se seriamente em inibir a cola, para evitar que aqueles que fraudam as regras obtenham notas melhores que os outros. Orientar mais as pesquisas dos estudantes. Usar a tecnologia a favor da aprendizagem, como na sala de aula invertida. Tornar os conteúdos atraentes e incentivar os alunos a estudar. Ensinar a escrita acadêmica, explicando como integrar corretamente as ideias de outros, com citações e referências.
- **Para escolas e universidades:** levar em conta as leis de direitos autorais, não permitindo que professores e alunos façam fotocópias de livros sem licença. Ministrar oficinas de redação. Contar com softwares de controle de plágio.
- **Para empresas:** por que não aplicar, em todo processo seletivo, uma prova de redação? Isso pode estimular os alunos, desde cedo, a pensar mais por si mesmos.
- **Para os pais e familiares ou responsáveis:** lembrar aos filhos que, ao colarem, eles perdem uma oportunidade de aprendizagem e isso fará falta um dia. Não se pode plagiar para sempre, o fracasso é certo. Incentivar a autonomia, o pensar "fora da caixa". E, sobretudo, mostrar que "levar vantagem" é desonroso. Afinal, embora as punições possam ser eficientes até certo ponto, a melhor educação é a que promove valores e posturas de vida.

*G1*. 9 jun. 2015. Disponível em: http://g1.globo.com/educacao/blog/andrea-ramal/post/de-drones-softwares-batalha-contra-cola.html. Acesso em: 23 ago. 2019.

**ASSISTA AO VÍDEO SOBRE O TEMA**

**Fonte:** https://www.youtube.com/watch?v=4KOGcFNGeVQ&t=11s

Acesso em: 13 ago. 2019

# NÃO É O ALUNO, E SIM A ESCOLA QUE É DEFICIENTE

**Em 2014, três em cada quatro escolas do país não contavam com itens básicos de acessibilidade, como rampas, corrimãos e sinalização. Menos de um terço possuía sanitários adaptados para deficientes. É o que revelava o Censo Escolar 2014, do Instituto Nacional de Estudos e Pesquisas Educacionais Anísio Teixeira (Inep).**

O mapa da acessibilidade das escolas brasileiras é um escândalo. E não é por falta de legislação: a Constituição Federal garante a todos os cidadãos o direito à igualdade, à não discriminação e à educação; e diversas outras leis federais, estaduais e municipais regulamentam os requisitos mínimos de acessibilidade para pessoas com deficiências. Mas basta entrar em três a cada quatro escolas brasileiras para constatar que tudo isso ainda não saiu do papel.

Acessibilidade não é apenas uma questão de rampas, e sim de dignidade. Uma pessoa com deficiência física depende diretamente do uso de um instrumento, como bengala ou cadeira de rodas, para participar e se integrar no meio social. Nos locais que não consideram essa parcela importante da população, a questão não é de engenharia, mas de cultura e visão de mundo. Essas construções são resultado de uma atitude de discriminação que é tão "natural" que passa despercebida, a não ser para aqueles que enfrentam uma necessidade especial.

A falta de acessibilidade na escola não é uma simples omissão, é mais grave. Afinal, é na escola que se pretende ensinar o respeito pelo outro, o direito à igualdade, a responsabilidade social, a ideia de que somos responsáveis pela qualidade de vida para todos, no ambiente que todos compartilhamos.

Quando os estudantes frequentam uma escola que é planejada apenas para alguns, excluindo outros, passam a considerar natural que, também na cidade em que vivem, possa haver vias públicas repletas de desníveis, transportes que nem todos podem usar ou edificações inacessíveis. Alunos educados nessas escolas poderão construir um mundo efetivamente inclusivo?

A acessibilidade é apenas a mais básica das etapas. Hoje se fala em design universal, num enfoque em que os ambientes sejam projetados para ser usados, com conforto, pelo maior número de pessoas possível, seja qual for a sua condição ou idade. Esse conceito está ligado ao de uma sociedade inclusiva; implica que todo o desenho dos espaços seja feito levando em conta dimensões sociais, históricas, antropológicas etc. e aspectos de usabilidade e ergonomia.

Tal conceito vai além da acessibilidade, porque nele os espaços deveriam ser projetados não só para o acesso dos deficientes, mas também para oferecer conforto e segurança a todos. Vale lembrar que professores, funcionários e pais também transitam nas escolas e podem ser pessoas de idade avançada, ou com bengalas, com cegueira ou pouca visão, grávidas ou com alguma incapacidade temporária.

As escolas poderiam ser espaços privilegiados para criar ambientes inclusivos, alinhados com o design universal: mais confortáveis e mais seguros não para alguns, mas para todas as pessoas. Sempre que não for assim e alguma criança não frequentar uma sala de aula porque não consegue chegar até ela, tenhamos claro: não é o aluno, e sim a escola que é deficiente.

*G1*. 19 ago. 2015. Disponível em: http://g1.globo.com/educacao/blog/andrea-ramal/post/nao-e-o-aluno-e-sim-escola-que-e-deficiente.html. Acesso em: 23 ago. 2019.

**ASSISTA AO VÍDEO SOBRE O TEMA**

**Fonte:** http://globoplay.globo.com/v/5290712/

Acesso em: 13 ago. 2019

## ALUNOS DE SP MOSTRARAM QUE É POSSÍVEL INCIDIR NAS POLÍTICAS EDUCACIONAIS

**A mobilização estudantil de 2015, que incluiu manifestações e ocupações de escolas, realizadas por alunos no estado de São Paulo entre outubro e dezembro daquele ano, teve como objetivo protestar contra a reorganização do ensino público, proposta pelo governador Geraldo Alckmin e pelo então secretário de estado da educação, Herman Voorwald. A mobilização terminou com 213 escolas públicas ocupadas e diversos protestos nas ruas, o que resultou na suspensão do plano de reorganização pelo Governo de São Paulo, em 4 de dezembro de 2015.**

A suspensão da reorganização das escolas em São Paulo é um dos exemplos de que a participação popular pode, de fato, incidir sobre as políticas educacionais. Independentemente da possibilidade ou não de interferência partidária – que não é o caso discutir aqui –, o resultado em si é uma lição importante para um país em que os cidadãos conhecem pouco dos critérios que norteiam os gestores da educação e onde a população padece pela baixa qualidade do ensino.

No caso de São Paulo, a pertinência de remanejar milhares de estudantes e professores não foi suficientemente explicada. Há lógica no argumento de dividir os alunos por ciclos, mas faltam estudos que comprovem que essa medida, sem outras ações conjuntas, melhora o desempenho escolar. A própria divisão dos ciclos – ensino fundamental para os municípios e ensino médio na esfera estadual – não é considerada, neste momento do país, uma receita de sucesso.

Além disso, foram subestimados alguns fatores que têm impacto na vida cotidiana: o aumento da distância entre a casa e o colégio, a readaptação dos alunos às novas instituições, a interrupção das relações construídas entre famílias e escolas.

A esses elementos soma-se a quebra do vínculo entre alunos e seu espaço de aprendizagem. Uma escola não é só um prédio, é um ambiente no qual crianças e jovens vivem e constroem histórias. Ao basear-se somente em indicadores, o governo relegou aspectos humanos relevantes.

Manter uma queda de braço com parte da opinião pública só fez acirrar os ânimos e pouco contribuiu para avançar na questão. Por fim, o governo se abriu ao diálogo. A comunidade escolar terá boas contribuições a oferecer.

A perspectiva que fica é que o processo de tomada de decisão nas políticas educacionais está começando a mudar. Primeiro, porque há novos atores que passam a participar do debate, além das autoridades administrativas: associações de estudantes, de professores, ONGs, imprensa, especialistas.

Segundo, porque o baixo desempenho do país em educação, somado aos questionamentos que se fazem ao modelo escolar vigente em meio à sociedade do conhecimento e das tecnologias, aumentam a incerteza da população sobre a eficácia das decisões adotadas pelos gestores da área – que, diga-se de passagem, nem sempre conhecem por dentro as suas questões e desafios.

É possível que, nos próximos anos, o processo de decisão nas políticas educacionais precise de uma nova combinação. Há estudiosos, como Brugué Torruela, da Universidad Complutense de Madrid, que já apontaram a necessidade de articulação do exercício da autoridade pública com a deliberação coletiva. Esperemos que a experiência de São Paulo não seja um episódio isolado e que os cidadãos de todo o país se envolvam de forma cada vez mais comprometida na discussão sobre a melhoria da qualidade da educação pública.

*G1*. 7 dez. 2015. Disponível em: http://g1.globo.com/educacao/blog/andrea-ramal/post/alunos-de-sp-mostraram-que-e-possivel-incidir-nas-politicas-educacionais.html. Acesso em: 23 ago. 2019.

# TEMOS QUE OUVIR MAIS OS ESTUDANTES

**A mobilização estudantil paulista de 2015 trouxe à pauta a participação política dos jovens, num novo cenário de Brasil.**

Nas diversas manifestações de rua que envolvem jovens, muitas vezes ocorre uma desqualificação deles – por exemplo, pessoas que, nas redes sociais, escrevem coisas como "aposto que eles não têm nem a nota mínima para passar de ano", ou "duvido que tenham lido um único livro". Outros afirmam que eles "estão sendo manipulados" ou que "só querem matar aula".

Reações como essas são tristes porque, na verdade, revelam uma espécie de descrédito geral na juventude.

De fato, a juventude brasileira, por causa do regime ditatorial vivido no passado, mostrou-se apática até pouco tempo. O "retorno" aconteceu nas manifestações pelo impeachment de Fernando Collor, mas elas não podem ser atribuídas exclusivamente aos jovens, já que tinham forte viés partidário.

O ativismo juvenil voltou em 2013 com os protestos contra o atual governo, motivados inicialmente pelo aumento das passagens de ônibus; mas estes terminaram ofuscados pelos Black Blocs, deixando um gosto amargo. Movimentos alternativos como os "rolezinhos", por sua vez, foram recebidos com medo, preconceito e intolerância, sem terem oportunidade de mostrar a que vieram.

O que a juventude quer nos dizer hoje? Por que desqualificar o jovem, sem ouvi-lo? Ele está se expressando, em suas múltiplas linguagens, em discursos entretecidos sob uma realidade que não o considera, nem o respeita nem o valoriza.

Quando lemos, por exemplo, que os índices educacionais brasileiros estão abaixo da média e que nossa escola não funciona, alguém os consulta sobre o modelo escolar que os incentivaria a ler e a aprender mais? Quando constatamos que um a cada cinco jovens entre 18 e 25 anos nem estuda nem trabalha, alguém pergunta por que desistiram? E, no novo currículo comum do MEC para todas as escolas do território nacional, as visões dos jovens estão concretamente refletidas?

Ao pensar nisso, lembro de uma música de Violeta Parra gravada por Mercedes Sosa, intitulada "Me gustan los estudiantes", que diz:

| | |
|---|---|
| *Que vivan los estudiantes,* | (Que vivam os estudantes, |
| *jardín de las alegrías.* | Jardim das alegrias. |
| *Son aves que no se asustan* | São aves que não se assustam |
| *de animal ni policía* | com animal nem polícia |
| *y no le asustan las balas* | e não se assustam com as balas |
| *ni el ladrar de la jauría.* | nem com os latidos da matilha.) |

E em outro trecho:

| | |
|---|---|
| *Me gustan los estudiantes* | (Gosto dos estudantes |
| *porque son la levadura* | Porque eles são o fermento |

*del pan que saldrá del horno*
*con toda su sabrosura*
*para la boca del pobre*
*que come con amargura.*

do pão que sairá do forno
com todo seu sabor
para a boca do pobre
que come com amargura.]

Lembro também do pensador espanhol Pedro Poveda, fundador de diversos colégios, que preferia nomear jovens recém-formados como diretores, e explicava:

"Quem são os mais corajosos, ousados, audaciosos? Os jovens. Quem são os que têm ideais, os que esquecem de si mesmos, os que acendem a chama? Os jovens."

Há que abrir espaços para o protagonismo juvenil. A pátria está ficando caduca e anestesiada, suas estruturas sendo carcomidas pela corrupção. Há que trazer à tona a força das vozes inusitadas e plurais dos jovens, a canção de esperança dos estudantes. Dar chances, inclusive desde a escola, para que nasçam movimentos genuínos, que nos acordem com o barulho sadio de uma moçada cidadã que saiba conquistar o que quer, que lute pelo País e pelos outros brasileiros.

*G1*. 15 dez. 2015. Disponível em: http://g1.globo.com/educacao/blog/andrea-ramal/post/temos-que-ouvir-mais-os-estudantes.html. Acesso em: 23 ago. 2019.

## UM MENINO DE DEZ ANOS ESTÁ MORTO: QUEM PUXOU O GATILHO?

**No dia 3 de junho de 2016, em São Paulo, um menino de dez anos era morto depois de roubar um automóvel com ajuda do colega de 11 anos. A polícia perseguiu os dois e o menino, que mal sabia dirigir, bateu o carro e acabou baleado na troca de tiros.**

Agora é tarde: o menino de dez anos é apenas um corpo de criança que jaz sem vida, baleado ao tentar roubar um carro. Quem puxou o gatilho?

Era noite e o menino estava na rua. Por que não estava em casa, fazendo o dever e jantando com a família?

É que o menino não cursava a escola. Por que parou de estudar? O que foi feito para reverter isso?

Como era a escola pela qual o menino, um dia, chegou a passar? O que foi feito para trazê-lo de volta?

Que educação o menino recebeu em cada momento de sua curta existência?

Há registros de furtos já cometidos pelo menino. O que foi feito para recuperá-lo? Como foram capacitados os policiais que lidaram com ele?

O jornal diz que medidas socioeducativas já haviam sido aplicadas. Quais foram as medidas? Por que não funcionaram? O menino queria ser funkeiro. O que diziam as letras das músicas que ele ouvia?

O tráfico alicia crianças para o crime. Quem vai trazê-las de volta?

O amigo de 11 anos, que participou do roubo, foi liberado. Seu pai está preso e a mãe confessou que não consegue controlá-lo. Quem vai cuidar do seu futuro?

Quando foi que o bebê frágil e indefeso cometeu seu primeiro delito? Quem lhe ensinou o que era certo e errado? Quem ensinou a quem devia lhe ensinar?

A violência atinge meninos e meninas cada vez menores. Quem vai olhar por eles?

Há milhares de meninos de dez anos nas ruas das cidades brasileiras. Esta noite, quantos voltarão para casa?

Segue valendo o verso do dramaturgo Bertolt Brecht:

Tantas histórias. Tantas perguntas.

*G1*. 3 jun. 2016. Disponível em: http://g1.globo.com/educacao/blog/andrea-ramal/post/um-menino-de-10-anos-esta-morto-quem-puxou-o-gatilho.html. Acesso em: 23 ago. 2019.

# A HOMOFOBIA COMEÇA EM CASA E NA ESCOLA

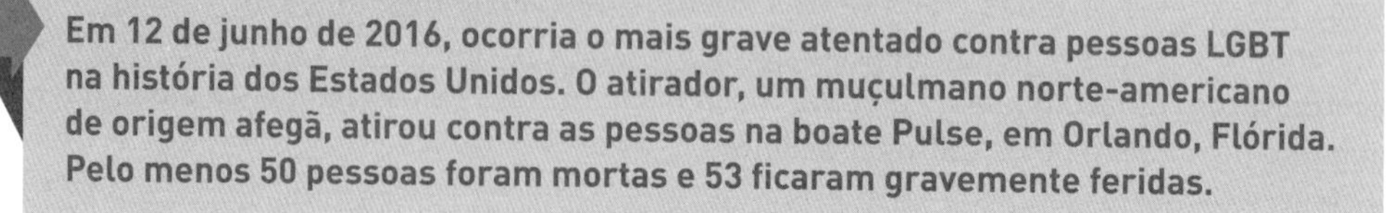

**Em 12 de junho de 2016, ocorria o mais grave atentado contra pessoas LGBT na história dos Estados Unidos. O atirador, um muçulmano norte-americano de origem afegã, atirou contra as pessoas na boate Pulse, em Orlando, Flórida. Pelo menos 50 pessoas foram mortas e 53 ficaram gravemente feridas.**

Quase 20% dos estudantes de escola pública entre 15 e 29 anos não gostariam de ter um colega de classe travesti, homossexual, transexual ou transgênero – sendo que, no caso dos meninos, esse percentual sobe para 31%. Entre esses dados, relatados na pesquisa "Juventudes na escola, sentidos e buscas: por que frequentam?" (2015), e o atentado ocorrido em Orlando, numa boate voltada ao público LGBT, há uma distância enorme, mas as raízes podem ser similares, ligadas à incapacidade crescente, em nossa cultura, de lidar com as diferenças e aceitar a diversidade – desde questões de gênero até mesmo opiniões pessoais.

Observando brincadeiras de crianças em creches e pré-escolas, percebe-se que a convivência infantil é altamente inclusiva. Por exemplo, crianças com deficiências não costumam ser rejeitadas nas classes "regulares"; já os pais costumam se preocupar e muitos chegam a reclamar com a diretoria, julgando que seus filhos ficarão prejudicados. Em que momento dessa trajetória de vida cabecinhas que eram abertas e livres começam a se fechar?

Os valores fundamentais são aprendidos, em primeiro lugar, em casa: nos exemplos dos pais, nas conversas familiares, nas escolhas feitas a cada dia, em todos os âmbitos: a forma de lidar com a própria saúde, o modo de usar o dinheiro, a maneira de lidar com os funcionários, o jeito de ver o trabalho e assim por diante. No que se refere à homofobia, até simples piadinhas ditas pelos pais, "brincando" com a sexualidade de amigos e conhecidos, podem representar lições implícitas sobre o que é "normal" ou "fora do padrão", o que é um comportamento "caricato" e deve ser rejeitado, o que é valorizável ou desprezível.

Isso também acontece na escola. É mais comum do que se pensa que os professores façam chacotas a respeito de gays e, ao mesmo tempo, não se envolvam quando um estudante sofre *bullying* ou é ridicularizado com apelidos de conotação sexual. Inclusive quando a escola tem a educação para a diversidade no seu projeto pedagógico, na prática, é comum que os conflitos de convivência sejam apagados, em vez de serem tratados abertamente.

Falta preparação dos professores para lidar com situações que serão cada vez mais comuns. Nos estudos de gênero, avançou-se muito nas orientações sobre termos e abordagens, para não reforçar preconceitos com a própria linguagem, o que é pouco conhecido na escola.

Senão, vejamos: sexualidade é "opção" ou orientação? As escolas conhecem a ideia de "identidade de gênero", que se liga mais à maneira como a pessoa se vê do que ao órgão sexual com que nasceu? E que tais identidades podem não ser simplesmente binárias? Independentemente de incluir ou não no currículo, os professores devem conhecer a relevância dessas questões tanto quanto os avanços na matemática ou na física, para fazer uma educação alinhada à contemporaneidade e com o devido respeito pelos seus estudantes.

Felizmente, como disse Jean-Paul Sartre, "nós não somos o que fazem de nós, mas o que fazemos com o que fazem de nós". Por mais que vivamos numa cultura marcada por visões radicais – como o atentado de Orlando comprovou de forma dolorosa –, pais e escolas podem educar as crianças para pensar fora da caixa e questionar os estereótipos. Só novas mentes, abertas e livres, podem construir um mundo que seja capaz de dialogar e conviver.

*G1*. 13 jun. 2016. Disponível em: http://g1.globo.com/educacao/blog/andrea-ramal/post/homofobia-comeca-em-casa-e-na-escola.html. Acesso em: 23 ago. 2019.

# AS LIÇÕES DOS HERÓIS E ANTI-HERÓIS DA RIO 2016

**A dois dias do encerramento dos Jogos Olímpicos 2016, realizados em agosto no Rio de Janeiro, ficavam as lições deixadas pelos atletas, nas mais diversas situações, dentro e fora das competições.**

Os personagens que mais se destacaram na Rio 2016 oferecem lições importantes para a educação da escola e da família.

Primeiro, o exemplo dos heróis. Eles mostraram que lidar bem com o fracasso é fundamental para alcançar vitórias, tanto no esporte como na vida. Só alcança o pódio quem caiu, levantou, teve coragem e perseverança para tentar outra vez. É essa atitude que nos torna mais fortes.

Apesar disso, na educação dos filhos, muitos pais colocam as crianças numa redoma, tentando mascarar seus tropeços. Na escola, a forma de lidar com notas baixas e até reprovações em algumas matérias acaba fazendo com que os alunos, em vez de encarar os desafios, passem a evitá-los – exemplo da matemática, o bicho-papão de muitos que desistem porque "não levam jeito para números".

Essa apatia diante de fracassos iniciais não deve ser estimulada pelos pais. É preciso ensinar que as vitórias são construídas com quedas e novos esforços. Cada herói olímpico conquistou esse lugar porque disse: "Eu vou conseguir".

Infelizmente, também existiram os anti-heróis e suas ações, por sua vez, também podem ser material para o ensino a partir de certas chaves de leitura. O caso de Ryan

Lochte e o grupo de nadadores americanos é exemplar às avessas. Mentira, calúnia, depredação de bens públicos, bebedeira ao longo da madrugada, nada disso combina com o que se espera de um ídolo olímpico.

A atitude do grupo dos Estados Unidos, inventando um falso assalto cometido por brasileiros, não foi só uma afronta aos anfitriões dos Jogos, mas também um deliberado desprezo pelo sentimento de milhares de crianças americanas, que podiam tê-los como ídolos e modelos.

Os Jogos 2016 deixam um legado educacional importante para que pais e professores, por meio desses exemplos, ensinem atitudes de vida e reforcem valores de disciplina, bravura, honradez e humildade.

*G1*. 19 ago. 2016. Disponível em: http://g1.globo.com/educacao/blog/andrea-ramal/post/licoes-dos-herois-e-anti-herois-da-rio-2016.html. Acesso em: 23 ago. 2019.

## MODA NA INTERNET, JOGO DA ASFIXIA PREOCUPA MUNDO TODO

**Em 17 de outubro de 2016, morria o menino Gustavo Riveiros Detter, de 13 anos. Após ter perdido um jogo *on-line*, ele teria sido desafiado a se enforcar. Era parte do "jogo da asfixia", que ia se tornando popular entre adolescentes internautas.**

Brincadeiras perigosas transmitidas em vídeo são a nova moda da internet. O caso do menino Gustavo Detter, de 13 anos, morto depois de participar do "jogo da asfixia" ou "*choking game*", chamou a atenção do Brasil, mas a prática tem causado vítimas fatais em vários países do mundo. Consiste no desafio de provocar a asfixia até desmaiar, para experimentar sensações fortes.

No Canadá, há quatro meses, um menino de 12 anos morreu em circunstâncias similares. Os Estados Unidos contabilizaram 672 mortes nos últimos dez anos, o dobro da década anterior. Na França, que registra dez mortes por ano em função do "*choking game*", já existe até uma associação de pais vítimas do jogo.

Atividades de risco sempre fascinaram os adolescentes. A diferença agora é que, mais do que a adrenalina, a graça está em gravar as próprias façanhas e postar na internet. Várias outras brincadeiras perigosas estão viralizando na web, como o "*balconing*" (filmar-se pulando de uma varanda a outra) ou o "*planking*" (fotografar-se em lugares altos, com o corpo em equilíbrio instável). Muitos pais desconhecem essas tendências.

Não há uma causa única para tais condutas. Os adolescentes têm menos percepção do perigo e pouco autocontrole. Também há os que imitam os mais velhos, no intuito de serem aceitos pelo grupo. Assim como no *bullying*, a plateia cumpre um papel nocivo, estimulando os jogadores a assumirem riscos cada vez maiores. A isso se soma o fato de que as crianças passam muito tempo sozinhas, sem adultos que coloquem limites, sem orientação nem supervisão.

Nem sempre é possível imaginar que os filhos participem desses jogos, então vale até mesmo observar sinais físicos, como marcas no pescoço, ou detectar se a criança tem mexido com cordas ou cintos. Em alguns casos, pode haver traços de depressão.

A pergunta de fundo é: o adolescente coloca a própria vida em risco por ignorância ou porque nem se importa? É urgente que as escolas coloquem o assunto na pauta e orientem adolescentes e familiares.

A medida preventiva mais imediata é monitorar o que os filhos fazem na web, até para conhecer melhor o que pensam, como se expressam, com quem se relacionam, a quais práticas aderem. Mas a linha que separa o monitoramento da invasão de privacidade é tênue. Tudo isso mostra que ainda temos muito a aprender nesse complexo desafio de ser pais na era do ciberespaço.

*G1*. 18 out. 2016. Disponível em: http://g1.globo.com/educacao/blog/andrea-ramal/post/moda-na-internet-jogo-da-asfixia-preocupa-mundo-todo.html. Acesso em: 23 ago. 2019.

## O LADO PEDAGÓGICO DA LAVA JATO

**Em 17 de novembro de 2016, o ex-governador do Rio de Janeiro Sérgio Cabral era preso pela Polícia Federal, como parte da 37ª fase da Operação Lava Jato, que investigava fatos relacionados a irregularidades de obras no Comperj, complexo de Manguinhos e reforma do estádio do Maracanã. Só nessa última o prejuízo estimado era de R$ 224 milhões, de acordo com o Ministério Público. Essa era, até então, uma das prisões mais comemoradas pela população, um dos raros momentos de unanimidade entre eleitores de esquerda e de direita.**

Para muitas crianças pode parecer estranho o clima de euforia com que são acompanhadas algumas das prisões de empresários e, mais recentemente, até de líderes políticos pela operação Lava Jato. Afinal, para elas, habituadas aos roteiros de contos de fadas e dos filmes de mocinhos e vilões, em princípio seria natural que aqueles que transgridem a lei fossem julgados e, se necessário, condenados – sentimento do qual os adultos começaram a duvidar, depois de tantas décadas de indulgência e impunidade.

Esse ambiente de ceticismo não foi nada benéfico para a educação e, em muitos casos, chegou a contaminar a tarefa das instituições de ensino. É comum que os professores sejam colocados em xeque quando, em tom de brincadeira, as crianças dizem que "ser honesto é ser otário". Ou quando os estudantes trazem de casa mensagens controversas, como: "meu pai sempre diz que no Brasil só os corruptos se dão bem". É um verdadeiro desafio, na sala de aula recriada sob o pano de fundo do jornal de cada dia, ensinar e promover valores.

Nem todas as escolas e faculdades saíram ilesas dessa contaminação corrosiva. Em muitas instituições, atos de indisciplina e desrespeito, mesmo quando graves, começaram a ser tratados com descaso. As crescentes agressões a professores, atos impensáveis em outras épocas e em outros países, podem ser relacionadas a essa atmosfera de "*laissez-faire*". Até o nível de exigência nas avaliações anda relativizado. Alguns professores relatam que, por mais que os alunos não estudem o suficiente, em algumas instituições há uma espécie de acordo tácito para aprovar a maior parte das turmas.

Eventos análogos foram ocorrendo em outras esferas. Naturalizou-se o fato de que houvesse privilégios nas unidades de saúde pública, para antecipar cirurgias ou conseguir remédios, que houvesse benefícios indevidos e filas furadas nos processos de aposentadoria, e assim por diante.

Tudo isso é extremamente nocivo, tanto para a formação do indivíduo e do cidadão como para a construção da sociedade, que acaba se erguendo sobre bases fraudulentas e pilares de areia.

O movimento que temos acompanhado, contra a corrente de impunidade e permissividade, é muito educativo. Mostra que o que está escrito – não só nos contos de fadas, mas sobretudo nas leis – pode de fato acontecer na prática.

Dependendo da forma como essas prisões e processos forem tratados, as crianças desta geração podem aprender a fecunda lição de que o crime realmente não compensa. Por sua vez, poderão ensinar aos filhos que vale a pena seguir o caminho da decência, sem atalhos, e que um país justo é aquele onde as normas são iguais para todos. É nisso que estamos – crianças e adultos – timidamente, mas cheios de esperança, voltando a acreditar.

*G1*. 21 nov. 2016. Disponível em: http://g1.globo.com/educacao/blog/andrea-ramal/post/o-lado-pedagogico-da-lava-jato.html. Acesso em: 23 ago. 2019.

# O PAPEL DE PAIS E PROFESSORES QUANDO ACONTECE UMA TRAGÉDIA

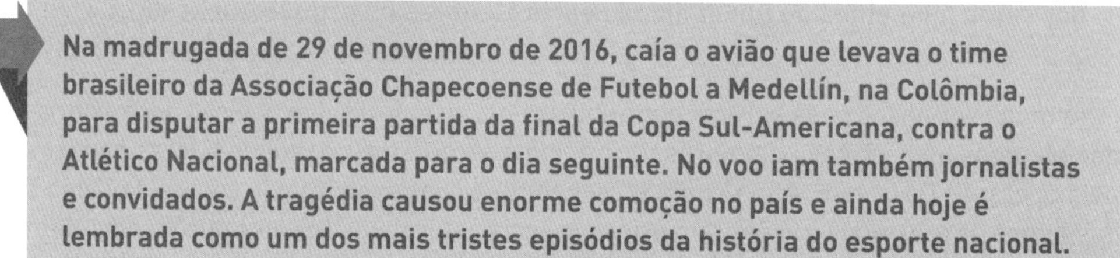

**Na madrugada de 29 de novembro de 2016, caía o avião que levava o time brasileiro da Associação Chapecoense de Futebol a Medellín, na Colômbia, para disputar a primeira partida da final da Copa Sul-Americana, contra o Atlético Nacional, marcada para o dia seguinte. No voo iam também jornalistas e convidados. A tragédia causou enorme comoção no país e ainda hoje é lembrada como um dos mais tristes episódios da história do esporte nacional.**

Explicar às crianças uma fatalidade como a que aconteceu com o avião da Chapecoense é um dos momentos mais difíceis para pais e professores. Se assimilar uma tragédia já é complicado para os adultos, quanto mais para quem está no começo da vida. Não é possível proteger as crianças do medo e da dor, mas podemos, sim, ajudá-las a processar esses sentimentos da maneira mais sadia possível.

Até os quatro ou cinco anos de idade, em geral, as crianças ainda não têm consciência plena do que é a morte. Ainda assim, não é recomendado mentir, dizendo que as pessoas vão voltar, ou algo nessa linha. Mais vale dar respostas simples como "foram para um lugar melhor", ou coisas assim, compatíveis com as crenças religiosas da família. Pode-se educar aos poucos por meio de exemplos da natureza: mostrar que as sementes crescem e se tornam plantas, mas um dia morrem, e tudo se recicla com novas funções no ecossistema.

Crianças a partir de idades entre seis e oito têm uma consciência maior e, nesse caso, não será possível evitar o sofrimento; mas é preciso tranquilizá-las, com paciência, sensibilidade e carinho. Cada criança viverá essa dor do seu jeito. O papel de pais e professores é fundamental para animá-las e aqui você encontra algumas orientações:

- Estimule a criança a expressar seus sentimentos. Quando é difícil encontrar palavras, vale também desenhar. Nos atentados de novembro de 2015 na França, por exemplo, uma senhora de um bairro de Paris convidou as crianças à sua casa para desenhar suas emoções. Nas imagens que criaram, lemos frases como "Temos que batalhar", "Não mais mortes"; vemos corações despedaçados e também palavras de paz.
- Garanta que haverá tempo, na sala de aula, para falar sobre os eventos. No caso do acidente com a Chapecoense, muitas das vítimas eram ídolos. Não há como continuar com a matéria como se nada tivesse acontecido. A escola pode ser um ambiente bem confortável para tirar dúvidas, compartilhar sentimentos e expectativas. As crianças costumam ficar mais à vontade para fazer isso com seus professores do que com um especialista que não conhecem.
- Tranquilize as crianças quanto à própria segurança. É natural que elas fiquem preocupadas com a possibilidade de algo semelhante acontecer com elas ou suas famílias. No caso de acidentes de avião, por exemplo, vale reforçar que são eventos extremamente raros, pois as companhias cuidam de todos os detalhes de segurança com treinamentos e manutenções preventivas.
- Reforce as coisas boas que aconteceram na vida das pessoas antes de sua morte. Por exemplo, os jogadores da Chapecoense comemoraram grandes conquistas. Podemos mostrar às crianças que aqueles que morrem continuam vivendo nos corações de quem ficou – como tão bem expressou a emocionante homenagem prestada pelos colombianos no estádio do Atlético Nacional.
- Retome a rotina, para estimular a capacidade de recuperação, e também porque seguir o curso das atividades normais é bem reconfortante para as crianças.
- Se perceber que há necessidade, procure um especialista. Alguns sinais de transtorno pós-traumático são: pesadelos constantes com o evento em questão, dificuldade de dormir, recriação das tragédias em contextos de brincadeira, fazer xixi na cama com frequência, dificuldade de superar a tristeza, apego excessivo aos pais, depressão, dores físicas.
- Dê o exemplo. As crianças podem aprender a lidar melhor com as dificuldades se virem nos adultos, que são seus modelos, atitudes e comportamentos positivos. Lembre-se de que desenvolver a resiliência é algo tão importante para nossa vida como aprender a ler ou fazer contas.

*G1*. 1 dez. 2016. Disponível em: http://g1.globo.com/educacao/blog/andrea-ramal/post/o-papel-de-pais-e-professores-quando-acontece-uma-tragedia.html. Acesso em: 23 ago. 2019.

# DO OSCAR AO ENEM, OS RISCOS DA BANALIZAÇÃO DO ERRO

**Em 26 de fevereiro de 2017, o mundo se surpreendia com uma gafe na entrega do Oscar, em Hollywood: os apresentadores do prêmio de melhor filme anunciaram o vencedor errado, depois de receber o envelope com o resultado trocado. Posteriormente, divulgou-se que os dois funcionários responsáveis pelo erro estavam distraídos com o celular e redes sociais, e foram cortados de qualquer futuro trabalho na premiação.**

2017

A trapalhada na entrega do Oscar de melhor filme do ano dá o que pensar sobre as diversas formas de lidar com a falha humana e traz a pergunta: na era digital, estaremos vivendo a progressiva naturalização dos erros?

De fato, na educação contemporânea, houve um movimento saudável nessa linha, para desinibir e libertar os estudantes no ato de aprender. Enquanto na escola tradicional a correção de trabalhos era uma verdadeira caça aos defeitos ortográficos e gramaticais, hoje valoriza-se acima de tudo o que o aluno quis dizer, o raciocínio apresentado e o sentido dos textos.

Nas provas de matemática, não é raro que a resposta do aluno seja considerada válida se ele acerta os cálculos mas se engana nos números na hora de passar a limpo. Até na prova de redação do Enem, que tem forte peso na disputa pelas melhores universidades, há casos de candidatos que ganham nota máxima, mesmo apresentando erros na escrita, em função da qualidade da argumentação.

O que fundamenta a mudança de tratamento dos erros na escola é, sobretudo, a sua importância para o processo de construção do conhecimento. A ciência evolui justamente no processo de tentativa e erro, ao verificar o quanto as conjeturas sobrevivem à refutação, para confirmar ou não as hipóteses e teorias. Fazer uma educação em que os estudantes tivessem permanente medo de errar seria arruinar o espírito de pesquisa e a atitude empreendedora nos jovens.

No entanto, na educação de hoje, tanto nas escolas como nas universidades, é bastante comum que se passe para o outro extremo, em que os erros contam pouco e a exigência sobre o estudo e o desempenho despenca. Isso tem relação com o contexto em que vivemos, um mundo de ansiedades e tensões, em que muitas vezes o discurso passa a ser o de não se cobrar em excesso. Algo necessário como filosofia de vida, mas bastante arriscado para estudantes que se preparam para um mercado altamente competitivo.

Uma das consequências dessa espécie de banalização dos erros é, nas empresas, a prática da "validação" de trabalhos, na qual quase nada pode ser entregue ao cliente sem que o líder imediato veja, corrija, valide. São horas de retrabalho e desperdício, às vezes detectando erros que simplesmente não poderiam ocorrer se houvesse um pouco mais de atenção e cuidado. Por falta de foco e concentração, profissionais capazes colocam seus postos em risco.

E, às vezes, nem assim dá certo. O evento do Oscar foi um exemplo sem maior impacto, mas uma espécie de naturalização dos erros pode se observar nas mais diversas esferas: do alto número de *recalls* realizado pelas fábricas de automóveis aos *smartphones* que explodem e pegam fogo, sem falar dos episódios crescentes de acidentes de trânsito causados por motoristas ocupados com mensagens de celular, em vez de se comprometerem a fazer o que é correto, numa atitude de autossuficiência e descaso.

Longe de pregar a cultura desgastante do perfeccionismo, é preciso, na educação das crianças, evitar um exagero de condescendência que não é nada edificante. O esforço para se sair bem e superar os próprios limites, o rigor com a qualidade do que se faz e a responsabilidade (e não culpa) pelos próprios erros e acertos são posturas de vida que, se levadas com equilíbrio, podem fazer enorme diferença na trajetória pessoal e profissional.

*G1*. 1 mar. 2017. Disponível em: http://g1.globo.com/educacao/blog/andrea-ramal/post/do-oscar-ao-enem-os-riscos-da-banalizacao-do-erro.html. Acesso em: 23 ago. 2019.

## BBB17: A LIÇÃO DO MOCINHO QUE VIROU VILÃO

**Em 10 de abril de 2017, o médico Marcos Harter, participante do reality show Big Brother Brasil (TV Globo), era eliminado da competição. A decisão baseava-se nas regras do programa, que proíbem agressão física, e nas investigações da Polícia Civil do Rio de Janeiro, que abriu inquérito para apurar se houve lesão corporal quando o médico de 37 anos discutiu com a estudante Emilly Araújo, de 20 anos, dentro da casa.**

Essa pode ter sido a edição mais realista e didática do Big Brother Brasil. Depois da forte mobilização nas redes sociais que culminou com a eliminação de Marcos Harter, milhares de jovens certamente ficaram com várias indagações na cabeça sobre o que é violência doméstica, as diversas nuances que ela pode assumir e seus impactos e consequências. Muitos podem, ainda, ficar mais atentos sobre as formas como parentes e amigos tratam uns aos outros, e talvez alguns até questionem a própria conduta no relacionamento com seus parceiros.

O tema já apareceu várias vezes na mídia, nos últimos anos: em filmes, em novelas que retrataram a relação de agressores e vítimas e até mesmo na redação do Enem. Dessa vez, teve o tom especial de ser quase vida "real".

O instigante é justamente isso: ocorrer num programa que, embora tenha como principal objetivo o entretenimento, é um laboratório de experimentação de reações humanas. Confinados, os participantes tendem a abandonar progressivamente as roupagens de personagens e supostamente assumir as suas verdadeiras identidades, com todas as atitudes que elas implicam, seja diante de momentos de descontração, como festas, seja em momentos de extrema tensão.

O dr. Marcos Harter começou o jogo como mocinho: médico bem-sucedido, ponderado, quase imune às intrigas. Mas no estresse crescente, semana após semana, o perfil mudou, com consequências sobretudo para a parceira Emilly Araújo. Tornou-se controlador e agressivo, chegando a humilhá-la diversas vezes.

A reação de Emilly foi bastante parecida com a de muitas vítimas de violência doméstica: supor que a culpa é sua, perdoar as ofensas porque eram provas de amor e passar uma borracha sobre os problemas em noites de reconciliação. Até que a autoridade policial interveio. É uma prerrogativa positiva da Lei Maria da Penha: o Ministério Público pode denunciar agressores e as vítimas não podem impedir que isso aconteça.

Não é possível afirmar qual é a verdadeira maneira de ser de Marcos e, por isso, não seria nada prudente condená-lo a priori, até porque se trata de um laboratório criado justamente para testar limites. O mesmo se pode dizer de Emilly. A torcida de todos é para que os dois superem o ocorrido e alcancem o melhor em suas vidas pessoais e profissionais.

Do episódio, fica a lição para milhares de jovens que, no mínimo, ficarão mais atentos ao modo como se relacionam com seus parceiros e provavelmente terão mais condições de detectar os limites entre discussões "normais" e tudo aquilo que, ao contrário, possa ferir, rebaixar, intimidar ou oprimir os outros.

*G1*. 11 abr. 2017. Disponível em: http://g1.globo.com/educacao/blog/andrea-ramal/post/bbb17-licao-do-mocinho-que-virou-vilao.html. Acesso em: 23 ago. 2019.

# ENTENDA O "JOGO DA BALEIA AZUL" E OS RISCOS ENVOLVIDOS

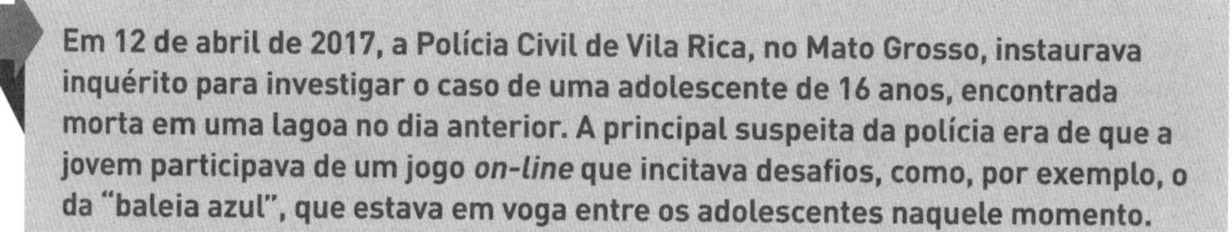

**Em 12 de abril de 2017, a Polícia Civil de Vila Rica, no Mato Grosso, instaurava inquérito para investigar o caso de uma adolescente de 16 anos, encontrada morta em uma lagoa no dia anterior. A principal suspeita da polícia era de que a jovem participava de um jogo *on-line* que incitava desafios, como, por exemplo, o da "baleia azul", que estava em voga entre os adolescentes naquele momento.**

Um sinistro jogo viral tem causado alarme no mundo todo. É o "jogo da baleia azul", disputado pelas redes sociais, que propõe desafios macabros aos adolescentes, como bater fotos assistindo a filmes de terror, automutilar-se, ficar doente e, na etapa final, cometer suicídio.

Aparentemente o fenômeno começou na Rússia, mas está se espalhando – inclusive no Brasil, como sugerem o caso da jovem de 16 anos morta no Mato Grosso e uma investigação policial em andamento na Paraíba. Na Rússia, em 2015, uma jovem de 15 anos se jogou do alto de um edifício; dias depois, uma adolescente de 14 anos se atirou na frente de um trem. Depois de investigar a causa desses e outros suicídios cometidos por jovens, a polícia ligou os fatos a um grupo que participava de um desafio com 50 missões, sendo a última delas acabar com a própria vida.

A preocupação aumentou ano passado, quando fontes diversas chegaram a divulgar, sem confirmação, 130 suicídios supostamente vinculados a comunidades *on-line* identificadas como "grupos da morte".

Tudo na internet se espalha muito rápido, mesmo as coisas mais inacreditáveis. Nesse caso não é diferente. O fenômeno ganhou visibilidade e vem se alastrando pelo mundo. Em alguns países, como Inglaterra, França e Romênia, as escolas têm feito alertas às famílias, depois que adolescentes apareceram com cortes nos braços, queimaduras e outros sinais de mutilação.

Jogos com apelos de riscos letais têm virado moda entre os adolescentes. Um exemplo é o jogo da asfixia, que gerou vítimas no Brasil. Outro é o "desafio do sal e gelo", no qual, para serem aceitos no grupo, os adolescentes devem queimar a pele e compartilhar as imagens nas redes sociais. Embora exista há anos, o desafio voltou com força recentemente. Sem falar no "jogo da fada", que incita crianças a abrir o gás do fogão de madrugada, enquanto os pais dormem.

As recomendações para as famílias são: monitorar o uso da internet, frequentar as redes sociais dos filhos, observar comportamentos estranhos e, sobretudo, conversar e conscientizar os adolescentes a respeito das consequências de práticas que nada têm de brincadeira. Atenção redobrada com os jovens que apresentem tendência a depressão, pois eles costumam ser especialmente atraídos por jogos como o da baleia azul. Também as escolas devem colocar o assunto em pauta e incorporar no currículo, cada vez mais, a educação para a valorização da vida, o respeito pela vida dos outros e o uso consciente das mídias e tecnologias.

*G1*. 13 abr. 2017. Disponível em: http://g1.globo.com/educacao/blog/andrea-ramal/post/entenda-o-jogo-da-baleia-azul-e-os-riscos-envolvidos.html. Acesso em: 23 ago. 2019.

**ASSISTA AO VÍDEO SOBRE O TEMA**

**Fonte:** https://globoplay.globo.com/v/5817161/

Acesso em: 13 ago. 2019

## BALEIA AZUL OU BALEIA ROSA: A ESCOLHA DE UMA VIDA INTEIRA

**Como resposta ao desafio da "baleia azul", perigoso jogo da internet que supostamente instigava os adolescentes a provocarem risco de morte, surgiam iniciativas "do bem", como a "baleia rosa".**

Era uma vez um homem, conhecido por ser bom e honesto, que encontrou um anel mágico. Sempre que usava o anel, ficava invisível. Surgiu a tentação: agora, se quisesse, poderia fazer coisas erradas, porque não seria descoberto nem punido. O homem cedeu à tentação e passou a agir sem escrúpulos, transgredindo todas as normas, em benefício próprio, sem se importar com o que causasse aos outros.

Esse é um resumo da lenda do pastor Giges, contada por Platão em *A República*. O filósofo problematiza se os indivíduos são bons ou justos por uma escolha natural, ou só porque há leis e vigias. A questão é: se não houvesse guardas, nem câmeras, e não pudéssemos ser vistos nem julgados pelos demais, o que cada um faria?

A lenda de Giges ajuda a refletir sobre certos fenômenos observados nas redes sociais. Sob a máscara de identidades virtuais verdadeiras ou falsas, e agindo detrás de monitores, muitos usuários têm a sensação de vestir o anel da invisibilidade, agindo sem nenhum limite: incitam a violência, publicam ofensas, externam todo tipo de preconceito. Por não ter, ainda, formas estruturadas de vigilância, controle ou punição, a internet se converte muitas vezes num território de maldades.

Enquanto uns se escondem, outros anseiam exatamente pelo contrário: retirar o anel. Precisam ser vistos, a qualquer custo, na nova moeda social que é feita do número de curtidas, comentários e compartilhamentos que você alcança – mesmo que, para isso, seja necessário fazer loucuras, como as propostas na baleia azul.

A baleia azul não é uma brincadeira: envolve infligir dor, provocar risco de morte, desafiar ao suicídio. Além dela, existem vários outros jogos macabros. Se sempre houve grupos de adolescentes que se exibiam ao brincar com o perigo, agora essas práticas se tornam virais e o exibicionismo ganha, pela web, proporções gigantes. Isso exerce um incrível poder de sedução cujas principais vítimas têm sido adolescentes que passam por alguma fase especialmente difícil, por exemplo, por estar em depressão, por encontrar nessas práticas uma forma de pedir ajuda, ou até mesmo por quererem ser aceitos e admirados no grupo de amigos.

A discussão que veio à tona com esse desafio trouxe alertas importantes para as famílias, para que monitorem mais o uso da internet e, sobretudo, conversem com os filhos, num clima de abertura e acolhimento. Vale também para as escolas, que devem incluir nas aulas uma educação para o uso responsável e seguro da internet.

O fato é que, depois da baleia azul, surgiram alguns antídotos, como a corrente da "baleia rosa". São 50 desafios "do bem", como perdoar um amigo, enviar uma mensagem de positividade ou olhar-se no espelho e agradecer. O que está no fundo do jogo é um convite a uma nova atitude de vida. Talvez por isso tenha menos chances de viralizar, num contexto em que ser uma pessoa correta, um excelente aluno ou um profissional sério e estudioso anda em baixa, na invertida escala de valores que premia os "espertos", os "malandros" e os que sabem levar vantagem.

Promover coisas ruins, como a baleia azul, os preconceitos, as agressões e linchamentos virtuais, ou potencializar o que é bom e edificante, como pretende a baleia rosa, é, simbolicamente, a opção ética de uma vida inteira. No interior dessa escolha estão as questões de Platão: faremos as coisas certas porque de fato queremos, ou por causa da opinião dos outros? Fazer coisas boas nos deixará mais felizes? Ou, atualizando para o ambiente das redes: usaremos inclusive as tecnologias para promover o que é bom, mesmo que isso não viralize, não ganhe curtidas e até possam nos ver como chatos e desinteressantes?

O debate ético precisa ser levado para casa e para as aulas. Não para dar lições moralistas sobre o que é certo ou errado, mas para incentivar o questionamento sobre o porquê e sobre as consequências de nossos atos e nossas escolhas, e refletir sobre os valores que estão na base do que fazemos. A discussão central é: quem diz, afinal, o que é bom ou mau, certo ou errado? Se somos livres, o que nos leva a escolher entre o bem e o mal? A lei ou nossa consciência? Quem é o juiz da sua vida: Deus? Sua família? A comunidade virtual? Você mesmo? Se aprendêssemos a questionar tudo isso desde cedo, inclusive no uso das redes sociais, talvez nosso mundo tivesse menos vigias, menos câmeras e mais motivos de esperança.

*G1*. 23 abr. 2017. Disponível em: http://g1.globo.com/educacao/blog/andrea-ramal/post/baleia-azul-ou-baleia-rosa-escolha-de-uma-vida-inteira.html. Acesso em: 23 ago. 2019.

# SE NADA DER CERTO: QUANDO O PRECONCEITO COMEÇA NA ESCOLA

**Em 5 de junho de 2017, uma atividade realizada numa escola particular de Novo Hamburgo, no Rio Grande do Sul, repercutia na mídia de todo o país. Estudantes do 3º ano do ensino médio haviam realizado uma festa em que se fantasiaram com trajes que, segundo eles, representariam as profissões que teriam de assumir se não houvesse outra saída. "Se nada der certo" era o nome do evento e as imagens viralizaram nas redes sociais.**

Já havia acontecido no *Domingão do Faustão*, da TV Globo: Tatiele Polyana, participante do BBB14, contou sobre seus planos profissionais e finalizou dizendo que "se nada der certo, viro bailarina", apontando para o elenco de dançarinas do programa. O apresentador não deixou a ofensa passar em branco e retrucou de bate-pronto: "Olha, não é assim não! As bailarinas aqui têm que estudar bastante!".

Um preconceito de classe similar provocou polêmica esta semana: na Instituição Evangélica de Novo Hamburgo (IENH), os alunos do ensino médio participaram de uma atividade chamada "se nada der certo", vestindo-se com as roupas e uniformes de profissões que eles atribuem a "fracassados": vendedores, garis, faxineiros, empregados domésticos, cozinheiros.

No mínimo três questões podem ser retiradas desse episódio. Primeiro: será que, com tal visão de mundo, os jovens dessa escola já não estão dando errado na vida? Porque ainda não entenderam conceitos fundamentais da existência, que só "dá certo" quando vemos o outro em igual escala de importância e respeitamos sua dignidade, aspirações e capacidades. Os alunos podem ser jovens na idade, mas o desprezo por quem não tem diploma universitário ou alta remuneração mostra mentes tacanhas. Onde estão os jovens que sonham com um novo futuro, de igualdade, justiça e respeito para todos? Esses costumam dar mais certo na vida.

Segundo, que o que está escrito no projeto pedagógico das escolas nem sempre consegue ser de fato ensinado por ela, vivido na prática e aprendido pelos estudantes. O IENH se apresenta em sua rede social com a missão de "promover educação de qualidade [...] com base nos princípios cristãos, para atuar numa sociedade em transformação". Não é preciso lembrar que, na base desses princípios, está o profundo respeito por todo e qualquer humano. A atividade realizada mostra que, às vezes, o preconceito está tão arraigado que chega a se naturalizar. Tanto que a escola afirma, na nota de esclarecimento, que o objetivo era só "trabalhar o cenário de não aprovação no vestibular". Aparentemente, não parecia haver nada de errado, e foi necessária a disseminação da polêmica para que o tema se tornasse objeto de reflexão.

Mas esse caso é apenas uma amostra de diversas atividades discriminatórias que ainda acontecem pelas escolas. Por exemplo, é mais comum do que se pensa que, no dia dos pais ou das mães, não haja previsão para acolher novos modelos de família, integradas por casais do mesmo sexo; da mesma forma, pouco se sabe lidar com as situações de novos companheiros dos pais e mães separados. As festas juninas são outro cenário de manifestação de preconceitos "naturalizados": as crianças são vestidas com roupas remendadas, pintam a boca como se faltassem dentes, usam combinações cafonas e dançam de um jeito esquisito para imitar os "caipiras". É o cidadão do meio urbano zombando do habitante do interior. Em todas essas ocasiões, os valores registrados no projeto pedagógico estão bem distantes da prática.

Por fim, fica também a reflexão sobre o conceito de sucesso e fracasso. O *slogan* do IENH é "Formando novos líderes para o mundo". No conceito atual de liderança, a principal atividade não é comandar, mas servir. O papel do líder é facilitar o trabalho para que a equipe se sinta motivada e desafiada a fazer coisas incríveis. Mas mesmo ser o líder não é necessariamente sinônimo de sucesso na vida. Sucesso tem mais a ver com felicidade, bem-estar, equilíbrio pessoal, empatia. Sentimentos dos quais quem lava, arruma, limpa, faxina e conserta, mesmo enfrentando dificuldades inimagináveis, pode entender mais do que muita gente.

*G1*. 6 jun. 2017. Disponível em: http://g1.globo.com/educacao/blog/andrea-ramal/post/se-nada-der-certo-quando-o-preconceito-comeca-na-escola.html. Acesso em: 23 ago. 2019.

## EDUCAR NUM CONTEXTO DE IMPUNIDADE

**No segundo semestre de 2017, o país parece ter só uma pauta: novas denúncias, com novos envolvidos, ocorrem a cada semana. Alguns consideram certas penas brandas demais e falam da prisão domiciliar como um privilégio indevido. A discussão nacional gira em torno dos temas corrupção e impunidade.**

Certa vez, num colégio em que eu trabalhava, ocorreu que os estudantes estavam se atrasando demais na volta do recreio. Ao chegar, com a aula já iniciada, atrapalhavam os outros. A escola fez a advertência: cinco minutos depois de entrar, o professor passaria a fechar a porta.

Explicamos as razões, os alunos entenderam e, no primeiro dia da nova regra, depois de cinco minutos, fechei a porta, com apenas metade da turma presente. Os demais começaram a chegar aos poucos. Dava uma peninha por dentro. Mas cumpri o combinado: pedi que os atrasados fossem para a coordenação. Lá havia atividades letivas especialmente preparadas para eles. Estava certa de que, embora dura, a lição iria funcionar e estaríamos reforçando atitudes importantes: responsabilidade, pontualidade, compromisso, respeito a acordos.

Quinze minutos depois, com a aula já engrenada, qual não é minha surpresa quando surge na porta o próprio coordenador da série, acompanhado do grupo de quase 20 alunos. Ele diz: "Professora, por favor. Somente hoje, vamos liberar, está bem?".

Teria sido ideal ter um tempo para refletir sobre as variáveis envolvidas: o que implicaria esquecer a regra e "dar um jeitinho"; que exemplo ficaria aos que chegaram na hora; o poder das autoridades em jogo – professora e coordenador –; o que ocorreria com as demais normas – se seriam válidas ou também relativizadas; etc. A crise estava instaurada e não havia esse tempo. É o que descreve Philippe Perrenoud sobre o ofício de professor: há que "agir na urgência, decidir na incerteza". O que você faria, leitor?

Acabei deixando os alunos entrar. Tinham expressão de vitória e o resto da turma os cumprimentava, como heróis. O tom de revanche não me abalou: eram crianças, todos nós já fomos alunos e sabemos que, para eles, coisas assim são apenas divertidas aventuras.

Mas depois desse dia foi bastante difícil, para os professores, manter o andamento normal das aulas naquela série. O caso se espalhou nas outras turmas e muitos exigiram a mesma condescendência. Com os atrasos aumentando ainda mais, a escola voltou à rigidez da regra e os alunos acabaram ficando de fora. Vários pais vieram reclamar, porque os filhos perderam aula. Alguns professores simplesmente desistiram e deixaram a porta aberta, acesso livre. Outros, que seguiram o acordo, eram criticados: "você é o único que cobra horário".

Nesses episódios aparentemente tão pequenos, coloca-se em pauta a formação ética dos estudantes, ao mesmo tempo em que o professor se questiona sobre seu papel. É verdade, todos gostaríamos de ambientes escolares mais flexíveis e abertos. Porém, uma vez postos horários e limites, como lidar com eles? Como promover valores na escola sem ser por meras teorias, como dar exemplos que ajudem os jovens a optar entre o certo e o errado, o justo e o injusto? Se o professor for apenas um repetidor de fórmulas gramaticais e matemáticas, sem relação com o desenvolvimento pessoal, isso já não é propriamente educação. E quando ele assume essa tarefa formativa, que respaldo tem da família e da própria escola?

Num momento de país em que episódios graves de corrupção e impunidade são investigados, fica a pergunta: que impacto o que está acontecendo fora da escola deve ter sobre o processo educativo? Que valores e atitudes devemos fomentar? Se houver um contexto de impunidade no país, que legitimidade terão o professor, a escola e a família para propor algo diferente?

É claro que a comparação é desproporcional e descumprir acordos escolares não tem a magnitude de um desvio de recursos públicos. Mas a posição que adotarmos nas diversas esferas frente ao que fere os princípios éticos certamente terá implicações na personalidade dos jovens e vai pautar o convívio social dos próximos anos.

*G1*. 12 set. 2017. Disponível em: http://g1.globo.com/educacao/blog/andrea-ramal/post/educar-num-contexto-de-impunidade.html. Acesso em: 23 ago. 2019.

## QUANTAS MORTES SERÃO NECESSÁRIAS PARA QUE SE LEVE O *BULLYING* A SÉRIO?

**Em 20 de outubro de 2017, um adolescente de 14 anos abriu fogo contra os colegas da escola, em Goiânia, matando dois alunos. Alguns dos colegas relataram que ele sofria *bullying*.**

Os tiros disparados por um adolescente numa escola de Goiás contra outros adolescentes, matando dois colegas e ferindo outros, estão relacionados ao *bullying* que ele sofria. Quantas outras mortes serão necessárias para que esse assunto seja levado a sério pelos pais, pelas escolas e pelos próprios estudantes?

O *bullying* já mostrou ser um problema grave. Pode causar depressão, até mesmo suicídio. Pode deixar sequelas para toda a vida. E quando pessoas que sofrem essas agressões continuadas já padecem de algum distúrbio psicológico, a reação é imprevisível e, não raro, acaba em tragédia.

Nem sempre é fácil descobrir se a criança sofre ou pratica *bullying*, mas tudo é mais simples quando os pais constroem uma relação de confiança e diálogo aberto, com sensibilidade para acolher o filho, sem minimizar a importância de seus problemas, atentos a suas aflições.

Estar mais próximo da escola, conhecer a família dos colegas, frequentar as redes sociais e conversar com os filhos sobre o seu dia são algumas das formas de descobrir se a criança é vítima de hostilidades ou se pratica violência contra alguém. Em ambos os casos, procurar a escola é fundamental. Eventualmente, vale também a ajuda de especialistas. Jamais se deve, em casa, reforçar o comportamento de sofrer calado porque "todo mundo passa por isso", nem mostrar orgulho porque o filho é "o valentão da escola" e todos o temem.

A escola não pode se omitir. Projetos que promovam a empatia, com o estudante se colocando no lugar do outro, ajudam a prevenir o *bullying*. Nas turmas de adolescentes, em que os professores ficam pouco tempo com os estudantes, é preciso que ainda assim fiquem atentos para detectar situações de desrespeito. Há que envolver as famílias imediatamente. Tanto as vítimas como os agressores inspiram cuidados – afinal, não é normal se divertir humilhando os outros.

Também vale um alerta para os estudantes. O *bullying* só existe porque há uma plateia. Em torno daquele que agride e daquele que é atacado, costuma haver uma turminha que ri e aplaude. Sem esse sucesso, os agressores costumam desistir. Quando houver alguém sofrendo atos de crueldade, cabe a denúncia. Isso vale para toda a vida e começa no ambiente escolar, onde as crianças esperam aprender, fazer amigos e se divertir.

*G1*. 20 out. 2017. Disponível em: http://g1.globo.com/educacao/blog/andrea-ramal/post/quantas-mortes-serao--necessarias-para-que-se-leve-o-bullying-serio.html. Acesso em: 23 ago. 2019.

**ASSISTA AOS VÍDEOS SOBRE O TEMA**

uqr.to/fmkd

**Fonte:** https://globoplay.globo.com/v/6688717/

Acesso em: 13 ago. 2019

uqr.to/fmke

**Fonte:** https://globoplay.globo.com/v/6547801/programa/

Acesso em: 13 ago. 2019

uqr.to/fmkf

**Fonte:** https://globoplay.globo.com/v/3924159/

Acesso em: 13 ago. 2019

# EDUCAÇÃO DESMORONA NA VENEZUELA

Além da situação de miséria extrema, que faz com que milhões de venezuelanos deixem o país até mesmo a pé, enfrentando as piores condições migratórias, a Venezuela padece de mais um mal: o de ter seu sistema educacional desmoronando.

O relato de professores venezuelanos é dramático: diariamente, 70% dos estudantes não comparecem à escola. A falta de luz e de água, a falta de merenda e de transporte deixam milhares de salas de aula vazias.

Em torno de 50% dos professores também são obrigados a faltar ao trabalho todos os dias, porque não têm dinheiro para o transporte ou porque faltam alimentos em suas casas. Muitas crianças já abandonaram os estudos. "Quem pode aprender passando fome?", desabafa um professor venezuelano no jornal *El Nacional* – veículo que deixou de circular no fim de 2018 devido à pressão do governo.

No entanto, Nicolás Maduro mantém o discurso de que, na Venezuela, a educação é prioridade. Ele comemora ter praticamente zerado o analfabetismo e aumentado a escolaridade. Reafirma que a educação venezuelana está entre as melhores do mundo.

Seria possível checar estas afirmações analisando o desempenho dos estudantes venezuelanos no Pisa – o exame internacional de medição de competências dos estudantes. No entanto, a Venezuela é um dos poucos da América Latina que não participam desse programa da OCDE.

O governo de Maduro segue uma linha de pensadores que considera o Pisa uma invenção do neoliberalismo e que defende não ser possível comparar estudantes de países diferentes com provas de matemática, ciências e linguagem.

Todos concordamos que a educação é muito mais do que isso e que os sistemas educativos devem ser avaliados também a partir de vários outros critérios, que envolvem desde a formação cidadã até o contexto histórico-social em que o ensino acontece. Mas a prova Pisa é um indicador relevante, porque mede as competências mais básicas, para ajudar a identificar lacunas e fornecer elementos para políticas educacionais. A aplicação de avaliações de qualidade, seja o Pisa ou outro exame análogo, deveria ser entendida como direito de todo estudante.

A Colômbia, por exemplo, bem ao lado da Venezuela, fez uma ampla reforma baseada justamente em avaliações da qualidade, que derivaram num programa de investimento na melhoria do ensino e no direcionamento específico para a correção de problemas nas escolas com desempenho insatisfatório. O resultado é notável: a Colômbia já aumentou a pontuação no Pisa, ficando inclusive acima do Brasil. As provas na educação são como os exames na medicina: fornecem dados fundamentais para prevenir, agir e curar. Porém, para isso, é preciso se expor – o que nem todos têm vontade de fazer.

*O Globo*. 24 fev. 2019. Disponível em: https://oglobo.globo.com/opiniao/artigo-educacao-desmorona-na-venezuela-23475726. Acesso em: 23 ago. 2019.

# PESQUISA CIENTÍFICA, TRABALHO DE MULHER

Efeito Matilda: termo usado nos casos em que uma pesquisa tem uma mulher cientista na equipe ou na coordenação, mas é seu colega pesquisador do sexo masculino quem acaba levando o crédito pelo trabalho. O fenômeno foi descrito pela sufragista Matilda Gage, no século 19, e o termo foi cunhado pela historiadora Margaret Rossiter, em 1993. Isso aconteceu, por exemplo, com Marieta Blau, Esther Lederberg e Joselyn Burnell, consideradas decisivas em descobertas que renderam o Prêmio Nobel – só que para cientistas homens, em 1950, 1958 e 1974, respectivamente.

Um estudo que analisou mais de mil publicações científicas entre os anos 1991 e 2005 mostra que, em artigos escritos por homens, outros cientistas homens são muito mais citados do que autoras mulheres.

A pouca valorização da contribuição autoral das cientistas mulheres é um dos fatores que explicam a baixa presença de representantes femininas na investigação científica em países como Alemanha e Estados Unidos. No Brasil, as mulheres também são minoria em laboratórios e centros de pesquisa.

Na Academia Brasileira de Ciências, apenas 14% dos integrantes são mulheres – sendo que, na área de Engenharia, a participação feminina é de meros 2%. Do total de bolsas concedidas pelo CNPq na área de Matemática, a proporção de mulheres é de apenas 20%. Em Engenharia, os bolsistas homens são 68% e, em Economia, 74%. Isso não significa que os organismos de fomento privilegiem os homens, mas certamente confirma que, nessas áreas, menos mulheres chegam ao âmbito da investigação.

O paradoxo é que as mulheres são a maioria entre os estudantes matriculados no ensino superior no Brasil. No entanto, à medida que avançam em suas carreiras, no meio acadêmico, esse número vai se reduzindo. A doutora Christina Brech, do IME-USP, fala de um "dilema Tostines" na matemática: "O ambiente é masculino porque somos poucas, ou somos poucas porque o ambiente é masculino?". Segundo ela, uma comunidade científica que já é predominantemente masculina (não necessariamente machista) acaba naturalizando, mesmo subliminarmente, comportamentos ditos "masculinos" – e, por sua vez, de certo modo condiciona as mulheres (e os homens) a entender o ambiente dessa forma, perpetuando a situação.

A origem do fenômeno está em fatores culturais e educacionais. Lidamos com estereótipos cristalizados desde a infância, como o de que "meninos são melhores em matemática", ou de que é mais próprio dos homens dedicar-se às ciências. São os meninos, e raramente as meninas, que, em geral, ganham presentes ligados a química ou biologia, como laboratórios de brinquedo ou livros sobre dinossauros.

Anos mais tarde, as mulheres que seguem a carreira científica encaram uma realidade que pouco prevê aspectos próprios do feminino. Por exemplo, a licença-maternidade nas bolsas de pesquisa é uma conquista recente; e mesmo assim, quando as cientistas precisam interromper a pesquisa para ter filhos, há poucas iniciativas para a sua reinserção na função. Os números mostram que a vida acadêmica costuma privilegiar os homens quando surge uma vaga. O resultado é que as mulheres são minoria em número de professores, cargos de direção, bolsas de pesquisa e publicações científicas.

A maneira de reverter essa situação é incentivar a aproximação das meninas com a ciência desde a infância. Já há iniciativas interessantes, como, por exemplo, o projeto

Meninas com Ciência, originado no Museu Nacional, no Rio de Janeiro, e seguido por instituições como a USP, em São Paulo, e a UFSCar, no campus de Sorocaba. O projeto oferece oficinas sobre geologia, paleontologia e sobre a presença feminina na ciência, entre outros temas. As ações são ministradas por mulheres, entre alunas, pesquisadoras e educadoras.

Outra iniciativa notável é o Mulheres na Matemática, do Instituto de Matemática e Estatística da Universidade Federal Fluminense (UFF). O objetivo do projeto de extensão é atrair jovens alunas para a carreira e incentivar a divulgação de trabalhos científicos de pesquisadoras como forma de criar modelos a serem seguidos desde cedo pelas meninas.

No âmbito da família e na vida escolar, as meninas precisam ser incentivadas a descobrir as ciências, matemática, química, física e biologia. Uma forma de romper paradigmas é mostrar-lhes a contribuição de brilhantes cientistas brasileiras, como Bertha Lutz, Elza Furtado Gomide, Graziela Maciel Barroso, Nise da Silveira, Sonia Ashauerou e Sonia Dietrich. Desafio lançado para pais e professores: afinal, meninos e meninas têm direito de receber os mesmos ensinamentos e estímulos para que, no futuro, tenham as mesmas oportunidades e possam seguir nas profissões que escolherem.

*Estadão Online*. 1 fev. 2019. Disponível em: https://politica.estadao.com.br/blogs/fausto-macedo/pesquisa-cientifica-trabalho-de-mulher/. Acesso em: 23 ago. 2019.

*- Meus filhos passam o dia pendurados no telefone, doutor.*

# O QUE A COPA PODE ENSINAR AO SEU FILHO

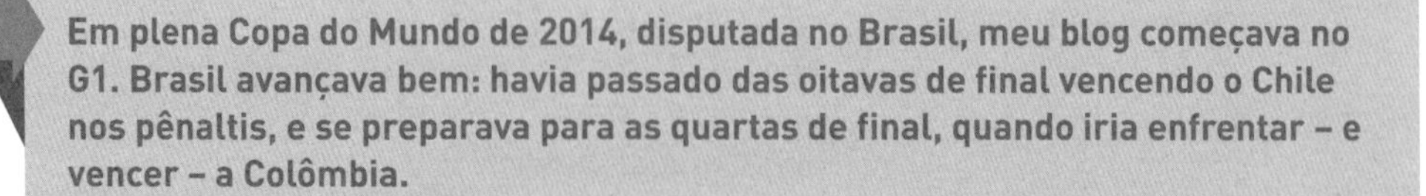

**Em plena Copa do Mundo de 2014, disputada no Brasil, meu blog começava no G1. Brasil avançava bem: havia passado das oitavas de final vencendo o Chile nos pênaltis, e se preparava para as quartas de final, quando iria enfrentar – e vencer – a Colômbia.**

Olá! Esta coluna é um espaço para conversar sobre educação com pais, mães e todos aqueles que, de algum modo, estão envolvidos na formação de crianças e jovens. Será muito bom encontrá-los por aqui toda semana.

Convido você a deixar comentários que possam ampliar o tema tratado e a oferecer suas experiências a outros pais. Mande suas perguntas, poderei respondê-las em outros artigos ;-)

E em ritmo de Copa do Mundo, você já pensou que esse evento pode ser uma ótima oportunidade para educar seu filho para a cidadania? Vou propor algumas maneiras de fazer isso.

Em primeiro lugar, estimule seu filho a observar como se comportam os jogadores. Cada ato de um ídolo é uma forma de dizer às crianças e jovens como deveria ser o mundo.

Alguns se envaidecem com os aplausos, esquecendo que no dia seguinte os elogios podem se converter em vaias? Ou têm a humildade de lembrar que nenhuma vitória se alcança sozinho? Têm elegância para saber ganhar e também dignidade para saber perder e dar a volta por cima? Reflita com seu filho sobre as formas de reagir no jogo, que podem inspirar atitudes diante da própria vida.

Discuta com seu filho: como os jogadores se relacionam com a torcida e que modelos oferecem? Por exemplo, quando o grupo atual abre os portões do treino com atenção especial para as vítimas da tragédia da região serrana, reforça valores de inclusão, ao mesmo tempo em que cobra ações concretas dos governantes.

Além disso, você pode conversar com seu filho sobre a postura dos torcedores. Volta e meia, em diferentes torneios, lemos notícias sobre brigas nas arquibancadas, até com vítimas fatais. Ensine seu filho que torcer apaixonadamente pelo Brasil implica também manter o espírito esportivo e o respeito pelos demais.

A vaia da torcida presente no Mineirão sobre o hino do Chile, por exemplo, foi grosseira e descortês. Fique atento ao que acontece nos estádios: houve atos de discriminação? Que valores deveriam predominar num evento que reúne tantos países e culturas?

Muitos dos países participantes têm hábitos e costumes bastante diferentes dos nossos. É uma oportunidade de educar seu filho para a abertura à diversidade, ensinando que podemos sempre aprender uns com os outros.

Por exemplo, os torcedores japoneses limparam o próprio lixo no estádio, no final do jogo. Você sabia que há escolas no Japão em que os alunos almoçam na sala de aula? Eles são responsáveis por servir os pratos para os colegas, recolher tudo, varrer o chão e passar pano. Em seguida, a aula continua. Fica a reflexão: o que se poderia fazer aqui para formar crianças que, desde cedo, entendam que limpar, varrer ou cuidar do próprio lixo não são atividades humilhantes nem indignas? Ao contrário, são uma maneira de mostrar respeito pelos outros, preservar as coisas e cuidar bem do que é comum – atitudes fundamentais nas sociedades sustentáveis.

Por fim, aproveite para continuar em casa a discussão política que marcou esse evento. Lance a questão: afinal, o Brasil deveria ter usado os recursos da Copa para projetos em educação e saúde? Ou um evento esportivo como esse pode fortalecer o turismo e trazer melhorias que serão aproveitadas pela população? Deixe a criança expressar as próprias visões: é um modo de estimular o pensamento crítico.

Com conversas como essas, você vai além da simples torcida pela nossa seleção, usando a Copa do Mundo para formar seu filho como um cidadão consciente e comprometido com a mudança social.

*G1*. 2 jul. 2014. Disponível em: http://g1.globo.com/educacao/blog/andrea-ramal/post/o-que-copa-pode-ensinar-ao-seu-filho.html. Acesso em: 23 ago. 2019.

## DERROTA DO BRASIL É OPORTUNIDADE PARA OS PAIS ENSINAREM FILHOS A LIDAR COM A FRUSTRAÇÃO

**Copa do Mundo 2014: o Brasil acabara de perder da Alemanha, naquele fatídico jogo dos 7 × 1. Na TV, muitas imagens de crianças, com suas camisas e bandeiras verde-amarelas, chorando desconsoladas.**

As crianças chorando pela derrota da Seleção Brasileira foi das cenas mais tristes desta Copa. As lágrimas não eram só pelo sonho destruído, mas também por ver seus ídolos, pessoas que aprenderam a amar e admirar, sofrendo ainda mais.

O que dizer a elas nesse momento? Pode parecer estranho, mas essas horas, para o desenvolvimento infantil, são muito importantes. De vez em quando, ter que encarar um revés inesperado é até positivo.

É convivendo com a frustração e a decepção que as crianças desenvolvem a capacidade de reagir diante dos problemas e das situações adversas. Assim vão, aos poucos, construindo a maturidade emocional.

Você pode aproveitar tal momento para conversar com seu filho sobre a atitude que podemos ter diante de vitórias e derrotas.

Mostrar que o futebol é bem parecido com a vida. No futebol, assim como na vida, cada jogo traz uma situação nova e imprevisível. Coisas que você acha que já sabia, às vezes, dão errado. É preciso ter disciplina, perseverança, ética.

Assim como na vida, depende de nós se celebramos as conquistas, ou se ficamos sempre lamentando aquela bola que não entrou. Se encaramos cada obstáculo com insegurança ou com coragem. Se ficamos buscando culpados para nossos próprios erros, ou se assumimos uma nova forma de pensar, lutamos com energia pela mudança e temos a ousadia de sonhar com uma vitória ainda maior e perguntar: Por que não?

O futebol pede dos atletas o que a vida pede de cada um de nós: prudência, elegância, respeito, garra e muito *fair play*. E, como na vida, às vezes há derrotas. Há que saber perder com dignidade.

Pais que protegem demais os filhos das decepções, por exemplo, deixando que eles sempre vençam nas brincadeiras, para não sofrer, ou evitando que resolvam sozinhos um dever de casa, um conflito com amigos ou uma dificuldade na escola, correm o risco de criá-los numa redoma. Poderão tornar-se adultos centrados em si mesmos, frustrados sempre que não se faz a sua vontade.

Ao contrário, encarar a derrota desde cedo, se houver uma boa orientação da família, pode estimular a vontade de se superar e tornar a criança mais proativa.

Por tudo isso, neste momento, se seu filho estiver triste com o que aconteceu, converse bastante com ele.

Procure mudar o foco, mostrando que um jogo não é tudo e existem situações bem mais difíceis no mundo, que também causam sofrimento e que podemos ajudar a melhorar.

Valorize a postura dos ídolos: afinal, os jogadores brasileiros, embora tenham sido superados tecnicamente pela outra seleção, não agrediram ninguém, não houve brigas nem falta de cortesia.

E não menospreze a sua dor. Embora sejam bem mais importantes, a política, a saúde, a economia ainda não são tão decisivas na maneira de a criança pensar e sentir. As decepções só se curam com o tempo e, sobretudo, fortalecendo a capacidade de seguir em frente para encarar desafios ainda maiores.

*G1*. 9 jul. 2014. Disponível em: http://g1.globo.com/educacao/blog/andrea-ramal/post/derrota-do-brasil-e-oportunidade-para-pais-ensinarem-filhos-lidar-com-frustracao.html. Acesso em: 23 ago. 2019.

**ASSISTA AO VÍDEO SOBRE O TEMA**

**Fonte:** https://globoplay.globo.com/v/3485685/

Acesso em: 13 ago. 2019

# A COPA ACABOU. COMO FAZER SEU FILHO VOLTAR AO RITMO DE ESTUDOS?

**Nos meses de junho e julho de 2014, o Brasil havia parado para realizar a Copa do Mundo, da qual era sede. Houve várias interrupções nas aulas e a cabeça das crianças estava muito voltada para o espetáculo do futebol. Quando a Copa terminou, era hora de retomar o ritmo de estudos.**

A Copa do Mundo terminou e é hora de retomar o ritmo normal das coisas. Se para muitos adultos não é fácil, imagine para as crianças. Ainda mais porque este ano já foi bastante fora do comum. Mal começaram, as aulas foram interrompidas em março para o Carnaval. Houve vários feriados em dias de semana. E por fim a Copa, que gerou uma antecipação das férias no calendário de algumas escolas e um bom número de dias sem aulas em outras.

Agora, porém, acabaram os dias de jogo, as tardes frente à TV e as reuniões com amigos para torcer. É momento de seu filho voltar à rotina e recuperar o tempo e a vontade de estudar. Como ajudá-lo a fazer isso? Como em toda volta às aulas, combinando estímulo, organização e disciplina.

O estímulo é necessário porque não se pode esperar que, do dia para a noite, a criança se sinta motivada a mudar a rotina. Afinal, foram muitos dias de curtição e lazer. Um pouco de resistência é normal e a transição precisa ser o mais natural possível.

Para incentivar o seu filho, nunca se refira à escola de forma negativa, com frases como "Acabou a moleza, agora é trabalhar duro", ou "Sei como é, na sua idade eu também sofria ao voltar à escola". Isso reforça a ideia de que estudar é ruim. Ao contrário, estimule-o com frases como "É bom estar descansado para encarar desafios interessantes"; ou "Você vai aprender coisas novas e rever os amigos". Frases assim ajudam a associar trabalho e esforço com sentimentos positivos.

Outras formas de incentivá-lo são: ler e comentar o mesmo livro que ele está lendo no colégio, perguntar com interesse como foi o seu dia e olhar os deveres de casa.

O cuidado com a organização implica ajudar a criança a colocar em ordem os materiais necessários, a agenda, o lanche, fixar os horários para chegar pontualmente à escola. Faça com que ela participe e se envolva nesse planejamento.

Por fim, é necessário manter a disciplina. Combine uma rotina diária de estudo, que deve ser cumprida. Coloque o estudo nos horários nobres, aqueles em que o rendimento será maior. Explique a ela que a aprendizagem é como a preparação dos atletas, não adianta treinar só na véspera. Bons resultados são fruto de uma preparação constante e dedicada.

Marque os horários de dormir, para que a criança tenha as horas de sono necessárias. Isso é fundamental para manter a concentração nas aulas. Não a deixe ficar acordada até tarde e nem fazer, antes de ir para a cama, atividades que possam prejudicar seu descanso, como jogos eletrônicos ou brincadeiras muito agitadas.

Na agenda da semana, equilibre as atividades. Não adianta lotar o dia com cursos de idiomas, esportes, música e reforço escolar. Alterne as atividades extras com momentos de brincadeira, lazer e convivência com a família.

E nunca deixe seu filho faltar nas primeiras semanas. Não pense simplesmente que não haverá matéria nova e dá para esticar as férias. Os professores já programaram o retorno e devem ter várias atividades planejadas para ambientar os alunos.

Se seu filho mostrar resistência para voltar ao ritmo de estudo após algumas semanas, fique atento: pode ser sinal de que algo não está bem. Será que a escola consegue motivá-lo? Algo mudou do outro semestre para cá? Converse com ele para descobrir o problema e, se necessário, procure ajuda de um especialista.

*G1*. 14 jul. 2014. Disponível em: http://g1.globo.com/educacao/blog/andrea-ramal/post/copa-acabou-como-fazer-seu-filho-voltar-ao-ritmo-de-estudos.html. Acesso em: 23 ago. 2019.

# EDUCAR PARA O VOTO CONSCIENTE

**A poucos meses das eleições presidenciais de 2014, era o momento de conscientizar os pais e as famílias sobre seu papel na educação para a cidadania e o voto consciente – assuntos que podem ser aprendidos desde criança.**

Está chegando o acontecimento mais importante e decisivo do ano: as eleições. Com nosso voto, vamos escolher presidente da República, deputados federais, senadores, governadores e deputados estaduais.

Felizmente o Brasil vive numa democracia, forma de governo em que as lideranças políticas são eleitas pelo povo. Mas não é todo mundo que leva a sério este momento, jogando fora uma grande oportunidade. Tem gente que vota nulo, escolhe os candidatos só pelo carisma, sem conhecer bem a sua história, e até se deixa levar pelos outros ou pelas propagandas da TV.

Você já pensou como é importante o papel dos pais, na hora de educar seus filhos sobre o voto consciente? É o momento ideal para fazer isso, pois a consciência cidadã começa desde cedo.

Você pode, por exemplo, conversar com seu filho sobre as necessidades mais urgentes da população e compará-las com as propostas dos candidatos. Explicar a ele os papéis de cada cargo político: o que faz um senador, um deputado? Como podem afetar a nossa vida na prática?

Peça que seu filho imagine: se ele fosse presidente, o que faria? Que projetos poderiam melhorar as desigualdades, o sistema de educação, as condições de saúde no nosso país?

Discuta com ele os discursos e as propostas dos candidatos. Alguns podem ser apenas promessas eleitoreiras. Outros são programas de governo bem estruturados. Tentem, juntos, descobrir as diferenças.

Também vale analisar o histórico dos candidatos. Todos são ficha limpa? Quando exerceram algum cargo, cumpriram um bom papel?

Faça brincadeiras: por exemplo, chame amiguinhos dos seus filhos para organizarem partidos políticos imaginários e fazerem um debate como aqueles da televisão, entre os candidatos, discutindo soluções possíveis para os problemas da sua escola ou do bairro.

Mas atenção! Seu papel é incentivar crianças e jovens a pensar por si mesmos. Mesmo quando seu filho tiver uma opinião ou uma opção contrária àquela em que você acredita, respeite o seu pensamento. Nesses momentos você deve dar exemplo de tolerância e capacidade de diálogo, que são essenciais para o processo democrático.

*Indo & Vindo* – A Revista do Rodoviário. Rio de Janeiro: Fetranspor, jul. 2014.

# COMO ENFRENTAR O *BULLYING*?

**Costumam dizer que o *bullying* sempre existiu. Na última década, porém, ele se tornou pauta constante na mídia e preocupação permanente para pais e professores. Afinal, como enfrentá-lo?**

Seu filho parece estar triste, menos interessado nos estudos e com resistência na hora de ir à escola? Fique atento: talvez ele esteja sofrendo *bullying*, aquelas agressões e humilhações feitas repetidamente por outros estudantes "valentões" sobre suas vítimas.

Essa prática é mais comum do que se pensa. Acontece não só com meninos, mas também entre meninas. E não adianta dizer: "Essas gozações são normais, é coisa de criança". O *bullying* é algo sério, pode deixar a pessoa marcada por toda a vida e, por isso, não pode ser tolerado.

A melhor maneira de descobrir se seu filho é vítima de *bullying* é conversando sempre com ele: como foi o dia na escola, quem são seus amigos, o que aprendeu de mais interessante. Algumas crianças têm vergonha e até medo de contar aos pais quando são agredidas. Por isso é tão importante manter o diálogo aberto, sempre num clima de confiança e afeto.

Se seu filho é vítima de *bullying*, você precisa apoiá-lo. Mostre que o problema não está nele, e sim nos agressores! Afinal, não é normal, para uma pessoa se divertir, ter que xingar e humilhar a outra. Procure a escola imediatamente. Exija uma atitude e verifique se a família dos alunos agressores foi envolvida e se compromete com a mudança.

Acompanhe o caso de perto, mas nunca incentive seu filho a reagir. Tem pais que ficam até orgulhosos dizendo coisas como "Meu filho não leva desaforo para casa", ou "Bateu, levou". Não se resolve a violência com mais violência! Pessoas inteligentes resolvem os conflitos de outra forma: exigem respeito, sem perder o equilíbrio.

A escola deve fazer um trabalho de prevenção, incentivando o coleguismo entre os alunos e tomando providências imediatas nos casos de agressão. E é importante você saber que no estado do Rio de Janeiro existe a Lei nº 5.824/2010, que obriga os diretores de escolas a notificarem o Conselho Tutelar e a autoridade policial nos casos de violência contra crianças e adolescentes.

Converse com seu filho sobre esse assunto. Explique que o *bullying* sempre depende de uma "plateia" – aqueles estudantes que ficam rindo, dando força e aplaudindo as humilhações. Mostre que não é bom dar corda para esse tipo de atitude, não faz bem a ninguém.

Em casa, dê o exemplo, sem julgar os outros por preconceitos. Algumas crianças sofrem *bullying* simplesmente porque têm orelha grande, são gordas ou muito magras, usam óculos, têm nariz grande, voz estranha etc. Será que essas características fazem alguém ser melhor ou pior do que o outro? É claro que não! Não use apelidos negativos para falar dos outros. Ensine seu filho a dar valor ao que realmente importa nas pessoas: sua honestidade, seu caráter, sua maneira de ser e agir.

E lembre que o *bullying* não existe só na escola: pode ocorrer em qualquer lugar, até na internet. Participe das redes sociais que seu filho frequenta na internet e veja se ele e os outros se relacionam de forma respeitosa e saudável.

**ASSISTA AOS VÍDEOS SOBRE O TEMA**

**Fonte:** http://globoplay.globo.com/v/6551916/

Acesso em: 13 ago. 2019

**Fonte:** http://globoplay.globo.com/v/6688717/

Acesso em: 13 ago. 2019

# PRESENÇA AFETIVA, CUIDADOSA, FIRME E ACESSÍVEL DO PAI É FUNDAMENTAL PARA OS FILHOS

**Semana do Dia dos Pais, que seria comemorado no domingo 10 de agosto de 2014. Hora de discutir a importância da participação do pai na vida escolar dos filhos.**

Se no Dia dos Pais cada pai pudesse escolher o melhor dos presentes, com certeza a maioria das respostas seria: "Quero que meu filho seja uma pessoa realizada e tenha uma vida feliz". Mas talvez nem todos percebam que isso depende bastante deles, dos próprios pais, pela forma como participam da educação dos seus filhos e até mesmo como acompanham a sua vida escolar.

Muitos ainda pensam que a educação das crianças e adolescentes corresponde mais à figura materna. Por isso, consideram que ir às reuniões do colégio, ver os deveres de casa e conversar com os filhos sobre dúvidas das matérias escolares são tarefas femininas. Hoje sabemos que não é bem assim. Além da mãe, é importante que o pai também se envolva no acompanhamento escolar.

Várias pesquisas demostram isso. Um recente estudo do Departamento de Educação dos Estados Unidos associa a participação do pai na escola com a maior probabilidade de um aluno obter notas altas e com menores chances de ele abandonar os estudos. Isso é válido tanto para pais biológicos como para padrastos e para estudantes criados apenas pelo pai.

De fato, em geral, se além da mãe o pai também acompanha a vida escolar, a criança e o jovem se sentem mais autoconfiantes e seguros. Isso se reflete em maior interesse pelos estudos e maior disposição para aprender.

Alguns pais se perguntam: há diferença no papel de pai ao educar meninos e meninas? Certamente, é preciso levar em conta os novos papéis sociais de homens e mulheres. O próprio papel do pai mudou. Na família tradicional, ele era a autoridade da casa (muitas vezes exercida de forma autoritária), tanto no âmbito econômico como pela influência moral na educação das crianças.

Hoje o pai divide a autoridade com a mãe e não é o único detentor da verdade. Isso é positivo porque as crianças poderão aprender novos modelos de família, mais marcados pelo diálogo e companheirismo. Agora se fala inclusive nas funções paterna e materna, não associadas necessariamente ao papel do pai ou da mãe, ou mesmo a configurações familiares tradicionais. A função materna estaria mais ligada ao cuidado e à acolhida, e a função paterna, mais relacionada ao estabelecimento de regras e limites. Tanto o pai como a mãe exercem, alternadamente, ambas as funções.

Ora, esses novos modelos precisam se refletir na educação de meninos e meninas. Em outras épocas, as meninas eram educadas para assumir o âmbito privado – a casa, a criação dos filhos –, enquanto ao homem cabia o papel de provedor, trabalhando no âmbito público. Hoje, é necessário formar nas meninas uma atitude mais empreendedora. Ao mesmo tempo, é preciso avançar na criação dos meninos, ainda bastante marcada por visões machistas. Por exemplo, enquanto as meninas são estimuladas a brincar de casinha, muitos meninos ganham como presentes luvas de boxe ou armas, para brincar de luta. Isso pode colaborar para perpetuar a ideia de que o homem precisa mostrar força e exercer dominação.

A educação de hoje inclui garantir que meninos e meninas tenham os mesmos direitos e deveres, estimulando, por exemplo, que os meninos ajudem nas tarefas domésticas. Isso equivale a prepará-los para um mundo em que homens e mulheres compartilham desde o cuidado das crianças até a liderança de empresas e a participação na vida política. Essa educação pode formar jovens mais comprometidos com a igualdade entre os gêneros. Cabe ao pai reforçar essas novas visões e colocá-las em prática na convivência familiar.

Mas o que sem dúvida é comum a todos, sejam os filhos meninos ou meninas, é a importância do envolvimento dos pais no dia a dia da educação. Nesse sentido, muitas vezes como professora tive vontade de chamar o pai dos alunos para fazer alguns pedidos bem simples.

Diria: Pai, converse com seu filho sobre as aulas, pergunte com interesse sobre o que ele aprendeu, veja seu dever de casa, participe das reuniões e eventos da escola. Faça dos momentos de estudo ocasiões de alegria, bem-estar, companheirismo. Essas são formas de dizer a seu filho que você se importa com ele, que ele é tão valioso que você dedica a ele o seu tempo. Estudar com seu filho, tirar uma dúvida, ler o mesmo livro que ele ou pesquisar algo juntos são maneiras de dizer que você o ama. Isso vale tanto para pessoas que moram com os filhos quanto para pais separados. Não é pela quantidade de horas que se mede a qualidade da participação.

Enfim, neste Dia dos Pais, e por todos os dias, lembre que seu filho é seu maior presente. Por isso, cuide bem dele. A sua presença de pai – afetiva, cuidadosa, firme e, ao mesmo tempo, sempre disposta ao diálogo – pode ser decisiva para tornar seu filho um jovem mais equilibrado, preparado para lidar com as próprias emoções e capaz de se sair bem, tanto na escola como na vida.

*G1*. 6 ago. 2014. Disponível em: http://g1.globo.com/educacao/blog/andrea-ramal/post/presenca-afetiva-cuidadosa-firme-e-acessivel-do-pai-e-fundamental-ao-filho.html. Acesso em: 23 ago. 2019.

# A PARTICIPAÇÃO DOS PAIS NA VIDA ESCOLAR AJUDA OU ATRAPALHA?

**Em 2013, um estudo norte-americano questionou a ideia de que os estudantes se saem melhor na escola quando os pais são participativos. Discussão que valia a pena retomar e problematizar.**

Afirmar que a participação dos pais é benéfica para a vida escolar de crianças e adolescentes parece óbvio, embora um estudo norte-americano dos sociólogos Robinson e Harris, publicado recentemente no *New York Times*, tenha colocado essa certeza em xeque.

Segundo a pesquisa, não há evidências de que alunos cujos pais se envolvem na vida escolar, como, por exemplo, acompanhando o dever de casa ou comparecendo a reuniões da escola, tenham um desempenho melhor. Ao contrário, em alguns casos, os resultados podem até piorar.

Isso não significa, porém, que os pais não devam participar. Ao contrário, a própria pesquisa mostra que um dos fatores que mais influenciam positivamente é o quanto os pais conseguem comunicar aos filhos o valor da escola e do estudo.

O que tudo isso pode nos dizer, no contexto da educação brasileira?

Em primeiro lugar, há que levar em conta diversos aspectos socioculturais. Em alguns países, por exemplo, uma parte significativa das famílias têm boa formação acadêmica. Pai e mãe concluíram o ensino superior, têm vida cultural variada, frequentam museus, levam os filhos ao teatro, têm livros em casa. Nesse caso, mesmo que os pais não se envolvam diretamente nas tarefas escolares, o ambiente doméstico já complementa e amplia o trabalho da escola.

No caso de muitos alunos brasileiros, em contrapartida, a escola ainda é o principal lugar para organizar conhecimentos e desenvolver competências essenciais. Além disso, enquanto em outros países a escola funciona em tempo integral, nossa jornada escolar só tem quatro horas. Os pais deveriam, assim, ampliar as oportunidades de aprendizagem, em vez de limitá-las à sala de aula.

Nesse sentido, o dever de casa cumpre um papel considerável. Prova disso é o estudo dos pesquisadores Maurício Fernandes e Cláudio Ferraz, divulgado em março deste ano, que mostra que alunos cujos professores têm a prática de passar deveres de casa alcançam resultados expressivamente mais altos do que aqueles cujos professores não passam tarefas.

Na educação de hoje, o dever de casa tem funções didáticas relevantes: pode reforçar a aprendizagem de um conteúdo, estimular a reflexão sobre um tema, funcionar como motivação para a aula seguinte, ajudar a criar o hábito de estudo. Por tudo isso, tanto melhor se os pais puderem garantir que ele seja realizado diariamente e que a criança assuma esse trabalho com progressiva autonomia.

Outra contribuição possível dos pais brasileiros é acompanhar a qualidade do próprio trabalho escolar. Os resultados de avaliações como Prova Brasil ou Enem mostram que os alunos estão aprendendo menos do que deveriam. Conhecer o Ideb da escola dos seus filhos, frequentar as reuniões de pais e exigir melhorias são caminhos necessários para elevar a qualidade do nosso sistema educacional.

Cabe à escola, por sua vez, explicar claramente o que os pais podem fazer para reforçar o seu trabalho.

Por exemplo, os pais atrapalham quando fazem o dever pelo filho, exigem que ele decore os conteúdos para "tomar a lição" e fazem ameaças e cobranças, numa pedagogia do terror para "não ficar em recuperação". Essa didática não funciona.

Mas os pais ajudam, e muito, quando olham com atenção deveres e provas, se interessam em saber como foram as aulas da semana ou dedicam um tempo do dia para ler ou estudar junto com os filhos. Essas atitudes comunicam aos filhos a importância e o valor de estudar e aprender.

*G1*. 20 ago. 2014. Disponível em: http://g1.globo.com/educacao/blog/andrea-ramal/post/participacao-dos-pais-na-vida-escolar-ajuda-ou-atrapalha.html. Acesso em: 23 ago. 2019.

## *GAMES* PODEM CONTRIBUIR PARA A EDUCAÇÃO, MAS PAIS DEVEM SELECIONAR OS JOGOS

**Em agosto de 2014, era divulgado um estudo realizado por pesquisadores da Universidade de Oxford mostrando que os *games* faziam bem às crianças. Tema para discutir e problematizar.**

Este mês foi divulgado mais um estudo científico mostrando que os *videogames* fazem bem às crianças. Pesquisadores da Universidade de Oxford concluíram que jogar *videogames* diariamente, em doses moderadas, melhora a sociabilidade, facilita a conquista de amigos e pode diminuir a hiperatividade.

Não é a primeira investigação que aponta para essa linha. Por exemplo, um grupo de pesquisadores alemães concluiu que os *videogames* estimulam diversas regiões do cérebro ligadas à formação da memória, à navegação espacial, ao planejamento e a habilidades motoras.

Para o neurocientista americano Michael Merzenich, reconhecido estudioso da neuroplasticidade, "cada vez há mais evidências de que o uso de *videogames* resulta em melhoras significativas na função cognitiva" ("Brains on videogames", na *Nature Reviews Neuroscienses*).

Por tudo isso, não estamos longe de ter *games* nas salas de aula. Uma escola em Estocolmo, por exemplo, incluiu o *Minecraft* no currículo. Os alunos discutem, a partir do jogo, aspectos de planejamento urbano, sustentabilidade e questões ambientais. De acordo com os professores, os estudantes se mostraram mais motivados, pois o aprendizado passou a incluir elementos lúdicos e divertidos.

Bem utilizados, os jogos eletrônicos, mesmo quando não são classificados como "educativos", podem desenvolver o espírito de equipe, a atitude empreendedora, a coordenação motora, a concentração – componentes fundamentais na educação de hoje.

Além disso, as tecnologias podem ajudar a promover experiências de aprendizagem, já que se adequam ao ritmo dos estudantes, dão *feedback* imediato de acertos e erros e envolvem os usuários de tal forma que estes, mesmo falhando, desejam insistir para passar de fase e encarar desafios ainda maiores. Aplicados à educação, esses elementos podem ser altamente positivos.

Tudo isso pode representar um alívio para os pais mais preocupados com a forte atração que seus filhos sentem pelos jogos eletrônicos. Mas é preciso fazer a ressalva de que, para trazer esses benefícios, os *games* precisam ser bem utilizados, sobretudo quando falamos de crianças.

Em primeiro lugar, convém aos pais selecionar *games* que estimulem conhecimento, sem conteúdos de violência. Na Colômbia, este ano, um interessante projeto chamado "Mudança de Jogo" premiou *games* que não tivessem sangue correndo como parte do entretenimento. Um dos vencedores traz personagens-insetos que trabalham pelo bem-estar coletivo e o adeus às armas. Outro é uma disputa que busca romper preconceitos baseados na aparência. Vale a pena que os pais dediquem um tempo a encontrar jogos nesse estilo.

Um segundo ponto importante é o tempo que as crianças passam nos *videogames*. Um estudo britânico mostra que há crianças ficando até 16 horas/dia em frente ao monitor. Os excessos podem ser prejudiciais.

O ideal é estabelecer o limite de uma hora por dia, equilibrando os jogos com outras atividades. Vale evitar que a criança leve *games* para lugares onde deve prevalecer o convívio social.

Um terceiro ponto: os pais não deveriam pensar que resolvem tudo simplesmente dando aos filhos aqueles jogos classificados como "educativos". Até porque nem todos eles têm, de fato, uma clara função pedagógica.

Para ser mesmo *educativo*, o jogo deveria partir de um design didático claro, com ações ligadas ao desenvolvimento de competências e etapas cognitivas cuidadosamente projetadas. Educação envolve sistemas formais desenhados especificamente para passar valores, herança cultural e conhecimentos. Poucos jogos podem, hoje, ser enquadrados nessa linha. A relação entre os estudos acadêmicos sobre as melhores formas de aprender conhecimentos e valores e a indústria dos *games* ainda é incipiente e deveria ser estimulada.

Diante disso, a melhor opção para os pais é avaliar, com o maior cuidado possível, a proposta de cada jogo e, quando necessário, pedir orientações a especialistas.

**Dicas práticas:**

- Os jogos eletrônicos estimulam a inteligência, mas não garantem melhor desempenho na escola, até porque tomam tempo do estudo. Procure o equilíbrio ao usá-los e evite os excessos.
- Escolha com cuidado os *games* que dará ao seu filho, preferindo os que estimulam conhecimento, têm conteúdos pertinentes e pouca violência.
- As experiências de aprendizagem proporcionadas pelos *games* podem ser enriquecedoras e envolventes, mas não substituem o ato de brincar no mundo real, a prática de atividades físicas ou a convivência com amigos, igualmente importantes para o desenvolvimento da criança.

*G1*. 27 ago. 2014. Disponível em: http://g1.globo.com/educacao/blog/andrea-ramal/post/games-podem-contribuir-para-educacao-mas-pais-devem-selecionar-os-jogos.html. Acesso em: 23 ago. 2019.

# EDUCAR SEM BATER: COMO APLICAR A DISCIPLINA POSITIVA COM SEUS FILHOS

**Em junho de 2014 era promulgada a popularmente chamada "Lei da Palmada" (Lei nº 13.010/2014), que estabelece o direito de crianças e adolescentes serem educados sem castigos físicos. Uma alternativa para a educação baseada em palmadas é a disciplina positiva.**

A criança está brincando tranquilamente, ou fazendo seu dever de casa sossegada, e você acha tudo muito natural. Mas quando ela de repente começa a fazer bagunça, você para o que está fazendo e vai dar uma bronca.

O que a criança entende nessa hora: "Oba, quando eu faço coisas erradas, consigo mais atenção dos meus pais!".

Assim começam a aumentar as pirraças e as birras. Às vezes até na frente dos outros: na rua, no shopping, no supermercado. Alguns pais, sem saber como reagir, acabam cedendo e fazendo tudo o que a criança quer.

Conclusão, a criança aprende: "Quando eu quiser muito alguma coisa, mesmo errada, se fizer pirraça, meus pais acabam concordando".

Outros pais fazem pior: recorrem a palmadas e castigos físicos. Isso é um erro grave. Ao bater, os pais ensinam que os problemas só se resolvem com agressões.

Bater é coisa da educação do passado e não funciona, só piora. Para evitar isso, até existe uma lei, conhecida como Lei da Palmada, que ajudará a inibir a violência contra crianças.

A forma de educar mudou, mas isso não significa que não devemos colocar limites e que tudo é permitido. Ao contrário, saber dizer "não" é importantíssimo para que seu filho consiga conviver bem, respeitar e ser respeitado pelos outros.

Mas, em vez de bater e dar castigos, agora se educa por meio da "disciplina positiva".

Isso significa colocar a sua atenção mais em reforçar os comportamentos positivos do que só falar e punir as coisas erradas.

Por exemplo: seu filho fez o dever na hora certa, guardou seus brinquedos, arrumou o quarto, não brigou com os irmãos? Merece parabéns, um abraço e um beijo, talvez um prêmio, como um passeio no final de semana.

Seu filho está fazendo birra na frente dos outros? Esqueça a vergonha, todos os pais já passaram por isso. Procure distrair a sua atenção, leve-o para outro lugar, fale de algo que ele gosta, proponha uma brincadeira divertida como alternativa.

Para que seu filho cumpra as normas, não precisa usar a força. Basta entender o porquê. Assim, crie momentos para definir as normas junto com ele.

Por exemplo: para aprender e tirar boas notas na escola, você precisa descansar bem. Vamos combinar qual será o horário para você dormir? O horário combinado deverá ser cumprido.

Veja que diferença entre essa atitude e a daqueles pais que dizem simplesmente:

— Está na hora de dormir.

— Por quê!!??

— Porque eu estou mandando.

A disciplina positiva é o contrário da postura autoritária e dominadora. Ela vai ajudar seu filho a entender que fazer coisas boas vale a pena, e que ele precisa se comprometer com as normas para que tudo funcione bem.

Com esses ensinamentos, seu filho não vai querer chamar a sua atenção fazendo coisas erradas. Também vai entender que existem outras formas de resolver conflitos, sem ser com violência.

Com esse modelo de educação que ele aprenderá desde cedo, na sua casa, no futuro ele também poderá ser mais capaz de construir a própria família baseada em relações positivas, no diálogo e no afeto.

*Indo & Vindo* – A Revista do Rodoviário. Rio de Janeiro: Fetranspor, set. 2014.

**ASSISTA AOS VÍDEOS SOBRE O TEMA**

uqr.to/fmkl

**Fonte:** https://globoplay.globo.com/v/3500830/

Acesso em: 13 ago. 2019

uqr.to/fmkm

**Fonte:** https://globoplay.globo.com/v/2881977/

Acesso em: 13 ago. 2019

# SETE CRITÉRIOS IMPORTANTES PARA ESCOLHER A ESCOLA DO SEU FILHO

**Entre os meses de setembro e outubro, muitos pais se dedicam a escolher a escola dos filhos, seja para fazer uma troca, seja para matriculá-los pela primeira vez. Diante da possibilidade de escolher, surgem as dúvidas: como saber qual é a instituição mais adequada?**

Nesta época do ano muitos pais buscam uma escola para os filhos, seja para a primeira matrícula ou porque querem trocar de colégio. Se esse é o seu caso, leve em conta os critérios a seguir. Acertar na escolha é decisivo para o desempenho do estudante.

- **Modelo de educação.** Nem toda escola é adequada para todo perfil de aluno e de família. Os pais devem checar se concordam com o modelo educacional e os valores que a escola promove. Eles são apresentados no projeto político-pedagógico. Não é raro que as famílias procurem a instituição, meses depois da matrícula, com reclamações como: a média para passar de ano é alta demais; a escola é muito rígida; não deveria falar de educação sexual; as turmas são grandes. Conhecer bem o projeto pode evitar esses transtornos. Lembre-se de que o colégio precisa estar antenado com o mundo de hoje, com aulas que abordem temas como sustentabilidade, inclusão, respeito à diversidade, cidadania, convivência pacífica. E se a jornada for em tempo integral, tanto melhor. Mais tempo na escola são mais oportunidades para aprender.

- **Ensino de qualidade.** A maneira de apurar isso não é necessariamente pela posição em *rankings*. Outros aspectos contam, como a formação dos professores, um currículo diversificado, com atividades de artes, música, esportes, robótica, idiomas etc., ou o uso inteligente de tecnologias nas aulas. Vale conversar com outras famílias: os estudantes gostam das aulas e a didática é motivadora? O bom professor estimula que os alunos participem ativamente das aulas, com dinâmicas, apresentações e interação.
- **Diálogo com a família do aluno.** O acompanhamento da vida escolar é fundamental para garantir o melhor desempenho. Mas algumas escolas não orientam nem estimulam essa participação da família. É preciso conferir se, além das reuniões, o colégio mantém outras formas de comunicação com os pais, como palestras de orientação, convites para eventos, *e-mails* com informações, além de estar disponível para atender os responsáveis sempre que necessário.
- **Localização e segurança.** Ficar perto de casa não pode ser o único critério, mas precisa contar, sobretudo nas grandes metrópoles. Se a escola ideal ficar do outro lado da cidade e o estudante levar horas para ir e voltar, isso significa mais estresse e cansaço, menos energia para estudo e lazer. A escola também deveria ter cuidados com a segurança dos alunos, como controle do acesso de estranhos e processos para atendimento em casos de emergência.
- **Ambiente acolhedor.** Visite a instituição e verifique como é recebido e como parece ser o relacionamento entre as pessoas. Elas dão a impressão de se sentir em casa? A educação começa desde a porta de entrada. Os funcionários, como recepcionistas ou zeladores, também têm uma função educadora. Boas escolas constroem ambientes acolhedores, em que as pessoas se respeitam, são afáveis umas com as outras e resolvem os conflitos pelo diálogo.
- **Espaço físico e instalações.** Deve haver espaços apropriados para a prática de atividades esportivas e o lazer. Salas de aula: precisam ser confortáveis, arejadas, com boa luminosidade e acústica adequada. Convém que o ambiente seja limpo e organizado, garantindo o bem-estar de todos. Repare se existem áreas para incentivar a leitura e como são os recursos de mídias e tecnologias.
- **Preço.** A escola dos sonhos pode ser particular e muito cara. Por isso, é preciso ser realista, equilibrando os critérios mencionados com o orçamento da família. Faça um planejamento, estimando o investimento necessário para arcar com aproximadamente 15 anos de estudo (pré-escola, ensino fundamental e médio) e reservando os recursos para evitar contratempos. Lembre-se de que, além da mensalidade, há gastos com material, atividades extras, lanches e outros.

Por fim, leve em conta que nem toda escola particular é necessariamente melhor do que a escola pública. Ao contrário, no Brasil há escolas públicas que não ficam devendo nada às da Finlândia ou da Coreia do Sul. Só que são poucas e a disputa por vagas é enorme. Ou seja, praticamente não é possível escolher.

Se seu filho estuda ou vai estudar numa escola pública, fique atento à nota da instituição no Ideb. Exija da direção que a escola se adapte, cada vez mais, aos critérios mencionados acima. A forma de melhorar a educação brasileira não é simplesmente matriculando os filhos na escola particular, mas se envolvendo e fazendo pressão sobre os gestores para que a escola pública e gratuita tenha a qualidade que toda criança brasileira merece.

*G1*. 10 set. 2014. Disponível em: http://g1.globo.com/educacao/blog/andrea-ramal/post/veja-7-criterios-importantes-para-escolher-escola-do-seu-filho.html. Acesso em: 23 ago. 2019.

**ASSISTA AO VÍDEO SOBRE O TEMA**

**Fonte:** https://globoplay.globo.com/v/7340251/

Acesso em: 13 ago. 2019

## *CYBERBULLYING*: VOCÊ SABE O QUE SEU FILHO ESTÁ "CURTINDO" NA INTERNET?

**Com a evolução e o barateamento das tecnologias, aumenta também o número de indivíduos cada vez mais "conectados". Alguns pesquisadores afirmam, porém, que se por um lado as redes sociais aplacam um pouco da solidão social, por outro podem aumentar a solidão emocional – ainda mais quando a internet se torna palco de situações de agressão e *bullying*.**

Se a instituição onde uma criança ou um jovem estuda ligasse para os pais alertando que ele agride sistematicamente os colegas, a família ficaria bem preocupada e é provável que procurasse ajuda especializada. Mas será que os pais dariam a mesma importância se tais agressões ocorressem através da web?

Muitos pais ficariam alarmados se entrassem em determinadas redes sociais, frequentadas por seus filhos, e vissem a quantidade e a intensidade das agressões postadas, se não por eles, por seus amigos e conhecidos.

Alguns casos ganham mais repercussão na mídia, mas, de forma geral, a hostilidade praticada pela internet aumenta cada vez mais, sobretudo entre adolescentes e jovens, e não só no Brasil.

A internet e as redes sociais revelam sua dupla face: ao mesmo tempo em que constituem espaços de livre expressão, intercâmbio e aprendizagem, oferecem ferramentas para agredir e humilhar, para aqueles que se valem do anonimato e da impunidade, da falta de legislação e da impotência das vítimas.

Muitas vezes, as mensagens veiculam um humor corrosivo, contra vítimas de tragédias e acidentes ou contra celebridades. Em outros casos, os agredidos são colegas de turma e até amigos. Talvez os internautas estejam extravasando na web o que Susan Sontag já mencionava no seu ensaio "Sobre a dor dos outros", de 2003: as imagens de violência tão disseminadas na mídia, em vez de despertar solidariedade, podem acentuar a insensibilidade frente ao sofrimento.

O fato é que, escondido sob identidades falsas, o *cyberbullying* difunde o que há de pior: racismo, violência contra a mulher, homofobia, preconceito religioso, xenofobia. Mesmo pouco inteligente ou até falso, o conteúdo é compartilhado por muitos, vira meme, rende seguidores. É a agressão como espetáculo.

As formas de *cyberbullying* são as mais variadas e incluem, por exemplo: postar fotomontagens para envergonhar a vítima; criar perfis falsos com o nome da vítima para fazer confissões sexuais fictícias; fazer votações para escolher "a pessoa mais feia"; violar a intimidade da vítima espalhando suas imagens privadas; compartilhar calúnias para desonrá-la; fazer ameaças e perseguir a vítima provocando a sensação de estar encurralada.

Contra essa corrente, Trisha Prabh, estudante americana de 13 anos, é finalista da Feira de Ciências do Google com o aplicativo "Rethink" (Repense), criado para reduzir o *cyberbullying*. Dependendo do conteúdo a ser postado, o programa faz a pergunta que muitos pais poderiam fazer aos filhos: "Esta mensagem pode ser ofensiva, você gostaria de repensar antes de publicá-la?" Em teste feito numa escola, as ofensas pela web diminuíram 93%.

Para além de aplicativos automatizados, os pais precisam inventar uma educação apropriada para a cibercultura, colocando limites em práticas que não trazem nada de positivo. As medidas incluem ficar atentos ao comportamento dos filhos nas redes sociais, dar-lhes bons exemplos no uso da internet, protegê-los de agressões e conscientizá-los de que tudo o que fazemos na web tem o mesmo significado, valor e implicações que as atitudes praticadas no mundo real.

*G1*. 17 dez. 2014. Disponível em: http://g1.globo.com/educacao/blog/andrea-ramal/post/cyberbullying-voce-sabe-o-que-seu-filho-esta-curtindo-na-internet.html. Acesso em: 23 ago. 2019.

**ASSISTA AO VÍDEO SOBRE O TEMA**

**Fonte:** http://g1.globo.com/globo-news/estudio-i/videos/t/todos-os-videos/v/40-dos-professores-ja-ajudaram-alunos-com-problemas-na-internet/6964511/

Acesso em: 13 ago. 2019

## COMO AJUDAR SEU FILHO A MANTER UMA ALIMENTAÇÃO EQUILIBRADA?

**Repetidos alertas da Organização Mundial da Saúde (OMS) alertavam para o crescimento da obesidade infantil no mundo, em níveis alarmantes. Tema para discutir e problematizar.**

De acordo com o IBGE, quase metade das crianças brasileiras (47,6%) entre cinco e nove anos tem sobrepeso ou obesidade. Isso indica que o Brasil acompanha uma tendência mundial de aumento de peso das populações infantis.

Segundo a OMS, se a tendência se mantiver, o mundo terá 75 milhões de crianças acima do peso em 2025, o que sugere riscos para a saúde das populações atuais e futuras. Crianças obesas podem se tornar adultos com chance de desenvolver doenças cardíacas, hipertensão, diabetes, câncer e outros males. Como ajudar seu filho a manter uma alimentação balanceada?

Não falaremos aqui de temas que dizem respeito a especialistas de nutrição. Mas a formação de hábitos para uma alimentação saudável é ligada a aspectos educacionais que envolvem a família e a escola. Há coisas simples que podem ser incluídas no dia a dia e que podem ajudar a fazer a diferença.

Por exemplo, a mãe de uma criança me procurou com a seguinte questão: "Meu filho se recusa a comer verduras e legumes. Para que ele não fique desnutrido, acabo cedendo e liberando batata frita. Como mudar isso?".

Essa atitude é como a dos pais que, para evitar uma cena de birra, fazem todas as vontades da criança. Além de ser arriscado para a saúde, acaba formando adolescentes mimados, que não lidam com a frustração.

**Dicas para que seu filho tenha uma alimentação saudável**

- Defina um cardápio balanceado com antecedência, evitando improvisos.
- Reforce os bons hábitos: em vez de doces, frutas; em vez de refrigerantes e bebidas artificiais, sucos naturais.
- Fique atento ao que seu filho come na escola.
- Inclua alimentos saudáveis na lancheira, com a orientação de um nutricionista.
- Evite que seu filho coma vendo TV ou jogando *videogame*.
- Não use comidas como prêmio ou punição.
- Dê o exemplo, mantendo você também uma alimentação balanceada.

Não se deveriam trocar refeições por lanches, sobretudo pouco nutritivos. Vale a pena esperar a criança sentir mais apetite. Limites são importantes para a educação e isso inclui a hora das refeições. Essa postura exige dos pais muita constância e paciência, para não desistir na primeira dificuldade.

Lembre-se de que os hábitos (como estudo, leitura, higiene, alimentação) se formam desde cedo. Assim, apresente à criança a variedade de alimentos existentes sem ficar restrito apenas àqueles de que a criança gosta. Se ela recusar algum, vale esperar alguns dias e apresentá-los de outras formas.

Outro exemplo: o pai de uma criança me perguntou: "Eu tento negociar: se você comer a salada, pode comer a sobremesa. Isso ajuda?".

Não sou muito favorável a esse tipo de negociação, pois passa a ideia de que a sobremesa é boa e, para chegar a ela, é preciso passar por algo supostamente "ruim" ou pelo menos desafiador. Além disso, não se deve usar a comida como recompensa, pois, a cada coisa boa que fizer, a criança pode querer comemorar com algo nem sempre saudável.

Pais que, por exemplo, levam seus filhos a um *fast-food* como prêmio pelas boas notas na escola poderiam substituir essa recompensa por outras, como passeios, um programa cultural ou uma tarde de brincadeiras com amigos.

O papel da escola também é fundamental. Em primeiro lugar, ela precisa conscientizar sobre os benefícios da nutrição saudável, incluindo esses temas como conteúdos de sala de aula (Lei nº 11.947/2009). Não deve oferecer na cantina alimentos pouco nutritivos ou nocivos à saúde. O cardápio da merenda deve ser elaborado por nutricionistas e compatível com a faixa etária da criança, respeitando a cultura e os hábitos alimentares da região.

A escola precisa, ainda, orientar os pais a esse respeito, para que aprendam a cuidar da rotina da alimentação dos filhos. Até porque a qualidade da alimentação interfere no rendimento escolar. Por exemplo, se a criança não tiver tomado um café da manhã adequado, pode ficar sonolenta, indisposta, desatenta, além de ter dificuldades para participar das atividades físicas.

Campanha recente de conscientização sobre a obesidade infantil tem um *slogan* perfeito: "Que tal trocar uma bola de sorvete por uma bola de futebol?". Evitar o sedentarismo é uma das chaves. Em vez de ficar contando calorias desde cedo, vale a pena trocar algumas horas de *videogame* por um esporte ou exercícios ao ar livre.

Por fim, importante: ao conversar com seu filho sobre tudo isso, fique atento com o modo como você se refere aos estereótipos de gordo/magro. Não passe a ideia de que ser gordo é feio, e nunca diga que é melhor emagrecer para evitar *bullying* na escola. Isso seria uma educação às avessas! Ensine seu filho a respeitar as pessoas do jeito que são, a ver a beleza em magros e gordos, a valorizar a diversidade, que é a grande riqueza da vida.

Reforce a ideia de adotar uma alimentação balanceada não em função de modas e preconceitos, mas sim pela qualidade de vida e pela saúde que pode representar. Dedique tempo a essa educação: hábitos alimentares adequados se refletem no desenvolvimento da criança e valem para toda a vida.

*G1*. 23 set. 2014. Disponível em: http://g1.globo.com/educacao/blog/andrea-ramal/post/como-ajudar-seu-filho-manter-uma-alimentacao-equilibrada.html. Acesso em: 23 ago. 2019.

# A EDUCAÇÃO QUE A ESCOLA NÃO PODE DAR

Filho não é um fardo, não é obrigação. Filho é um presente.

Você pode ter uma carreira profissional, sua vida, seus amigos, seus problemas e sonhos, seus planos. Mas além disso tem um filho. Cuide bem dele. Dedique tempo para estar ao seu lado.

Quando seu filho nasceu, era indefeso e frágil, totalmente dependente de você. Você olhava para ele e desejava, com toda a força do seu coração: que seja muito feliz. O que você pode fazer por ele agora?

Existe uma chave para a felicidade de uma criança. Algo simples, construído no instante de cada dia. Essa chave é o amor.

Amor é saber cobrar quando necessário, exigir compromisso, colocar limites. Amor é ter paciência com os erros, é tratar os problemas dele com a mesma importância que os seus. Amor é dedicar tempo para ler junto, estudar as coisas simples e as complicadas, jogar conversa fora. Amor é respeitar e entender o que ele pensa, saber que seu filho tem o tempo dele. Amor é educar com serenidade, doçura, firmeza com suavidade.

Tem coisas que a escola não pode ensinar. Ensine a seu filho que existem valores mais importantes que o dinheiro ou a posição social. Ensine seu filho a buscar a justiça, o diálogo, o respeito pelos outros, a civilidade. O mundo se torna melhor quando mais gente pratica esses valores.

Ensine a seu filho que outro mundo é possível. Que a pessoa vale pelo que é, não pelo que tem. Imagine que esse mundo começa na sua casa e comece a construí-lo.

Não é fácil ser pai e mãe no mundo de hoje. Mas sempre que você não souber o que fazer, siga o seu coração. Quem ama quer o melhor, e faz o melhor pelo outro.

O tempo vai passar e sua criança vai crescer. Se a base que você passou tiver sido boa, ela terá mais chances de construir uma vida bonita, encarar os problemas de frente, tornar-se um adulto equilibrado e feliz.

A educação é um ato de esperança. É formar pessoas e encorajá-las a construir um mundo diferente.

O caminho do seu filho começa a ser construído, e você pode estar do seu lado. Agora é com você: pegue sua mão e ajude-o a dar os primeiros passos.

Revista *Encontro com Fátima Bernardes*, set. 2014.

# ENEM NÃO DEVE SER O PRINCIPAL CRITÉRIO PARA AVALIAR UMA ESCOLA

**O Inep acabara de anunciar no Diário Oficial da União que, no dia 1º de dezembro de 2014, divulgaria as notas do Enem 2013. Muitas escolas usam suas notas do exame para compará-las às de outros colégios e formar um *ranking* informal das "melhores do Enem".**

Na próxima segunda-feira (1º/12/2014), as escolas públicas e particulares devem receber as notas do Exame Nacional do Ensino Médio do ano passado (Enem 2013). As escolas terão um prazo para entrar com recurso caso queiram contestar a nota do "Enem por escola", que leva em consideração a média dos alunos nas provas objetivas e na redação. A divulgação final das notas será em dezembro. Muitas escolas usam suas notas do exame para compará-las às de outros colégios e formar um *ranking* informal das "melhores do Enem" para fazer marketing e autopromoção.

Muitos pais esperam esse *ranking* para avaliar ou até escolher a escola dos filhos. Alguns se dispõem a pagar altas mensalidades para garantir a vaga em colégios destacados nos primeiros lugares. Mas em que medida o desempenho no Enem pode ser critério decisivo para matricular um filho?

A nota do Enem é, sem dúvida, um fator relevante. Afinal, as provas medem competências como capacidade de leitura e interpretação de textos, habilidade para expor argumentos, raciocinar e aplicar o conhecimento em situações da vida concreta. Além disso, o Enem é a porta de ingresso para muitas das universidades mais cobiçadas do país e conta na seleção para bolsas no exterior, como no programa Ciência sem Fronteiras.

Mas esse não deve ser o único critério para avaliar uma escola, nem mesmo o principal. A educação básica é algo mais amplo, que envolve outras dimensões da pessoa: ética, física, artística. Abrange a atitude empreendedora, a consciência cidadã, a inteligência emocional. O Enem não consegue medir muito sobre isso.

Além do mais, há que considerar que, de olho no *ranking*, existem colégios que criam todo tipo de artifício. Alguns, por exemplo, afastam os alunos reprovados, o que faz das suas turmas de ensino médio uma verdadeira "tropa de elite". E há até os que se registram com CNPJ diferentes, para concorrer só com os melhores estudantes. Embora esses sejam casos isolados, podem mascarar o resultado e revestir a imagem da escola de uma qualidade que nem sempre existe.

Hoje, o *ranking* do Enem é também um espelho dos abismos socioeconômicos do país. Há exceções, mas em geral as escolas mais bem colocadas atendem alunos de famílias com muitos recursos, repletas de oportunidades de aprendizagem: vão ao teatro, têm livros em casa, viajam nas férias etc. Para esse aluno, o colégio é um prolongamento da casa. Ora, essas instituições, que trabalham com privilegiados, têm mais chances de ocupar os primeiros lugares. Em razão disso, podem ser mais seletivas junto ao alunado. E cobram caro porque sabem que há um público disposto a pagar por isso. Está desenhado o círculo: escolas bem colocadas são frequentadas por elites sociais e intelectuais e o *background* cultural já coloca seus alunos em vantagem com relação aos demais.

Para não se tornar refém dessa lógica que ultrapassa critérios meramente educacionais, há que relativizar a importância dos *rankings*. Mais vale analisar o projeto pedagógico da instituição, verificando se combina com a família e o estudante. Conferir se o currículo inclui artes, leitura, esportes, música, tornando o ensino mais abrangente. Checar se a filosofia é inclusiva e a escola trabalha com todos os alunos, mesmo os que têm dificuldades.

Colégios que aceitam esse desafio, sem excluir os "alunos-problema", confiam na qualidade da educação que oferecem. A boa educação é a que combina excelência acadêmica com excelência humana. Em geral, os alunos dessas escolas, voltadas para a formação integral, têm todas as condições de encarar com naturalidade tanto o Enem como o ensino superior e a vida profissional.

*G1*. 27 nov. 2014. Disponível em: http://g1.globo.com/educacao/blog/andrea-ramal/post/enem-nao-deve-ser-o-principal-criterio-para-avaliar-uma-escola.html. Acesso em: 23 ago. 2019.

# MEU FILHO FICOU EM RECUPERAÇÃO: E AGORA?

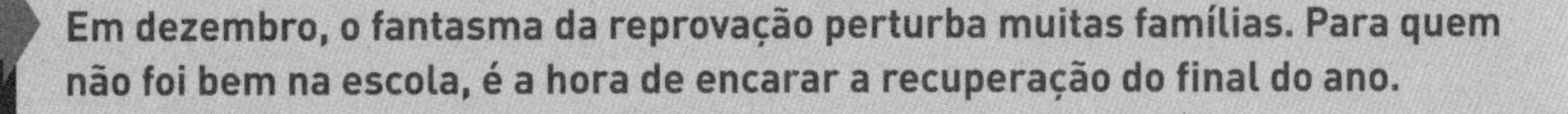

**Em dezembro, o fantasma da reprovação perturba muitas famílias. Para quem não foi bem na escola, é a hora de encarar a recuperação do final do ano.**

Dezembro é mês de alegria para muitas famílias e tensão para outras. Enquanto alguns estudantes planejam suas férias, outros enfrentam o desafio de estudar em dobro: é o caso de quem ficou em recuperação. Se o seu filho está nessa, saiba que, embora o primeiro impulso de muitos pais seja dar broncas, agora é mais produtivo acompanhar os estudos e motivá-lo a se esforçar ao máximo.

Evite fazer ameaças e dizer coisas como: "Por sua culpa a família toda ficará sem viajar", ou "Se for reprovado, será um ano inteiro sem *videogame*". De modo algum diga frases que enfraqueçam a sua autoestima, como: "Nunca tirou essa nota, como vai conseguir agora?", ou "Seu irmão passou direto, e veja só você".

Não adianta descontar nele o seu desapontamento, o estudante já está fragilizado. Ninguém está mais aborrecido do que ele, pois a maioria dos colegas vai se divertir enquanto ele corre o risco de perder um ano. Por isso, dê apoio, mostre confiança e deixe claro que ele tem um aliado para superar o problema.

O que você pode fazer? Se o seu filho é criança, ajude-o a organizar a agenda de estudos; procure os professores para receber orientações; suspenda temporariamente as atividades extras; acompanhe a realização das tarefas.

No caso de adolescentes, é preciso limitar os horários de TV e *games*, a duração dos papos pelo telefone, as saídas com amigos, o namoro, as redes sociais. Explique que não se trata de um castigo, mas de colocar o foco no objetivo desse momento. Isso será um aprendizado e tanto para outras etapas da vida.

Considere a possibilidade de contar com um professor particular. Não é algo que os educadores gostem de recomendar, pois, em geral, os alunos recebem ao longo dos meses, na própria escola, toda a orientação necessária para aprender. Contratar professores a essa altura, com o estudante "pendurado", pode reforçar uma visão de que os pais sempre "dão um jeito" para livrá-lo dos problemas.

Porém, pode haver uma dificuldade específica de aprendizagem. Observa-se naquele caso do aluno que estuda, se esforça e, ainda assim, não vai bem. Uma ajuda pontual, nessas circunstâncias, pode ser positiva. Se a família não tiver condições de arcar com o custo das aulas, pode criar um grupo de estudos. Às vezes, a matéria explicada por um amigo fica até mais fácil de entender.

Passada a recuperação, é momento de refletir sobre o papel dos três implicados: o aluno, a família e a escola. No processo de aprendizagem, eles precisam trabalhar em sinergia e tanto a aprovação como o insucesso têm sua parcela de cada um.

No caso do estudante, os pais precisam conversar para saber o que houve. Os motivos foram ligados à atitude pessoal, como falta de estudo, brincadeira em excesso, desorganização? O problema ocorreu em várias matérias ou numa em especial? Como pensam evitar isso no futuro?

A família também precisa se questionar. A recuperação foi uma surpresa ou já estavam prevendo? O mau desempenho vai sendo construído aos poucos, não é algo que se descobre de repente. Pode ser que os pais não estejam acompanhando os estudos. E pode haver outras coisas implicadas, como problemas de relacionamento na turma, conflitos familiares, algum distúrbio de aprendizagem ou outro problema que a família ainda desconheça.

Por fim, cabe um questionamento à escola. Quando um aluno não aprende no tempo previsto, o colégio deve refletir se cuidou de cada um, de forma personalizada. Não adianta andar com a matéria se um grupo não aprendeu.

Além disso, a escola precisa verificar se há muitos alunos na mesma situação. Será que o nível de exigência está alto demais para a idade? O método das aulas funciona? Há algum problema com a turma – por

**ASSISTA AO VÍDEO SOBRE O TEMA**

**Fonte:** https://globoplay.globo.com/v/4635305/

Acesso em: 13 ago. 2019

exemplo, o "grupinho da bagunça" impede os outros de aprender ou há um conflito entre os estudantes?

Vale lembrar que a recuperação do final de ano não resolve tudo. O que funciona é a recuperação paralela, com classes de reforço, ou atividades na própria aula. Esse método é bem mais eficaz, pois resolve as lacunas de aprendizagem ao longo do ano. Por isso, é adotado pelas melhores escolas. Afinal, o objetivo da educação não é "passar de ano"; o que importa mesmo é garantir que todos os estudantes aprendam de verdade.

*G1*. 2 dez. 2014. Disponível em: http://g1.globo.com/educacao/blog/andrea-ramal/post/meu-filho-ficou-em-recuperacao-e-agora.html. Acesso em: 23 ago. 2019.

# EM QUE *SITES* O SEU FILHO NAVEGA?

**Quando falta pouco para as férias escolares, a criançada começa a comemorar porque terá mais tempo para brincar e, no caso da geração digital, para ficar conectada nos aparelhos eletrônicos. Ponto de atenção para pais e familiares.**

Estão chegando as férias escolares e é natural que, além de brincarem ao ar livre, crianças e adolescentes queiram passar mais tempo na internet e nos *games*. Afinal, durante o ano, o uso das tecnologias é limitado, já que a prioridade são os estudos. Nas férias, não há problema em liberar um pouquinho mais.

Mas aumentar o tempo de uso das tecnologias sempre requer alguns cuidados. Em primeiro lugar, lembre-se de que tudo precisa de equilíbrio. Só porque está de férias, seu filho não deveria passar o dia inteiro na frente do computador. Invente programas divertidos e culturais, como visita a uma exposição, uma ida ao cinema ou a aprendizagem de um novo esporte, por exemplo, para que ele possa se exercitar e arejar a cabeça. Isso será importante na volta às aulas.

Além disso, fique atento aos *sites* em que ele navega e ao conteúdo dos jogos. A internet tem muitas coisas boas e ótimas oportunidades para aprender. Nela, podemos nos comunicar e nos divertir. Mas ela é como uma grande cidade, na qual circulam milhares de pessoas de todos os tipos, e a gente não sabe muita coisa sobre ninguém. Você deixaria seu filho andando sozinho por essas ruas?

Como a internet não tem muitos limites nem controles, existem riscos: assédio, pornografia, pedofilia, *bullying*. Para proteger seu filho, fique atento: não deixe que ele exponha dados da vida e da rotina pessoal, nem fotos que possam parar na mão de desconhecidos.

Saiba os *sites* que seu filho frequenta e navegue junto com ele, até que tenha maturidade para ficar sozinho na internet. Até os 12 anos, a sugestão é manter o computador que seu filho usa num lugar que você possa ver. Só deixe que ele vá sozinho à *lan house* quando tiver juízo para isso.

Leve em conta que nem tudo o que está na internet é verdadeiro, certo ou válido. E pode haver coisas que não combinam com os valores e a forma de pensar da sua família. Dialogue com seu filho sobre tudo isso. Estimule-o a refletir e questionar. Assim ele aprenderá a se posicionar de forma autônoma e inteligente diante do mundo de hoje.

**Siga estas dicas!**

- Conheça bem os *sites* e as redes sociais que seu filho frequenta.
- Escolha alguns *sites* em que você confie para seu filho navegar.
- Não permita que seu filho frequente *sites* que estimulem a violência ou que tenham conteúdos racistas ou preconceituosos.
- Crie seu próprio perfil nas redes sociais que seu filho frequenta, para se comunicar com ele, e aprenda as linguagens que ele usa.
- Se seu filho for vítima de algum abuso na internet, denuncie: você pode fazer isso em: http://www.safernet.org.br.
- Lembre-se sempre que conversar e conscientizar é melhor do que proibir e dar castigo. Ao dialogar, seu filho entende o sentido das coisas e leva esses ensinamentos para a vida.

*Indo & Vindo* – A Revista do Rodoviário. Rio de Janeiro: Fetranspor, dez. 2014.

# NÃO DEIXE SEU FILHO FICAR PARA TRÁS NAS FÉRIAS

**Dezembro de 2014: momento das merecidas férias, para quem havia se saído bem nos estudos. Mas esse tempo também podia ser aproveitado para estimular a mente e para aprender, sem recorrer a livros escolares.**

As crianças podem até acabar o ano com as mesmas notas, mas voltam das férias em níveis diferentes. A constatação é de um grupo de pesquisadores da Johns Hopkins University (EUA), liderado pelo sociólogo Karl Alexander. Ao longo de vários anos, ele analisou as habilidades de leitura e matemática de alunos de várias faixas sociais, antes e depois das férias. Verificou que, no final do ano, não havia grandes diferenças entre os estudantes. Porém, na volta das férias, enquanto as crianças provenientes de famílias menos favorecidas apresentavam as mesmas habilidades ou até alguma perda, as outras alcançavam notas ainda mais altas. Ou seja, haviam aprendido ao longo do verão.

Isso acontecia porque, nesse período, elas haviam lido livros, feito viagens, visitado museus, frequentado teatros e colônias de férias – programas aos quais as outras crianças dificilmente teriam acesso. O que Alexander chamou de "déficit de verão" pode se refletir ao longo de toda a vida escolar, acentuando as distâncias entre estudantes. Outras pesquisas apontam na mesma direção.

É com base nisso que, no Brasil, algumas escolas propõem um "dever de férias", em geral leve e lúdico, com exercícios voltados para minimizar a perda de aprendizagem. Nos Estados Unidos, chega a haver programas estruturados, como os da National Summer Learning Association, que propõem experiências de verão estrategicamente planejadas para desenvolver talentos.

A questão para os pais é: quando as portas da escola se fecharem até o próximo ano letivo, o que meus filhos vão encontrar? Para alguns, haverá um universo de coisas interessantes. Para outros, as férias ficarão restritas a dormir até tarde, passar mais horas nos *videogames*, TV e redes sociais, sem oportunidades culturalmente enriquecedoras.

Essa ruptura pode ocasionar demora no retorno do ritmo de estudos e, ainda, acentuar as disparidades no desempenho escolar.

Por tudo isso, vale a pena que os pais de crianças e adolescentes dediquem um tempo a planejar as atividades desse período.

A primeira possibilidade é fazer programas culturais. Por exemplo, ver exposições, assistir a uma peça de teatro ou um concerto de música. Em todas essas alternativas costuma haver opções voltadas para crianças e jovens e algumas delas são bem acessíveis, com preços populares.

Outra ideia é ir ao cinema. Vale escolher um filme que tenha mensagem significativa, para discutir depois. A conversa sobre conteúdos e sentidos dos filmes exercita o pensamento e a capacidade de interpretação.

É importante propor jogos que desafiem a inteligência e o raciocínio, em vez de atividades puramente mecânicas. Melhor ainda, praticar esportes ao ar livre. Cozinhar é uma excelente experiência: há que ler receitas, planejar o trabalho, calcular tempos e medidas, coordenar várias tarefas e a família ainda pode se reunir para saborear o resultado da brincadeira.

Não esqueça da leitura. Estimule seu filho a escolher pelo menos um livro para ler nas férias. Ajude-o a criar um hábito que não dependa só da escola.

Para tudo isso, leve em conta os interesses dele. Seu filho se entusiasma com temas sobre espaço, filmes de ficção científica? Leve-o ao planetário e relacione os filmes com o que ele viu. Para quem gosta de história, há museus que mostram a vida de personagens de outras épocas, seus estilos e costumes. Em algumas cidades há museus sobre aviação, moda e até brinquedos. Se você viajar, procure se informar sobre os roteiros culturais da região para levar seu filho.

Alguns optam por colônias de férias. Nelas, a criança pode desenvolver habilidades de relacionamento e aprender a se virar sozinha, longe dos pais – o que reforça a autonomia. Muitas são temáticas, com atividades como artes, música ou idiomas. Estabeleça critérios para escolher bem, como verificar as condições de segurança e a presença de educadores capacitados.

Nos Estados Unidos, existe até uma certificação para atestar a excelência dos "programas de verão" (o Excellence in Summer Learning Award). Ela avalia indicadores como objetivos, modelo de gestão e resultados alcançados.

Uma recomendação final: cuidado com os exageros. As férias são para descansar, então não transforme esse período numa maratona de aulas de reforço nem deixe seu filho colado nos cadernos, mesmo se ele tiver passado de ano raspando. Não é necessário revisar matéria, a escola cuidará disso na volta às aulas. Equilibre a aprendizagem com muito descanso, diversão e lazer.

*G1*. 16 dez. 2014. Disponível em: http://g1.globo.com/educacao/blog/andrea-ramal/post/nao-deixe-seu-filho-ficar-para-tras-nas-ferias.html. Acesso em: 23 ago. 2019.

# O DESAFIO DE ESTUDAR EM OUTRA CIDADE

**Uma das coisas que mudaram com o Enem foi a maior mobilidade dos estudantes. Antes dele, para estudar em outra cidade, o estudante precisava fazer vestibular para uma determinada faculdade daquele lugar.**

2013

Quem garante uma boa nota no Exame Nacional do Ensino Médio (Enem) pode optar por universidades de outros estados, graças ao Sistema de Seleção Unificada (Sisu). Assim, os candidatos mais qualificados têm à sua disposição os melhores cursos do país. Será que todas as famílias estão preparadas para lidar com essa mobilidade?

Há o caso dos estudantes que desistem por não poderem arcar com os custos da vida em outra cidade. Com a perspectiva aberta pelo Sisu, seria importante que toda família se preparasse financeiramente desde cedo, quando possível, fazendo uma poupança para que o jovem tivesse os recursos iniciais para isso.

É o que os pais americanos costumam fazer desde que a criança nasce. O investimento vale a pena pelas possibilidades que uma boa faculdade representa para a vida profissional. No Brasil, como complemento, pode-se pedir apoio a fundações que dão assistência a estudantes de baixa renda.

Outro desafio está no fato de que nem todos os pais estão preparados para ficar longe dos filhos e muitos chegam a sofrer impactos psicológicos consideráveis nesse momento, experimentando o que se chama de "síndrome do ninho vazio".

Ver o filho partir não é fácil, ainda mais na nossa cultura – diferente dos Estados Unidos, onde é comum que os jovens cursem o ensino superior em outras regiões, morando em albergues ou na própria faculdade. Para o jovem, é uma experiência e tanto, não só por estudar numa universidade de excelência, mas também pelo que significa conhecer outros sotaques e culturas e ter que se virar por si mesmo.

Nesse ponto, os estudantes que se saem melhor são aqueles criados por pais que fortaleceram a sua autonomia ao longo da infância.

É verdade que o monitoramento da vida das crianças se tornou uma necessidade. No entanto, os pais superprotetores, que colocam a criança numa redoma, acabam formando filhos menos capazes de enfrentar desafios. É o caso dos estudantes que, ao chegarem a outra cidade, não conseguem gerenciar seus custos, dependem dos outros até para uma refeição e têm dificuldades para se adaptar.

É fundamental formar os filhos, desde crianças, para a autonomia responsável e a autogestão da vida. Ensinar coisas simples, como controlar a agenda da semana, cuidar da arrumação do próprio quarto, cozinhar pratos simples e planejar o uso da mesada são boas formas de começar.

Quando o filho pretende estudar em outra cidade, há que incentivá-lo a correr atrás do seu sonho. Considerar que ele

**ASSISTA AO VÍDEO SOBRE O TEMA**

**Fonte:** http://g1.globo.com/globo-news/jornal-globo-news/videos/t/videos/v/instituicoes-dos-eua-dao-oportunidades-a-brasileiros/6677681/

Acesso em: 13 ago. 2019

não está saindo de casa porque não gosta da família. Ver os pais felizes permitirá que ele foque mais nos estudos.

Quanto aos pais que vivem hoje essa situação, lembrem-se de que, se o filho alcançou tal independência, isso também é uma vitória da sua forma de educá-lo. Podem se sentir realizados, porque prepararam um jovem capaz de se lançar no mundo e de ir em busca de seus objetivos.

*G1*. 26 jan. 2015. Disponível em: http://g1.globo.com/educacao/blog/andrea-ramal/post/o-desafio-de-estudar-em-outra-cidade.html. Acesso em: 23 ago. 2019.

## VOLTA ÀS AULAS: COMO GARANTIR UM BOM COMEÇO?

**Início de fevereiro de 2015: os estudantes e suas famílias se preparavam para a volta às aulas.**

Nesta segunda-feira, boa parte dos alunos da educação básica estará de volta às aulas. Acertar no início do ano letivo é decisivo para ter boas notas o ano todo. E os pais têm um papel fundamental nesse momento: precisam transmitir ao filho palavras que aumentem a sua motivação, dosar a agenda para que a transição férias-estudo seja feita de um modo gradativo e, claro, acompanhar o trabalho escolar todos os dias: deveres de casa, rotina de estudos, ritmo de aprendizagem.

Dois casos específicos merecem atenção redobrada. O primeiro é o das crianças que vão entrar na escola pela primeira vez. A experiência precisa ser positiva, para evitar eventuais resistências e estabelecer uma boa relação com o mundo escolar.

Para isso, os pais precisam controlar a própria ansiedade. Por exemplo, há mães que choram na entrada do colégio ao ver o filho cruzar o portão. Embora essa reação seja compreensível, ela reforça o sentimento de separação e pode gerar insegurança. Há que manter a tranquilidade: afinal, na escola, a criança estará se desenvolvendo e terá educadores monitorando todas as suas atividades. Se os pais reagirem com naturalidade e alegria, ela se sentirá bem mais confiante.

Em alguns casos, é necessário um período de adaptação. Alguns colégios sugerem que os pais fiquem um pouco com os filhos na sala de aula, nos primeiros dias, para aumentar a sua autoconfiança. Vale explicar a eles o porquê de ir à escola, a importância de aprender e a oportunidade de fazer novos amigos. Em pouco tempo a criança se integrará naturalmente ao novo ambiente.

Outro caso que exige especial atenção é o das crianças que estão passando do 5º para o 6º ano (a antiga "5ª série"). Não é uma mudança simples: são mais matérias e professores, muitos livros didáticos, mais deveres de casa e provas. O papel dos pais é ajudar na organização da agenda do dia, reforçar sempre o hábito de estudo e não deixar que as matérias se acumulem.

Não dá para esquecer que, nessa fase, o filho está entrando na adolescência e irão surgindo outros interesses além dos estudos. É uma etapa marcada por novos eventos, como conflitos entre jovens, *bullying*, excesso de internet, risco do consumo de drogas. É momento de insegurança e necessidade de autoafirmação.

Frente a isso, em vez de cobranças exageradas, que podem atrapalhar a relação familiar nesse momento tão delicado, pais e mães precisam conversar bastante com os filhos, com transparência e abertura, para entender como se sentem e orientar diante das dificuldades.

Em todos os casos, é importantíssimo manter contato direto e constante com a escola, para saber se o estudante começou bem o ano, se tudo corre dentro das expectativas e se há algo que possa ser feito em casa para reforçar a aprendizagem. Quando essa sintonia entre família e escola acontece de verdade, as chances de ter um ano letivo bem-sucedido são bem maiores.

*G1*. 2 fez. 2015. Disponível em: http://g1.globo.com/educacao/blog/andrea-ramal/post/volta-aulas-como-garantir-um-bom-comeco.html. Acesso em: 23 ago. 2019.

## AS AULAS VOLTARAM! SIGA ESTAS DICAS PARA COMEÇAR BEM

**Início de fevereiro de 2015: os estudantes e suas famílias se preparavam para a volta às aulas.**

As férias escolares chegaram ao fim. Começar bem pode ajudar a ter boas notas o ano todo. Mas não é fácil. Afinal, até os adultos lamentam quando as férias acabam! Ainda mais as crianças, que passam esses dias se divertindo, sem horários rígidos, só na curtição. Você sabia que o papel dos pais é muito importante nesse momento? Siga estas dicas:

**Controle a ansiedade**

Às vezes, os pais ficam mais aflitos do que as crianças na hora de voltar às aulas. Já vi mães chorando no portão do colégio, ao ver o filho entrar carregando mochila e lancheira! Fique tranquilo. A escola é o melhor lugar em que ele poderia estar. Se você reagir com naturalidade, ele se sentirá mais confiante.

**Fale coisas animadas sobre o estudo**

A palavra de ordem é motivação. Mostre que voltar a estudar é um motivo de alegria: afinal, seu filho vai aprender coisas novas e reencontrar os amigos. Diga palavras de incentivo e nunca mostre pena. Não conte coisas que tiram a vontade, como: "Eu também sofria muito na hora de estudar", ou "Coitado, acabou-se o que era doce". Fale da escola de forma positiva, porque aprender é uma oportunidade para aproveitar com entusiasmo.

**Fique de olho se seu filho está numa nova fase**

Se seu filho está entrando numa nova etapa, como, por exemplo, do 5º para o 6º ano, lembre-se de que cada criança tem um ritmo de adaptação. Não é uma mudança simples, porque ele terá mais matérias, mais professores, mais livros, deveres de casa... Você precisa ajudá-lo a se organizar. Monte com ele a agenda do dia, colocando o estudo sempre nos melhores horários.

Nessa fase, ele também está entrando na adolescência e terá outros interesses além do estudo. Converse bastante, para saber como ele está se sentindo, e fale sempre com a escola, para saber se tudo está bem.

**No caso de crianças muito pequenas, atenção com a readaptação**

Depois de tanto tempo em casa, no caso de crianças muito pequenas (educação infantil ou 1º ano do ensino fundamental), pode ser necessário um período de readaptação. Talvez você precise explicar o porquê de ir à escola, ficar um pouco com ele, na sala de aula, por um ou dois dias, conversar com os professores.

**Adapte a rotina aos poucos**

Na organização da agenda do seu filho, não coloque só estudo. É preciso equilibrar um tempo de brincadeiras, lazer e descanso, com os deveres. Assim, ele vai entender que não é porque as aulas voltaram que acabou a diversão.

**Fique atento se seu filho está mudando de escola**

Mudança de escola é sempre um desafio. Leve a criança para conhecer o espaço antes de as aulas começarem, assim ela sentirá mais segurança. Pense no porquê da mudança, pois cada motivo tem uma dica de adaptação. Por exemplo, se foi uma mudança obrigada, porque a família mudou de bairro, a criança sentirá falta dos amigos e precisará de apoio no lado afetivo.

Já se a mudança ocorreu porque o aluno não se adaptou em outra escola, ou porque repetiu de ano, os pais podem mostrar que essa é a chance de construir uma nova imagem de si mesmo, começar uma nova etapa na vida, além de fazer novos amigos.

**Seja um parceiro da escola**

Educar é um trabalho de parceria entre pais e professores. Nas primeiras semanas, as escolas planejam atividades para retomar o ritmo, entrosar a turma e os professores, revisar a matéria. Cabe aos pais, em casa, dar continuidade ao trabalho. Olhe os deveres todos os dias, pergunte o que seu filho aprendeu, mostre interesse e evite cobranças exageradas. Saiba o nome de professores e colegas. Assim, ele verá que o estudo é importante para você.

Revista *Encontro com Fátima Bernardes*, fev. 2015.

## SEU FILHO MUDOU DE ESCOLA? VEJA COMO AJUDÁ-LO NA ADAPTAÇÃO

**O início do ano letivo tem um desafio a mais na volta às aulas para quem mudou de escola. Tema para discutir e problematizar com as famílias dos estudantes.**

Adaptar-se a uma nova escola é sempre um desafio. Por isso, os pais que têm filhos nessa situação precisam ficar especialmente atentos na volta às aulas, sobretudo quando a mudança ocorreu contra a vontade do estudante.

É o caso, por exemplo, das crianças e jovens cuja família teve que mudar para outro bairro ou cidade, o que forçou a troca de colégio. Ou, ainda, quando uma redução do orçamento familiar exigiu buscar um colégio de mensalidade mais acessível ou uma escola pública.

A perda de contato com os amigos é uma questão pertinente e os pais não deveriam tratar isso como se fosse a coisa mais natural do mundo. Existe também o impacto de lidar com outros métodos de ensino, espaços desconhecidos e uma dinâmica institucional diferente. Tais fatores podem impactar a aprendizagem e o estado emocional de crianças e adolescentes.

A situação é diferente para o estudante que muda de escola porque não se adaptou à instituição anterior, ou porque foi reprovado, ou ainda porque sofria *bullying*. Nesse caso, os pais precisam incentivá-lo a ver o novo ano letivo como uma oportunidade para começar nova etapa de vida, construindo uma história e uma imagem pessoal mais positivas, além de ter a chance de fazer amigos num ambiente em que ninguém conhece a sua trajetória passada.

Em todos esses casos, é recomendado acompanhar a vida escolar desde o início do ano. Isso significa mais do que ir às reuniões de pais. Algumas das providências concretas são: comunicar-se sempre com os responsáveis escolares e pedir relatórios periódicos da fase de adaptação, acompanhar os deveres de casa, conversar com o filho para perceber como anda a sua motivação e apoiá-lo nas dificuldades que surgirem, até que ele se sinta seguro e confiante.

Se seu filho mudou de escola, siga estas dicas:

- No caso de crianças pequenas, explique os motivos da mudança. As coisas são mais fáceis de entender e aceitar quando conhecemos os porquês.
- Mostre os aspectos positivos de mudar de escola: fazer novos amigos, transitar em novos ambientes, conhecer professores diferentes.
- Estimule seu filho a manter, sempre que possível, comunicação e contato com os amigos da escola anterior.
- Verifique se o ambiente da nova escola combina com seu filho, se os relacionamentos fluem naturalmente e se a didática é adequada.
- Faça todo o esforço para que a experiência na instituição seja positiva, o que evitará todo o transtorno de uma nova mudança no futuro.

*G1*. 10 fev. 2015. Disponível em: http://g1.globo.com/educacao/blog/andrea-ramal/post/seu-filho-mudou-de-escola-veja-como-ajuda-lo-nessa-fase-de-adaptacao.html. Acesso em: 23 ago. 2019.

## VOCÊ CRIA SEUS FILHOS MENINOS E MENINAS PARA UMA RELAÇÃO DE IGUALDADE?

**Em março de 2015, a educação para a igualdade de gênero ganhava espaço nas discussões dentro e fora da escola.**

Uma recente pesquisa mostrou que a criação, em casa, ainda é muito desigual. Por exemplo, a cada dez meninas, sete lavam a louça e seis limpam a casa. No entanto, a cada dez meninos, apenas um deles costuma fazer essas tarefas.

Além disso, quando é preciso ajudar a mãe a tomar conta dos filhos menores, em geral quem faz isso é a menina. Nessa hora, ela precisa parar de estudar ou brincar, enquanto o filho homem segue sua rotina normalmente.

Essas diferenças mostram que, na prática, muitos pais ainda reforçam em casa um modelo de relacionamento desigual. Enquanto o homem é preparado para ser aquele que vai trabalhar fora, a mulher é responsável pela vida doméstica e por cuidar dos filhos. Quando adulta, se a mulher também trabalha fora, por desejo ou necessidade, acaba cumprindo jornada tripla: cuida do trabalho, da casa e dos filhos, muitas vezes sem apoio do marido.

Na hora de ganhar presentes, as meninas recebem casinha, fogão, panelinhas, bonecas... E os meninos? Ganham bola, jogos de tabuleiro, laboratório de ciências, carrinho, peças para montar. Os pais acham que "brincar de casinha" não é coisa para menino!

O que as famílias precisam entender é que uma criação com mais igualdade dentro de casa poderia ser mais positiva tanto para meninas como para meninos.

Fazendo tarefas domésticas, a criança desenvolve habilidades que serão úteis na vida adulta: planejamento, seguir processos, organização, trabalho em equipe, liderança, gestão do tempo.

Além disso, as atividades feitas na infância podem influenciar até a escolha da profissão. Ao brincar com jogos de montagem de peças, aviões, carrinhos ou laboratórios, o menino se inclina para interesses ligados a engenharia, física, cálculos e ciências. A mesma oportunidade precisa ser dada às meninas.

Educar meninos e meninas com mais igualdade é formá-los para o mundo de hoje, onde homens e mulheres dividem responsabilidades não só dentro de casa ou nas empresas, mas até no governo dos países.

Assim, ao criar meninos e meninas, siga estas dicas:

- Divida as tarefas domésticas igualmente entre meninos e meninas.
- Dê o exemplo: pais e mães também podem dividir as tarefas de casa.
- Livre-se de preconceitos ao escolher presentes para meninos.
- Ensine os meninos a cuidar: da casa, do quarto, de um animal doméstico.
- Faça brincadeiras em que a menina possa revezar a liderança com o menino.
- Veja se a escola está atenta a essa igualdade de papéis e responsabilidades.

*Indo & Vindo* – A Revista do Rodoviário. Rio de Janeiro: Fetranspor, mar. 2015.

## SEU FILHO É VICIADO EM INTERNET?

**No mês de maio de 2015, uma das cartas de leitores que recebo habitualmente trazia uma dúvida muito própria de pais na sociedade das tecnologias.**

Recebi a seguinte consulta de uma mãe, R.D.: "Meus filhos, de 7 e 8 anos, estão viciados em internet. Começou aos poucos: *games* no final de semana, redes sociais, grupos de WhatsApp. Agora são muitas horas por dia, chegam a passar um fim de semana inteiro jogando".

A mensagem continua: "Às vezes eu mesma acabo estimulando, chego do trabalho muito cansada e os dois, mais o cachorro, pedindo para brincar. Sem energia para nada, dou um ossinho para o cachorro e libero o *tablet* para as crianças. No restaurante, eles só ficam quietos se deixo usar o celular. Agora se tornou uma bola de neve: eles estudam pouco, convivem cada vez menos e pediram para sair da aula de futebol".

O problema vivido por R.D. não é um caso isolado. De fato, o vício em internet é crescente entre crianças e jovens. Pesquisa realizada em 2014 por uma organização canadense mostra que 16% dos jovens entre 18 e 25 anos passam mais de 15 horas por dia na web. Estudos realizados em outros países reportam índices similares.

Neste ano, um adolescente chinês cortou a própria mão por desespero ao não conseguir desligar a internet. Na China, são 24 milhões de viciados. Alguns pais chineses afirmam que o vício destruiu as suas famílias. Não é exagero, pois sabe-se que os efeitos da dependência em internet podem ser tão devastadores psíquica e socialmente como os causados pelo alcoolismo e pelas drogas. Além disso, pode haver complicações como déficit de atenção, hiperatividade ou depressão. Na China, há pelo menos 400 centros especializados nesse atendimento.

**Como lidar com isso?**

A primeira medida é preventiva: diversificar as atividades da criança, com espaços programados para leitura, esportes, lazer, estudo e deveres de casa.

Segunda: limitar o uso de eletrônicos – uma hora por dia é o suficiente, podendo expandir um pouco nos finais de semana.

Terceira: dar o exemplo e estimular o convívio em casa, dialogando com os filhos, fazendo as refeições juntos.

Quando o vício já está instalado, a alternativa mais indicada é encaminhar o caso para um acompanhamento de psicólogos ou psiquiatras especializados nessa patologia. Analogamente ao que ocorre nos casos de dependência química, o tratamento pode precisar envolver membros da família.

**Teste rápido**

Se você responder "sim" a pelo menos quatro destas perguntas, existe risco de seu filho estar viciado em internet:

- Seu filho conseguiria ficar sem usar internet por uma semana?
- Quando você pede para desligar os eletrônicos, ele costuma reagir de forma negativa ou agressiva?
- Seu filho aceita facilmente trocar uma atividade que envolve internet por outro programa, como sair com a família, brincar, praticar um esporte ou ir ao cinema?
- Conectar-se à internet é a primeira coisa que seu filho faz ao acordar, antes mesmo de tomar café da manhã?
- Ele fala em excesso sobre *games*, redes sociais e eventos que, na maioria, acontecem apenas dentro da web?
- O tempo que seu filho passa conectado vem aumentando nos últimos 12 meses?
- A internet já foi motivo de brigas na sua casa?

- Quando seu filho vai à casa de amigos, costuma pedir para usar o computador ou a senha da rede wi-fi, ou usa o celular em excesso?
- Em locais em que não é possível usar eletrônicos, você percebe mudança de comportamento, como ansiedade, nervosismo, impaciência, agressividade ou dispersão?
- Nos últimos 12 meses, seu filho deixou de fazer deveres ou estudar para ficar na internet, ou houve alguma queda nas notas por causa da web?
- Nos últimos 12 meses, seu filho pediu para sair de alguma atividade como aulas de esportes ou idiomas, ou programas familiares, e acabou usando esse tempo para ficar na internet?
- Você tem a impressão de que seu filho poderia aproveitar melhor a infância ou a adolescência se a internet não existisse?

*G1*. 13 maio 2015. Disponível em: http://g1.globo.com/educacao/blog/andrea-ramal/post/seu-filho-e-viciado-em-internet.html. Acesso em: 23 ago. 2019.

## COMO FALAR COM CRIANÇAS SOBRE VIOLÊNCIA

**Em 23 de julho de 2015, o Ibope divulgava: violência em São Paulo assusta 56% das crianças e adolescentes. Esse percentual não é exclusivo da capital paulista, mas se estende por todas as outras cidades, em maior ou menor escala, sobretudo em regiões de confrontos armados.**

Quando eu dava aula na alfabetização, certa vez o desenho de uma criança me preocupou: ao lado da escola, pedestres fugiam de homens armados com fuzis. Havia pessoas feridas, balas passando sobre as cabeças e muitos borrifos de sangue. Uma criança chorava ao lado do pai morto. A cena era de um tom vermelho assustador. Na época, conversamos com a família, que relatou que o menino andava agitado. Orientamos que os pais e professores ficassem atentos e, eventualmente, procurassem o apoio de um especialista.

Os anos passaram e, lamentavelmente, desenhos desse tipo foram se tornando cada vez mais comuns nas turmas infantis. A violência – não aquela divertida, dos filmes de aventuras, mas a do pavor cotidiano de ter a vida de parentes e amigos em risco – passou a ser retratada diariamente.

Nas redações, li textos de crianças angustiadas, que relatavam seu temor a cada vez que os pais não chegavam em casa no horário habitual. Vi crianças chorarem de apreensão, no recreio, quando os pais não atendiam o celular. Uma das mães pediu que a escola lhe permitisse enviar uma mensagem à filha cada vez que ela chegasse ao trabalho, mesmo que fosse durante a aula, caso contrário a menina não conseguiria prestar atenção à matéria.

Segundo pesquisa divulgada pelo Ibope em julho deste ano, 61% das crianças e adolescentes de São Paulo sentem medo de violência e roubo. Em certas regiões, o número pode ser mais alto. Numa caminhada pela paz no Complexo do Alemão, realizada em abril, as crianças participaram do protesto pela paz após a morte do menino Eduardo de Jesus Ferreira, de 10 anos, que foi baleado enquanto brincava na porta de casa. As imagens surpreendem quando se pensa na infância como o tempo da brincadeira, da leveza, do mágico despertar para o mundo.

Qual mundo? Esse que inventamos está longe do que gostaríamos de oferecer aos nossos filhos. Como os ajudaremos a lidar com essas realidades? Por mais que pareça difícil, em primeiro lugar, há que evitar passar a eles os mesmos temores dos adultos. A criança precisa se sentir protegida por pais e professores.

Longe de tentar parecer super-herói, o ideal é conversar com as crianças e os adolescentes, ouvir sua visão sobre os acontecimentos, perguntar como se sentem, transmitir tranquilidade. Levar em conta a idade deles, poupando os mais novos de notícias que possam assustá-los. Explicar que todos somos responsáveis pela segurança, por exemplo, em casa e na escola. Mostrar que é difícil, mesmo para os adultos, entender que existam pessoas que maltratem ou firam os demais. Não incentivar o acesso a armas – mesmo de brinquedo – e defender que a violência nunca pode ser a solução dos problemas. Com os adolescentes, refletir sobre a frase "A paz é fruto da justiça".

Há que observar o estado de ânimo dos filhos e nunca recorrer a medicamentos sem orientação médica. Por fim, manter um ambiente familiar de harmonia. Afinal, a paz também pode ser ensinada. Esse é agora o nosso desafio: ensinar às crianças de hoje como construir um mundo diferente.

*G1*. 30 jul. 2015. Disponível em: http://g1.globo.com/educacao/blog/andrea-ramal/post/como-falar-com-criancas-sobre-violencia.html. Acesso em: 23 ago. 2019.

**ASSISTA AOS VÍDEOS SOBRE O TEMA**

**Fonte:** http://g1.globo.com/globo-news/jornal-globo-news/videos/v/escolas-do-rj-sofrem-com-greves-e-atraso-nas-aulas/6521982/

Acesso em: 13 ago. 2019

**Fonte:** https://globoplay.globo.com/v/6671174/

Acesso em: 13 ago. 2019

# BOA NOTA NO ENEM NÃO GARANTE QUALIDADE DA ESCOLA

**Em 5 de agosto de 2015, era publicado mais uma vez o *ranking* do Enem por escola – referente, neste caso, às provas de 2014. Surgia novamente a discussão: até que ponto os primeiros colocados são mesmo os melhores?**

Se uma escola não vai bem no Enem, isso é motivo de preocupação. Mas a recíproca não é verdadeira: estar nos primeiros lugares desse *ranking* não necessariamente garante que um colégio seja melhor do que os outros.

A prova do Enem mede competências essenciais: leitura e interpretação de textos, raciocínio matemático, capacidade de relacionar conhecimentos de diversas áreas, habilidade para resolver problemas práticos. Na redação, única prova de questão "aberta" (as demais são de múltipla escolha), o candidato deve discorrer sobre um tema e apresentar uma proposta de intervenção social. Ora, o mínimo que se pode esperar de uma escola é que, ao longo dos 12 anos de formação básica, prepare o aluno para fazer tudo isso com desenvoltura. O mau desempenho no Enem é sinal de que algo não vai bem.

Acontece que, de olho na importância dessa prova, algumas escolas se tornaram quase "profissionais do Enem". Fazem treinamentos específicos, captam os melhores alunos de outras instituições e afastam estudantes reprovados. Há até quem crie um novo CNPJ para concorrer a esse processo com turmas especiais constituídas por alunos da "elite intelectual", como foi noticiado pela mídia no último exame: a mesma escola aparecia em 1º e em 569º lugar no *ranking*.

Além disso, a classificação acaba, muitas vezes, seguindo um círculo vicioso: as escolas mais bem colocadas são procuradas por quem pode pagar, e quem pode pagar por altas mensalidades já traz uma bagagem cultural que constitui, na prova, um diferencial competitivo. Será que as escolas que ocupam os primeiros lugares conseguiriam esse mesmo resultado se trabalhassem com filhos de famílias sem recursos e com baixa formação acadêmica?

Ao mesmo tempo, há que lembrar que o Enem consegue medir apenas uma parte do ensino. A prova não dá conta de avaliar dimensões consideradas decisivas na educação de hoje, como as competências emocionais, a atitude empreendedora, a postura cidadã, a habilidade de relacionamento interpessoal, os hábitos e valores – dimensões que também se desenvolvem ao longo da infância e da adolescência, numa parceria entre escola e família.

Por tudo isso, há que ler os resultados do *ranking* do Enem com parcimônia. Estar nas primeiras posições não pode ser o único critério para escolher uma escola. Outros aspectos se somam para compor a formação integral. Entre eles, destacam-se: currículo abrangente, com atividades como esportes, idiomas, artes, leitura, educação para os meios; filosofia inclusiva, que acolha alunos com deficiências ou com problemas de aprendizagem; e inclinação para a formação ligada a ética e responsabilidade social, o que inclui no ensino as discussões sobre realidades, interesses e conflitos individuais e sociais, inerentes ao cidadão de nosso tempo.

*G1*. 5 ago. 2015. Disponível em: http://g1.globo.com/educacao/blog/andrea-ramal/post/boa-nota-no-enem-nao-garante-qualidade-da-escola.html. Acesso em: 23 ago. 2019.

# A ESCOLA PODE MANDAR NO CABELO DOS ALUNOS?

**No retorno das férias do meio do ano, alguns dos estudantes voltam com o cabelo colorido. Algumas escolas não permitem e a discussão vem à tona.**

O estudante resolve pintar o cabelo de rosa ou lilás e, ao chegar ao colégio, tem que voltar para casa, pois a cor é "extravagante". Esse procedimento é correto?

Em princípio, a escola tem o direito de estabelecer as normas internas, que são explicitadas no regimento escolar – assinado pelos pais ou responsáveis no momento da matrícula. Por outro lado, será que as escolas que procedem desse modo estão educando para o mundo de hoje?

Muitas escolas, no passado, foram concebidas como se fossem uma "indústria": todos seguindo os mesmos padrões, alinhados em fila, cumprindo horários rígidos, divididos pelo toque de um alarme (como numa fábrica), ensinados a obedecer, copiar, decorar – e não a refletir, interagir, criar.

Hoje, em diversos países, a educação começa a se pensar de um modo diferente. Não que seja um "vale-tudo", no qual se pode fazer qualquer coisa, mas as crianças e jovens são incentivados a pensar sobre as formas de conviver: o que respeita e o que fere o espaço do outro, o que atinge ou não as liberdades e direitos individuais.

Tudo isso é bastante subjetivo. Por exemplo, segundo alguns regimentos escolares, não é permitido usar saia fora do comprimento adequado. Mas quantos centímetros definem o que é adequado e em que momento há desrespeito, segundo que valores, conceitos e padrões?

Só para colocar mais uma pitada de complexidade nessa discussão, onde tudo é bastante relativo e cultural, basta lembrar que este ano, na França, uma escola proibiu uma aluna de usar saia muito longa, pois entendeu como uma manifestação religiosa não autorizada.

Outro exemplo: existem escolas que proíbem os meninos de usar brincos. Mas não proíbem as meninas. Então, qual é o motivo da proibição: preconceito, discriminação?

O corte e a cor do cabelo são expressões da liberdade individual e reflexos da nossa cultura, que muda o tempo todo. Corte estilo moicano ou cabelos coloridos são coisas que os artistas usam e os jovens adoram imitar. Se forem usados como forma de desrespeitar, provocar ou desafiar a escola, serão motivo para se acompanhar o caso, pois isso pode revelar alguma instabilidade emocional (sobretudo se for uma atitude repetida continuamente). Se são formas de o jovem imitar um ídolo, é motivo para reflexão: somos nós mesmos ou apenas imitamos os outros? Até onde vai nossa identidade? E se são formas de expressão pessoal, para se diferenciar dos demais, por que seria negativo? Hoje ninguém quer ser igual ao outro e essa é uma chance que a escola tem de trabalhar as diferenças.

Em vez de simplesmente proibir um cabelo, um esmalte ou um acessório, as escolas antenadas com o presente preferem ensinar a acolher a diversidade. Ao fazer isso, elas ensinam a viver num mundo que é assim: plural, diverso, múltiplo, onde uns aprendem com os outros.

Como ficam os pais nessa questão? Eles deveriam buscar uma escola que tivesse posição educacional com a qual se sentissem confortáveis. As escolas podem, sim, definir suas normas. Mas cabe aos pais, em primeiro lugar, ler com cuidado o regimento escolar e ver se concordam com o modelo de ensino. E, quando já são parte da comunidade educativa e não concordam com algo, expressar-se por meio do diálogo, para que o colégio reflita sobre as mudanças que nossos tempos exigem. Afinal, o regimento escolar não é um documento para a vida toda e precisa ser sempre atualizado.

*G1*. 11 ago. 2015. Disponível em: http://g1.globo.com/educacao/blog/andrea-ramal/post/escola-pode-mandar-no-cabelo-dos-alunos.html. Acesso em: 23 ago. 2019.

# EXISTE PALMADA "EDUCATIVA"?

**Em 19 de janeiro de 2016, um crime choca todo o país: a morte da menina carioca Micaela, de quatro anos, vítima de violência doméstica cometida pelo pai e a madrasta.**

A morte da menina carioca Micaela, de quatro anos, com mais de 25 lesões e provável traumatismo craniano e edema encefálico, não é um caso isolado. A violência doméstica contra crianças acumula, no Brasil, índices assustadores, fruto da brutalidade e da covardia dos adultos. Chama a atenção que ainda haja pessoas que sejam contrárias à Lei do Menino Bernardo (Lei nº 13.010/2014, conhecida como "Lei da Palmada"), por entender que "apanhar" pode ser educativo. Será mesmo?

De acordo com a lei, a criança e o adolescente têm o direito de ser educados sem o uso de castigo físico ou de tratamento degradante (como ameaças ou humilhações), como formas de correção, disciplina, educação ou qualquer outro pretexto, seja pelos familiares ou por qualquer pessoa encarregada de cuidar deles.

O outro lado da questão é representado pelos pais que dizem: "Que exagero, uma palmadinha não faz mal e é até educativa". Outros relatam: "Apanhei muito na infância e não morri por causa disso". De fato, a Lei da Palmada não se refere a "palmadinhas" corretivas. Há uma diferença abismal entre uma palmadinha e um espancamento cruel.

Entretanto, as pesquisas dos últimos 20 anos sobre esse tema, consolidadas no trabalho de J. Durrant e R. Ensom *Physical punishment of children: lessons from 20 years of research*, mostram que a punição física está associada com aumento do nível de agressividade infantil e pode ter implicações na vida adulta, relacionadas a depressão, ansiedade e desajuste psicológico.

A alternativa é que os pais passem a tratar os filhos como eles gostariam de ser tratados: conceito base da "disciplina positiva". Nessa linha educativa, acredita-se que controlar os filhos pelo medo não traz resultados e só provoca vergonha e humilhação. Além disso, acaba ensinando às crianças que a violência é a forma de resolver conflitos. Tudo isso compromete as relações de confiança entre pais e filhos.

Na disciplina positiva, em vez de bater, os pais usam técnicas como distrair as crianças e guiá-las amorosamente para que elas deixem de lado uma atividade inadequada. As regras são explicadas e até elaboradas em conjunto, como acordos. Os problemas são resolvidos com diálogo, para que a dignidade de todos seja preservada. Os pais dão o exemplo (pois é com eles que as crianças aprendem), construindo relacionamentos de respeito dentro da família e ao se comunicarem com outras pessoas.

Mudar o modo de reagir diante de birras e indisciplina não é fácil, até porque muitos pais foram educados em lares autoritários. Uma ação possível: em momentos de raiva, estresse ou cansaço, é preferível se acalmar antes de partir para cima da criança. Isso tende a contribuir para uma conexão maior entre pais e filhos, na infância e na adolescência.

Para quem exagera, ao ponto de chegarmos a ter tantos episódios bárbaros como o de Micaela e Bernardo, resta responder legalmente – e as penas deveriam ser mais severas. A dificuldade é que as crianças que sofrem maus-tratos, em geral, não têm como denunciar nem a quem recorrer. Daí a importância do papel de professores, agentes de saúde e do Conselho Tutelar no encaminhamento das vítimas a programas de proteção e tratamento e na educação das famílias sobre as práticas da "disciplina positiva".

*G1*. 22 jan. 2016. Disponível em: http://g1.globo.com/educacao/blog/andrea-ramal/post/existe-palmada-educativa.html. Acesso em: 23 ago. 2019.

# FIM DE FÉRIAS: COMO VOLTAR AO HÁBITO DE ESTUDO?

**Final de janeiro de 2016, final de férias. Hora de retomar o ritmo de estudos. Mas como ajudar os filhos nessa tarefa?**

Esta é a última semana de férias para milhares de crianças e adolescentes. Muitos deles costumam (assim como alguns adultos) ficar mal-humorados, apáticos ou irritáveis. Afinal, terão que trocar liberdade, lazer e diversão por aulas, horários rígidos e obrigações. Importante os pais terem em conta que é preciso ajudar os filhos a retomar a rotina de estudo e, como qualquer outro hábito, este não se forma nem se modifica de uma hora para a outra. Um dos trabalhos científicos mais recentes sobre o assunto, realizado por Jane Wardle e publicado no *European Journal of Social Psycology*, sugere que são necessários em torno de 66 dias para incorporar um hábito à rotina.

Sem entrar no mérito do tempo, que inclusive pode variar de acordo com a motivação e a história pessoal, de qualquer forma vale utilizar os conhecimentos da neuropsicologia, área que ajuda a entender as relações entre o cérebro e o comportamento humano.

Segundo as teorias contemporâneas, o cérebro é plástico, podendo ser moldado, "educado" por meio da prática e das repetições. Um exemplo é a reeducação alimentar, pela qual a dieta tão sofrida das primeiras semanas acaba sendo incorporada de forma natural e até prazerosa.

O mesmo ocorre com a leitura e o estudo. Se eles entram no dia a dia com certa disciplina e método, acabam se tornando tão essenciais como escovar os dentes ou lavar as mãos.

Levando isso em conta, o final das férias escolares é o momento ideal para incentivar as crianças e os adolescentes a voltar progressivamente para a dinâmica própria do ano letivo. Como fazer isso? Seguem algumas ideias:

- Retomar, aos poucos, os horários habituais de dormir e acordar.
- Incentivar a leitura de livros, para "reaquecer" a mente.
- Falar da volta às aulas de forma positiva, destacando que é momento de rever amigos e aprender coisas novas – em vez de algo traumático.
- Não forçar o estudante a rever matérias do ano passado: os professores farão isso e antecipar-se pode gerar rejeição.
- Planejar a agenda dosando estudo e lazer, pois, tanto na escola como ao longo da vida, essas dimensões podem conviver de forma equilibrada.

*G1*. 27 jan. 2016. Disponível em: http://g1.globo.com/educacao/blog/andrea-ramal/post/fim-de-ferias-como-voltar-ao-habito-de-estudo.html. Acesso em: 23 ago. 2019.

# VOLTA ÀS AULAS: 7 PASSOS PARA AJUDAR SEU FILHO A TER UM ANO EXCELENTE

**Calendário escolar de 2016 começando e as famílias, como sempre, com esperança de que os filhos tenham um ano letivo satisfatório. O que muitos não sabem é como ajudar as crianças para que isso realmente aconteça.**

Para muitas famílias, a volta às aulas é também o retorno de uma série de preocupações. As primeiras notas serão boas? E se não forem, como recuperar isso, antes de virar uma bola de neve?

Aqui você encontra um miniguia com sete passos para ajudar seu filho a construir, desde já, uma trajetória escolar excelente. Vale sobretudo para estudantes do ensino fundamental, período em que a participação dos pais na escola é decisiva.

1. **Plano de trabalho diário**
   Elabore, junto com seu filho, um plano de trabalho diário. Reserve os melhores horários do dia para as atividades escolares. Fazendo isso agora, a matéria não ficará acumulada para as vésperas das provas. Assim, o estudante retoma o ritmo logo no primeiro mês.
2. **Confira as lições diariamente**
   Olhe os deveres de casa todos os dias. Entenda isso como algo tão inegociável quanto escovar os dentes. Essa rotina favorece o compromisso das crianças com as tarefas da escola, além de funcionar como um espelho para saber como seu filho está avançando.
3. **Inverta a sala de aula**
   Funciona assim: o aluno lê ou assiste a explicações em casa e, dessa forma, chega mais preparado para entender o conteúdo e esclarecer dúvidas com seu professor. Você não precisa ensinar nada, conte com os recursos que a internet oferece, como videoaulas e blogs. Peça orientação da escola para esse método.
4. **Amplie o repertório cultural do seu filho**
   Estudantes que frequentam museus, assistem e debatem filmes, vão ao teatro, têm aulas de música ou leem livros com frequência (entre outras atividades desse estilo) costumam ter mais facilidade na leitura e interpretação de textos e, em consequência, elevam o desempenho escolar.
5. **Xadrez e quebra-cabeças**
   Desenvolva competências ligadas a autodisciplina e foco. Muitos pais reclamam que seus filhos parecem hiperativos ou que não conseguem se concentrar. Há práticas que estimulam essas disposições mentais, como o xadrez e os quebra-cabeças, para potencializar a concentração, ou os esportes, para fomentar a autodisciplina.
6. **Seja um treinador/*coach***
   Atue como um *coach*. As empresas se valem deste perfil para melhorar o desempenho de seus colaboradores e ajudá-los a crescer na carreira. Seu papel é colaborar no alcance de metas com planos de ação, despertando qualidades às vezes desconhecidas. Como nas equipes esportivas, o *coach* é uma espécie de "treinador": conhece

fraquezas e potencialidades, encoraja cada membro da equipe para que ele se torne um protagonista e faça suas escolhas. Os pais são nossos maiores *coaches*!

7. **Converse com a escola**
   Mantenha diálogo permanente com a escola. Não espere as reuniões de pais. Procure saber como foi o período de adaptação na volta às aulas (sobretudo em casos de mudança de colégio), peça orientação quando perceber que algo não vai bem e fique atento se seu filho não estiver motivado. Receber educação de qualidade é um direito da criança, seja na escola pública ou na particular. Se isso não ocorrer, cobre melhorias.

*G1*. 15 fev. 2016. Disponível em: http://g1.globo.com/educacao/blog/andrea-ramal/post/volta-aulas-7-passos-para-ajudar-seu-filho-ter-um-ano-excelente.html. Acesso em: 23 ago. 2019.

## COMO EDUCAR EM TEMPOS DE CRISE

**Maio de 2016: a crise econômica se acentuava e, com ela, o desemprego. A essas alturas, a agenda educacional parecia esquecida em função das revelações sobre a rede de corrupção que envolvia grandes empresas e altas personalidades da política.**

Uma grave crise econômica como a que o Brasil atravessa neste momento não tira o sono só dos adultos. As crianças ouvem as conversas da família, assistem a telejornais e também se angustiam com relação ao futuro. Uma escola fez recentemente uma pesquisa com os estudantes do ensino fundamental sobre quais são seus maiores medos e, em primeiro lugar, apareceu a resposta: "os pais perderem o emprego"; no caso de filhos de pais desempregados, eles "não conseguirem um novo trabalho".

Como lidar com isso? Não se trata de omitir a realidade nem afastar as crianças do noticiário. Embora tais períodos sejam difíceis, representam uma oportunidade para educar a respeito das atitudes diante da vida.

Em primeiro lugar, é preciso dialogar sobre superação. Comparações com os esportes ou com a vida escolar podem ajudar. Explicar às crianças que, quando um time está mal, é necessário que os jogadores fiquem unidos, coloquem mais garra nas disputas, tirem forças para dar a volta por cima. Da mesma forma nas matérias da escola: quando as notas estão baixas, é preciso se esforçar mais.

Outro aspecto importante é dar o exemplo. Mesmo que as soluções não dependam diretamente das pessoas, numa crise não se deve ficar parado. Há que trabalhar com mais qualidade, estudar coisas novas e ajudar os parentes e amigos que passam dificuldades. Se os pais agirem assim, estarão ensinando os filhos a encarar com mais força os desafios de outros momentos da vida.

É a chance, ainda, para reforçar a educação financeira das crianças, envolvendo-as no esforço da família. Explicar por que é importante reduzir gastos e como fazer isso. Fazer um planejamento para administrar os recursos de forma racional, desde a mesada até a energia ou a água. Mostrar as vantagens de poupar nos tempos favoráveis, para não passar tanto aperto depois.

Por fim, é a hora de investir na educação política. Por que uma nação rica passa por situações adversas? No contexto da globalização, por que o que acontece em outros países nos afeta? Como ajudar a movimentar a economia sem cair no consumismo exagerado? Por que distribuir a renda favorece, em médio prazo, o crescimento do país? Discussões como essas estimulam o pensamento crítico e provocam a criança a pensar "fora da caixa".

Por maiores que sejam os problemas da família, há que procurar reduzir a ansiedade das crianças, para que isso não afete sua estabilidade emocional ou mesmo o desempenho escolar. Elas devem aprender que fases ruins não só não duram para sempre, como também podem trazer novas e inesperadas oportunidades.

*G1*. 3 maio 2016. Disponível em: http://g1.globo.com/educacao/blog/andrea-ramal/post/como-educar-em-tempos-de-crise.html. Acesso em: 23 ago. 2019.

## PAIS E MÃES HELICÓPTEROS: VOCÊ É UM DELES?

**A autora Lythcott-Haims, decana da Universidade Stanford e mãe de dois filhos adolescentes, lançava em maio, no Brasil, o livro *Como criar um adulto*. Ela analisava, então, o perfil dos pais "helicópteros".**

O maior desejo dos pais é ver seus filhos realizados e felizes, e em geral não medimos esforços para isso. Mas, em certos casos, a ação dos pais acaba se convertendo numa superproteção que impede os filhos de amadurecer. São os chamados pais "helicópteros", que estão sempre "sobrevoando" a vida dos filhos para afastar perigos e sofrimentos.

A linha divisória entre educar e superproteger sempre foi tênue. Agora, com os perigos das grandes cidades, a navegação no espaço sem lei da internet e o monitoramento contínuo dos celulares, o cuidado com esse excesso paternal precisa ser redobrado. Essa é a advertência que faz Julie Lythcott-Haims, decana da Universidade Stanford e mãe de dois filhos adolescentes, no livro *Como criar um adulto*, recém-publicado pela Rocco.

Para a autora, sem experimentarem os pontos mais duros da vida, os filhos se tornam incapazes de prosperar por si sós no mundo real. Eles precisam ganhar autonomia nas coisas mais simples, como ir à escola sozinhos ou com um amigo, correr riscos de se machucar em brincadeiras e atividades esportivas, gerenciar os estudos e deveres da escola, ou enfrentar por conta própria uma agressão dos colegas.

Os pais devem também permitir que os filhos cometam seus próprios erros, porque eles trazem aprendizado. Mesmo as decepções e sofrimentos, como não entrar para o time do colégio, ser o último colocado numa competição ou ficar de castigo na escola, são situações com as quais a criança precisa lidar, para saber enfrentar as dificuldades que encontrará na vida adulta.

É claro que, para chegar lá, os pais precisam vencer os próprios medos. Para Lythcott-Haims, alguns são justificados, como o caso das famílias que moram em regiões violentas. Mas outros podem ser exagerados, como a desconfiança excessiva de estranhos, acentuada por notícias sobre pedófilos ou sequestros. A autora argumenta, com base em indicadores norte-americanos, que episódios como esses são mais raros do que parece, e a maior parte da violência que as crianças sofrem é praticada por conhecidos.

Mesmo que nem todos os indicadores sirvam para adaptar tal e qual à realidade dos pais brasileiros, o "manual de instruções" que o livro traz para formar um adulto é uma leitura bem interessante para quem quer incentivar os filhos a levantar voo, com vistas a formar adultos mais seguros, independentes e capazes de lidar com sucessos e fracassos.

*G1*. 16 maio 2016. Disponível em: http://g1.globo.com/educacao/blog/andrea-ramal/post/pais-e-maes-helicopteros-voce-e-um-deles.html. Acesso em: 23 ago. 2019.

## QUANDO A CRIANÇA VIRA OBJETO DE DISPUTA ENTRE PAIS QUE SE ODEIAM

**No início do ano de 2017, em 2 de janeiro, uma notícia chocante: um homem matava a ex-mulher, o filho do casal e outras dez pessoas em São Paulo. Segundo testemunhas, o atirador de 46 anos disputava a guarda do filho de oito anos – que estava entre as vítimas.**

A chacina de Campinas, na qual um pai matou a ex-mulher, o filho e mais dez pessoas, está nos graus mais altos de violência e irracionalidade que a disputa pela guarda das crianças pode atingir. É um caso incomum, com elementos ainda em análise. Mas pode-se imaginar o sofrimento que o menino João Victor enfrentou, em sua curta e dolorosa infância. Fica a pergunta: quantas outros meninos e meninas enfrentam infernos silenciosos, ao se tornarem objetos de disputa entre adultos que se detestam?

É quase um tabu: pouco se fala sobre a realidade das crianças que são usadas como arma entre os pais, mães e respectivas famílias, depois da separação do casal. Em sã consciência, todos são unânimes ao afirmar que, se a relação terminou, só resta dar aos filhos todo o apoio e proteção e convencê-los de que essa é a solução mais positiva: afinal, ninguém pode viver infeliz. Uma promessa recorrente é a de que os pais podem ter se separado um do outro, mas nunca irão se separar dos filhos e o amor prevalecerá.

Na prática, porém, em muitos casos, o novo cotidiano da família mostra outra coisa. Vê-se de tudo: ex-maridos que falam mal das ex-mulheres e vice-versa, colocando os filhos contra uns e outros, crianças que são usadas por um dos "ex" para controlar a rotina do outro, chantagens emocionais, extorsões financeiras e até mesmo a briga pela guarda dos filhos – batalhas que, às vezes, levam muito tempo e que, não raro, são motivadas por rivalidade e vingança. Esses embates podem se tornar destrutivos, cruéis e muito prejudiciais para as crianças.

Em boa parte dos casos, tais situações fogem ao controle da escola e até mesmo dos organismos de proteção das crianças, como os conselhos tutelares. São tensões e agressões cotidianas, às vezes até sutis, com intensidades variadas de violência psicológica. As crianças lidam com elas cada uma a seu modo, equilibrando-se como podem diante do destempero dos adultos.

As soluções legais são diversas: entre elas, a guarda compartilhada tem se mostrado uma alternativa bastante favorável. Mas a parte jurídica não dá conta de algo anterior e mais profundo: a sensatez que pais e mães deveriam tentar manter, lidando com as separações de forma racional e razoável, sem colocar os filhos no meio do embate.

**Algumas dicas do que os pais nunca devem fazer quando se separam:**

- Esperar que o filho deixe de encontrar, falar ou ligar para a mãe ou o pai.
- Querer que o filho passe mais tempo com um do que com o outro.
- Tentar comprar o filho com presentes, regalias ou falta de limites.
- Mudar os espaços e as rotinas da vida do filho (quarto, escola, amigos).
- Pretender que as crianças não visitem mais os outros avós.
- Largar a criança na porta da casa do outro como se fosse uma encomenda.
- Exigir que os filhos não tratem bem os novos companheiros dos pais/mães.

*G1*. 3 jan. 2017. Disponível em: http://g1.globo.com/educacao/blog/andrea-ramal/post/quando-crianca-vira-objeto-de-disputa-entre-pais-que-se-odeiam.html. Acesso em: 23 ago. 2019.

## O QUE FALTA ÀS CRIANÇAS E JOVENS VICIADOS EM TECNOLOGIA?

**Janeiro, mês de férias, e muitos pais reclamam que os filhos não querem saber de atividades ao ar livre, mas somente de *games* e tecnologias. De fato, os eletrônicos são sedutores. Mas é possível, também, que eles sejam uma compensação emocional?**

O uso de dispositivos tecnológicos por crianças e jovens está longe de ser prejudicial. Se bem orientado, pode estimular a criatividade, o raciocínio lógico, a colaboração, a capacidade de pesquisa e outras competências valiosas para o mundo contemporâneo. No entanto, é preciso moderação. O aumento da dependência de eletrônicos tem preocupado pais e educadores do mundo todo.

O fato de que boa parte das tarefas cotidianas envolve cada vez mais tecnologia torna difícil definir esse equilíbrio. É comum que, mesmo entre os adultos, a distinção entre o trabalho e o lazer se faça apenas pela troca de aplicativos: fecham-se o *e-mail* e os programas do computador, abrem-se as redes sociais.

Da mesma forma, as crianças usam tecnologias na escola e ao fazer os deveres de casa. Depois, vão para os jogos e as mensagens digitais – muitas vezes, sem nem sair do quarto. Passam os dias, uns e outros, plugados em monitores. Até que, em alguns casos, o hábito se transforma em dependência.

Entre crianças e jovens, as consequências do uso excessivo de eletrônicos se percebem em problemas tanto físicos (tendinites, sobrepeso) como mentais e emocionais (isolamento social, dificuldade de concentração, transtornos do sono), com reflexo também nos resultados escolares.

Como no caso de qualquer outro vício ou compulsão, a questão central é detectar o que está na origem do distúrbio. No caso das crianças e adolescentes, algumas das hipóteses a investigar são:

- **Falta de motivação:** por que as outras dimensões da vida não lhe provocam o mesmo interesse e fascínio que um aparelho tecnológico?
- **Carência nos relacionamentos:** existem lacunas ligadas à afetividade que os dispositivos eletrônicos estão ajudando a compensar?
- **Falta de limites:** como é feita a organização da rotina de estudos e lazer e de que forma a família controla o cumprimento saudável das normas?
- **Influências dos amigos:** estar plugado dia e noite, participar de jogos e das redes sociais é sinal de status e até uma necessidade para ser aceito no grupo?

Como prevenção, o exemplo da família é fundamental. Os pais precisam evitar o uso dos dispositivos para tranquilizar a criança, para que fique quieta por algumas horas, e evitar que as crianças se isolem jogando durante as refeições. Há que dosar a compra de novos jogos, pois o momento em que a criança se cansa de um deles é a oportunidade de alternar com atividades fora da web.

Vale marcar um horário para o uso e garantir que seja respeitado. Uma experiência interessante é a negociação de horas de uso de eletrônicos com outras tarefas, por exemplo: se arrumar o quarto, ganha mais 15 minutos de internet. E o principal, sobretudo com crianças: participar das atividades digitais junto com elas. Não só para monitorar, mas também porque o relacionamento com os pais, em atividades desfrutadas em comum, pode ser o melhor dos presentes.

*G1*. 11 jan. 2017. Disponível em: http://g1.globo.com/educacao/blog/andrea-ramal/post/o-que-falta-criancas-e-jovens-viciados-em-tecnologia.html. Acesso em: 23 ago. 2019.

## ENTENDA A DIFERENÇA ENTRE OS MÉTODOS ESCOLARES

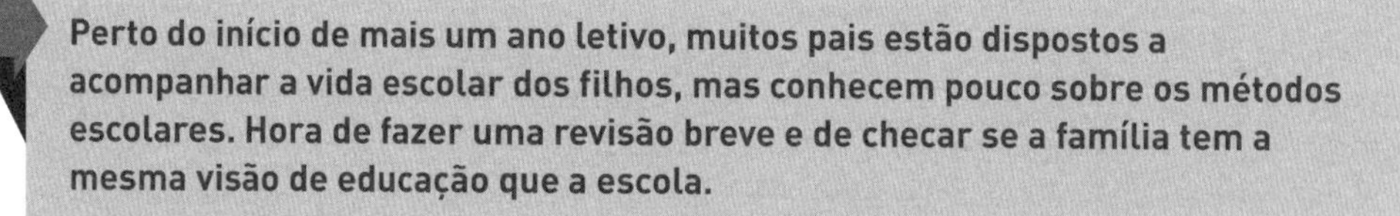
**Perto do início de mais um ano letivo, muitos pais estão dispostos a acompanhar a vida escolar dos filhos, mas conhecem pouco sobre os métodos escolares. Hora de fazer uma revisão breve e de checar se a família tem a mesma visão de educação que a escola.**

Nas últimas décadas, a forma de ensinar e aprender mudou bastante e isso se reflete no dia a dia das escolas. Mas nem sempre é fácil entender as diferenças entre os métodos utilizados. Para começo de conversa, é um engano reduzir os conceitos, como os que dizem que "na escola tradicional existe disciplina, enquanto na escola construtivista não há tantos limites e o aluno faz o que quer".

Na educação de hoje podemos falar de uma tendência: um modelo de ensino está dando lugar a outro. Quem sai de cena é o ensino focado no excesso de conteúdos, com matérias distantes da realidade concreta, no qual o professor expõe conceitos para todos ao mesmo tempo e os estudantes são obrigados a decorar para passar nas provas – momentos quase sempre estressantes, já que a nota é um instrumento de controle.

Em seu lugar, as escolas têm buscado cada vez mais um método que dedique tempo à formação de qualidade, sem correria para cumprir o programa. Em vez de dar tantos conteúdos, o foco é preparar para a vida. Por isso, questões de cidadania e ética fazem parte do currículo. Mais do que decorar coisas, o objetivo é aprender o sentido do que se aprende, ensinar a pensar. Esse método não é massificador, e sim personalizado, respeitando os ritmos dos estudantes e o jeito de aprender de cada um.

Quando uma escola tem como proposta atender o aluno de forma personalizada, a ideia é potencializar os talentos da criança e do jovem, de forma global (intelecto, dimensão afetiva, física etc. Essa teoria se aplica em práticas bem concretas, como:

- atividades que estimulem a autonomia, por exemplo, não só mandando o aluno fazer coisas, mas também envolvendo-o na organização e planejamento de trabalhos e pesquisas, para que os estudantes exerçam a iniciativa e a liberdade de escolha;
- atividades em que os estudantes possam exercitar a sua capacidade de comunicação e expressão, num processo de abertura para os demais e empatia;
- interesse da escola em conhecer de perto seus estudantes e suas famílias: quem são, o que pensam, o que fazem, o que esperam, como é a sua vida;
- elaboração de um plano de desenvolvimento para a turma e para cada aluno;
- avaliação personalizada, adaptada às possibilidades e ao ritmo do estudante;
- oferta de atividades comuns a todos e outras opcionais;
- atenção do professor a todos os estudantes e a cada um em particular, em vez de se dedicar prioritariamente àqueles que avançam mais rapidamente.

Vale dizer que, hoje, praticamente não existem escolas só "tradicionais" ou, por outro lado, totalmente "avançadas". Prova disso é o caso das escolas religiosas: embora o imaginário social as associe ao rigor e à excessiva disciplina, a maior parte delas vem incorporando as novas tendências às suas práticas, com flexibilidade e inovação. Da mesma forma, é um engano considerar que nas escolas mais modernas não há regras. As boas escolas buscam o equilíbrio e aproveitam o melhor de cada método.

Aqui há um resumo bem simples de algumas das linhas pedagógicas. Mas atenção: não entenda esta lista como uma descrição exata do que acontece em escolas com tal denominação. Há nuances e, além disso, muitas escolas costumam aplicar uma combinação de duas ou mais dessas teorias.

- **Tradicional:** ênfase no conteúdo. O professor é o transmissor do conhecimento. Rigidez quanto a normas e conduta disciplinar.
- **Construtivista:** organiza a aprendizagem de acordo com as etapas do desenvolvimento mental. Privilegia atividades que levem o estudante a aprender. Valoriza os conhecimentos anteriores que o aluno traz.
- **Sociointeracionista:** similar ao construtivismo, com ênfase na dimensão sociocultural do estudante. Dá importância ao contexto em que se aprende. Foco em atividades de grupo, na linguagem e no relacionamento interpessoal.
- **Waldorf (Antroposófica):** busca o desenvolvimento físico, individual, social e emocional. Os alunos são agrupados por idades e não necessariamente por séries, portanto não há o conceito de "repetir de ano". Há ensino de outros conteúdos além dos acadêmicos, como música e artes plásticas. A avaliação dos alunos é baseada nas atividades

diárias e envolve habilidades sociais e virtudes como interesse e força de vontade. O objetivo é formar um adulto equilibrado e seguro.

- **Montessoriana:** busca desenvolver o senso de responsabilidade da criança pelo próprio aprendizado. O ensino é ativo, enfatiza os exercícios de concentração individual e, nas fases iniciais, estimula a manipulação e montagem de objetos. O professor é entendido como um guia que ajuda as crianças a superar as dificuldades.
- **Freiriana (Paulo Freire):** parte do princípio de que os conteúdos precisam fazer sentido para o estudante, com palavras que carreguem conceitos importantes para sua vida: trabalho, tijolo, salário. Entende que a educação é um instrumento de conscientização política. Estimula a valorização do saber do aluno e o diálogo.
- **Logosófica:** baseia-se nos conceitos da Logosofia, que busca promover o conhecimento de si mesmo, a integração do espírito com as leis universais e o domínio das funções de aprender, ensinar, pensar e realizar. A pedagogia se baseia no conhecimento e no afeto. Objetiva libertar as faculdades mentais para que o sujeito compreenda os verdadeiros objetivos da vida e se sinta motivado e mais consciente de seus atos.

Ao matricular os filhos, é preciso conhecer como tais métodos são aplicados na prática e, ao longo do ano letivo, entender os objetivos das atividades propostas, para apoiar a formação do estudante.

Vale lembrar: não há um método mais eficaz do que todos os outros por excelência. Cabe aos pais entender qual estilo se adapta melhor às necessidades do seu filho, em cada etapa de sua formação. Uma dica: se ele estiver feliz, satisfeito, interessado em ir à escola e em aprender, contando coisas positivas com entusiasmo, é um sinal de que a escolha foi boa.

*G1*. 24 jan. 2017. Disponível em: http://g1.globo.com/educacao/blog/andrea-ramal/post/entenda-diferenca-entre-os-metodos-escolares.html. Acesso em: 23 ago. 2019.

# TRÊS MANEIRAS DE ENSINAR RESILIÊNCIA ÀS CRIANÇAS

**Na educação contemporânea, fala-se cada vez mais de desenvolver competências socioemocionais. Uma das mais destacadas, nessa nova pedagogia, é a resiliência.**

"Os otimistas e os pessimistas morrem exatamente da mesma maneira, mas vivem vidas muito diferentes." Esse pensamento de Shimon Peres, Nobel da Paz e ex-Presidente de Israel, se relaciona com a elasticidade ou resiliência. Na física, o conceito corresponde à propriedade que alguns materiais possuem de se modelar sem quebrar e, depois, voltar à forma original. No caso das pessoas, resiliência é a capacidade de enfrentar situações adversas que podem nos levar ao limite, superando-as com equilíbrio e saindo delas até mais fortes.

A resiliência é uma atitude que pode ser desenvolvida ao longo da vida. Aprendemos na prática, cada vez que passamos por desafios e fracassos e decidimos seguir em frente. As primeiras lições, claro, podem ser dadas na infância.

Cena da vida real: andando de bicicleta, duas crianças se chocam e caem. Os pais da primeira, que chora alto, correm para levantá-la, colocam-na de pé, seguram no colo. Os pais da segunda criança, enquanto isso, ao perceber que nenhuma delas se feriu, esperam que o filho se levante. Ele sacode a poeira, levanta a bicicleta e tenta outra vez.

Pode não ser fácil se conter, mas é fato: a reação dos pais que socorreram o filho antes que ele tivesse tempo de reagir por si mesmo acaba sendo, no longo prazo, prejudicial. O mesmo pode ser dito das famílias que fazem o dever de casa no lugar do aluno, que reclamam do professor exigente demais ou que fazem todas as vontades das crianças. Formam meninos e meninas mimadas e dependentes de atenção. Muitas vezes, o resultado é um adulto acomodado, menos esforçado e que entra em crise diante do primeiro problema.

Existem várias formas de estimular a criança a desenvolver a resiliência. Aqui estão algumas:

**Com atitudes:**

- Não satisfazer todas as vontades. Mesmo que cuidem do bem-estar da criança, os pais precisam incentivá-la a resolver sozinha alguns desafios. Isso aumenta a sua autoconfiança.
- Não manter os filhos superprotegidos, como numa bolha. É claro que devemos protegê-los dos perigos, mas aprende-se ao experimentar, errar e começar de novo.
- Não dê respostas prontas. Em vez de explicar direto todos os "porquês", mais vale instigar os filhos a pesquisar e demonstrar que eles são capazes de descobrir as próprias soluções.
- Estimular a perseverança. Aprender esportes ou um instrumento musical, por exemplo, nos mostra que só evoluímos com prática, dedicação, disciplina e superação dos próprios limites.
- Animar as crianças a estabelecer metas: uma nota mais alta na escola, um quarto mais arrumado, mais livros lidos por ano, fazer parte do time da escola e assim por diante.

**Com frases:**

- "Não vamos deixar que esse problema estrague nosso dia."
- "Isso parece muito difícil agora, mas você tem capacidade para fazê-lo."
- "O que você aprendeu disso para que não aconteça na próxima vez?"
- "Como podemos resolver isso juntos?"
- "Um dia vamos rir disso tudo."

Note que a resiliência exige até mesmo certo humor, saber rir de si mesmo e não se levar sempre tão a sério.

**Com músicas:**

Várias letras de músicas conhecidas falam, com outras palavras, da atitude de resiliência. Vale ouvir alguma delas com os filhos e fazer a interpretação das mensagens. Por exemplo, a canção "Tente outra vez" (Raul Seixas / Paulo Coelho / Marcelo Motta). Veja um trecho:

*Veja*
*Não diga que a canção está perdida*
*Tenha fé em Deus, tenha fé na vida*
*Tente outra vez*
*Beba*
*Pois a água viva ainda está na fonte*
*Você tem dois pés para cruzar a ponte*
*Nada acabou*
*[...]*
*Tente*
*E não diga que a vitória está perdida*
*Se é de batalhas que se vive a vida*
*Tente outra vez.*

*G1*. 7 fev. 2017. Disponível em: http://g1.globo.com/educacao/blog/andrea-ramal/post/tres-maneiras-de-ensinar-resiliencia-criancas.html. Acesso em: 23 ago. 2019.

## CELULAR PARA CRIANÇAS: A PARTIR DE QUE IDADE?

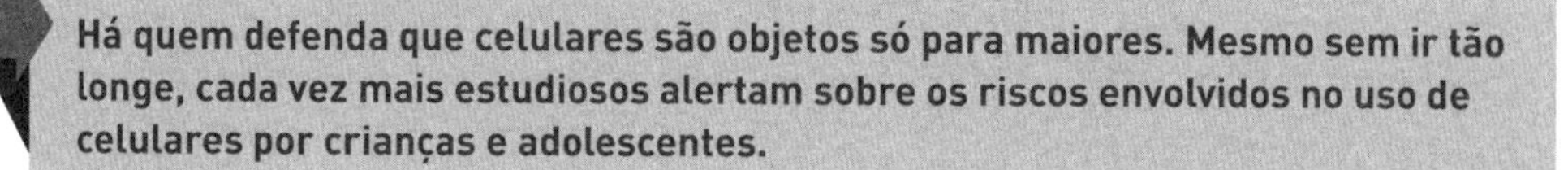

**Há quem defenda que celulares são objetos só para maiores. Mesmo sem ir tão longe, cada vez mais estudiosos alertam sobre os riscos envolvidos no uso de celulares por crianças e adolescentes.**

Há quem defenda que celulares são objetos só para maiores – é o caso, por exemplo, do filósofo espanhol Enric Puig Punyet, que acredita que os dispositivos digitais não são tão inofensivos como parecem e não deveriam ser usados antes dos 18 anos. Ele próprio integra a tribo crescente dos "desconectados", pessoas que decidiram apagar seus perfis em redes sociais e desligar a internet. Mesmo sem ir tão longe, cada vez mais estudiosos alertam sobre os riscos envolvidos no uso de celulares por crianças e adolescentes.

O primeiro deles é o do isolamento social. Crianças plugadas convivem menos com os amigos e com a própria família. Nas refeições, por exemplo, é comum ver crianças entretidas com um aparelho eletrônico e praticamente sem participar da conversa – muitas vezes com estímulo dos pais, que querem sossego. A nova máxima é: "antes, para uma criança ficar quieta, os pais tinham que educar; hoje basta ligar o wi-fi".

O preço desse alívio momentâneo é alto. Estudos de várias áreas mostram que as crianças que fazem as refeições usando dispositivos móveis têm prejuízo na qualidade da alimentação (consomem menos verduras e frutas e mais bebidas doces), têm menos autoconfiança, podem ter notas mais baixas na escola e falam menos sobre seus problemas com os pais.

Além disso, o uso intensivo do celular na infância pode afetar o desenvolvimento cognitivo. Hoje, sabe-se a importância dos primeiros anos de vida para a formação do cérebro – daí a atenção crescente que se tem dado à pré-escola. É na primeira infância que começa a se desenvolver a complexa habilidade de controlar a própria atenção, a concentração e o foco.

Alguns estudos mostram que a superexposição a eletrônicos pode ser prejudicial por limitar os estímulos do ambiente e, assim, tornar a criança mais vulnerável a transtornos como déficit de atenção. Quando o dispositivo é usado simplesmente para distrair a criança, em vez de ensiná-la a esperar em silêncio, a se concentrar ou a se esforçar em algo entediante, os pais estão formando crianças menos pacientes, com baixa capacidade de esforço. Podem surgir problemas de aprendizagem e, em alguns casos, distúrbios emocionais, como depressão infantil, ansiedade, insegurança ligada às curtidas das redes sociais e até dependência dos eletrônicos.

Por tudo isso, vale refletir bastante antes de entregar um celular a uma criança antes dos 12 anos de idade. Isso não significa que crianças de seis ou sete anos não tenham grandes competências tecnológicas e que não possam usá-las em atividades de lazer ou de aprendizagem, em casa ou na escola. Mas para ter o próprio aparelho eletrônico, com conexão à web e autonomia de uso, é necessário ter a suficiente maturidade intelectual e emocional. O problema não é a tecnologia – que, em si, não é boa nem má –, mas sim o risco de que a internet se torne o único ambiente a partir do qual se vê o mundo. Moderação, equilíbrio e monitoramento são fundamentais.

*G1*. 30 nov. 2017. Disponível em: http://g1.globo.com/educacao/blog/andrea-ramal/post/celular-para-criancas-partir-de-que-idade.html. Acesso em: 23 ago. 2019.

## INTERNET E CRIANÇAS: RISCO ANUNCIADO

**Os limites do acesso das crianças à internet é uma dúvida frequente dos pais. Além de redes sociais com os perfis mais variados de usuários, surgem também as crianças *youtubers* e até chantagens virtuais. É o tema deste artigo, que fala de riscos e como preveni-los.**

2018

É preciso refletir muito antes de liberar a navegação das crianças na internet, sobretudo daquelas que têm menos de 12 anos de idade. Para ter o próprio aparelho eletrônico, ou mesmo o próprio celular com conexão à internet, é necessária certa maturidade intelectual e emocional. O problema não está no uso da tecnologia, mas no fato de que a internet é um ambiente a partir do qual a criança enxerga o mundo. As ameaças levadas à nossa casa por pessoas desconhecidas, a partir da oferta de conteúdos não adequados, precisa ser mais levada em conta na educação em casa e na escola.

As crianças nascem em um mundo onde a tecnologia é uma realidade. Bem mais rapidamente que os adultos, elas acessam e produzem vídeos, se comunicam com outras crianças, navegam por *sites*, participam de fóruns e de salas de bate-papo. Muitas ficam plugadas a maior parte do tempo livre: em casa, em almoços de família, festas, restaurantes, no carro e até na praia. Mas nossos filhos estão assistindo a quê? Com quem estão interagindo? Que mensagens recebem e como as interpretam? Nem sempre é simples saber.

Boa parte dos vídeos postados no YouTube são voltados para crianças: tratam de *games*, oferecem tutoriais, apresentam programas ou trazem postagens de *youtubers*. Muitos estimulam o consumo, outros deixam as crianças agitadas demais e a maioria compromete a prática de brincadeiras mais saudáveis, com uma programação que pouco estimula a criatividade, o pensamento crítico e a autonomia intelectual.

No YouTube, há crianças influenciadoras, com milhares de seguidores mirins. Com idades próximas às de quem assiste, esses novos astros da internet tratam de temas que chamam a atenção, como *bullying*, relacionamentos, relações com os pais, medos, desafios na escola, amizades. Ou seja, situações vividas por crianças e adolescentes no dia a dia. Nem sempre, porém, as influências podem ser consideradas positivas.

Nos tutoriais de *games* e em outros aplicativos, meninos e meninas costumam se comunicar com pessoas de diferentes idades, incluindo adultos se passando por crianças, ou perfis protegidos pelo anonimato. Numa analogia com o mundo real, é como se nossos filhos estivessem sozinhos, à noite, caminhando por ruas desertas, sem nenhuma defesa ou proteção.

O risco é ainda maior no caso das crianças que se sentem atraídas por gravar e postar vídeos em redes sociais. A exposição não tem limites e, ainda por cima, elas ficam sujeitas a críticas destrutivas de *haters* e até aos "linchamentos virtuais", prática inconsequente de difamação e agressão virtual, cada vez mais comum na *web*.

Por tudo isso, os pais precisam incorporar à sua prática educativa o monitoramento e a participação ativa na vida *on-line* dos filhos. Saber por onde navegam, com quem conversam, que relacionamentos estabelecem, a que vídeos assistem e quais *sites* consultam. A partir daí, conversar sobre as mensagens passadas e como são entendidas, esclarecendo dúvidas e criando uma relação de troca e confiança.

*A Tarde*. Salvador, p. 7, 27 ago. 2018.

**A NOVA GERAÇÃO**

*- Meu pai não aguenta responder nem mil mensagens por dia.*

## EDUCANDO AS FUTURAS GERAÇÕES

*- Esta é uma caixa de comentários.*
*Ela não foi feita para humilhar ninguém.*

# VIVENDO UM PROFESSOR NO CINEMA, ROBIN WILLIAMS INSPIROU MESTRES PELO MUNDO

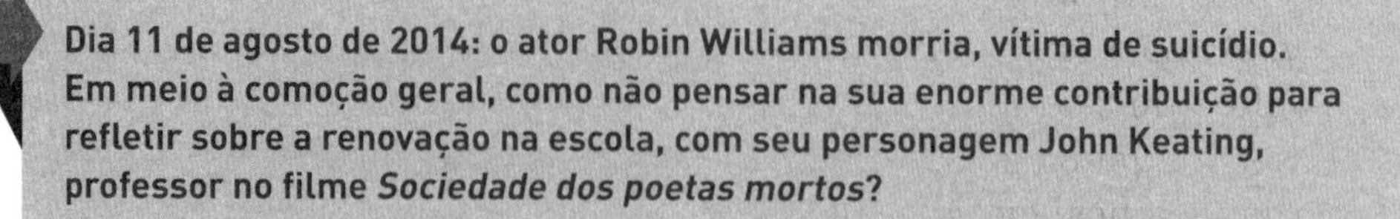

**Dia 11 de agosto de 2014: o ator Robin Williams morria, vítima de suicídio. Em meio à comoção geral, como não pensar na sua enorme contribuição para refletir sobre a renovação na escola, com seu personagem John Keating, professor no filme *Sociedade dos poetas mortos*?**

Quando Robin Williams interpretou um professor de literatura nada tradicional, em *Sociedade dos poetas mortos* (1989), ajudou a popularizar a discussão sobre as formas de ensinar.

O filme conta a história de um mestre, John Keating, que dá aula numa escola muito conservadora. Com métodos bastante inusitados, ele estimula os estudantes a contestar, posicionar-se, pensar livremente e, sobretudo, lutar pelas suas paixões. "*Carpe diem*" (aproveite o dia), diz aos estudantes. "Tornem as suas vidas extraordinárias." As lições do professor mudam a vida desses jovens para sempre. Mas o método choca os dirigentes da escola e ele sofre duras represálias. Para culminar, um dos alunos, que desejava seguir a carreira de artista e é impedido pelo pai, acaba se suicidando para não renunciar aos seus sonhos.

O filme rodou o mundo e invadiu também as escolas. A imagem do mestre que Robin Williams construiu, afetuoso e instigante, sensível e revolucionário, marcou a sua carreira e inspirou professores em todo o mundo. Levou, das telas do cinema às conversas do dia a dia, uma visão de professor que já era discutida há tempo, mas ficava muitas vezes restrita aos círculos dos estudiosos da educação.

O brasileiro Paulo Freire, por exemplo, já dizia que a relação entre mestres e estudantes nunca deveria ser marcada pelo autoritarismo e a submissão, mas sim pelo diálogo e a orientação amorosa. Num tempo em que o aluno muitas vezes era tratado como alguém que não sabia nada, e não poucos professores se comportavam como donos exclusivos do saber, Freire afirmava que "Ninguém educa ninguém, as pessoas se educam umas às outras, em comunhão".

A síntese que o educador Paulo Freire busca é: competência profissional, consciência sociopolítica e atitude de educador. E é esse professor que, no filme, Robin Williams encarna com perfeição, dizendo aos estudantes: "Garotos, vocês devem se esforçar para encontrar suas próprias vozes". E, citando Henry Thoreau: "A maioria dos homens vive vidas de silencioso desespero. Não se rebaixem a isso. Saiam, a hora é agora! Não importa o que digam a você, palavras e ideias podem mudar o mundo".

Quando pensamos em professores que marcaram nossa história, em geral lembramos de figuras assim. Eles não foram tão importantes pela matéria que ensinavam, mas pelo relacionamento com os alunos, pela maneira de ser e por seus valores. Esses são os verdadeiros mestres: mais que expositores de conteúdos, pessoas que despertam a paixão pelo saber e fazem buscar, para além da sala de aula, o que pode dar uma razão para nossas vidas.

Podem depender do professor o nosso encantamento por um assunto, nossa vontade de aprender e até mesmo a escolha da carreira profissional. Aliás, esse é outro tema que aparece no filme. O jovem aluno Neil Perry quer ser ator, mas é proibido pelo pai, que lhe diz: "Não vamos deixar você arruinar a sua vida". Seu dilema é o mesmo de tantos jovens: fazer o que o mercado e a sociedade exigem ou acionar o "*carpe diem*"? E como alcançar o equilíbrio sem abrir mão dos ideais? "Sugar o tutano da vida, mas sem engasgar com o osso", nas palavras do professor Keating.

Numa das cenas memoráveis, Robin Williams lê a introdução de um livro que explica como calcular o "índice de perfeição" de um poema por meio de uma equação. Alguns alunos, mesmo sem entender nada, começam a copiar a explicação, mas o professor pede que todos rasguem essas páginas. Simbolicamente, está ensinando a abandonar as regras preestabelecidas sem sentido, o ensino de conteúdos abstratos e isolados da realidade, os limites impostos arbitrariamente.

Ele não ensina pensando em provas e notas, mas em despertar nos alunos a experiência do conhecimento, convidá-los a saborear as palavras por dentro. "Não é só ler poesia, é deixar que ela escorra de nossa língua como mel". E o texto que ficou marcado na voz e na interpretação de Williams: "Não lemos e escrevemos poesia porque é bonitinho. Lemos e escrevemos poesia porque somos membros da raça humana e a raça humana está repleta de paixão. Poesia, beleza, romance, amor... É para isso que vivemos".

São mensagens sobre a existência humana, mas também uma inspiração para todos aqueles que educam crianças e jovens, sejam professores ou pais. Tomara que as escolas de hoje, 25 anos depois que o personagem de Robin Williams encantou a todos, adotem cada vez mais essas formas de ensinar.

*G1*. 13 ago. 2014. Disponível em: http://g1.globo.com/educacao/blog/andrea-ramal/post/vivendo-um-professor-no-cinema-robin-williams-inspirou-mestres-de-todo-o-mundo.html. Acesso em: 23 ago. 2019.

## VIOLÊNCIA CONTRA OS PROFESSORES NÃO PODE SER VISTA COMO NORMAL

**Em 28 de agosto de 2014, a OCDE divulgava pesquisa que colocava o Brasil no topo do *ranking* de violência contra professores. Nada menos que 12,5% dos professores ouvidos no Brasil disseram ser vítimas de agressões verbais ou intimidação de alunos pelo menos uma vez por semana.**

O Brasil está em primeiro lugar no *ranking* de violência contra professores, divulgado pela OCDE. Será que os pais dos estudantes têm consciência da gravidade desse resultado e do que ele significa para a educação dos seus filhos?

Por um lado, ele significa que nossas crianças e jovens estudam num sistema educacional cheio de falhas e ineficaz. Não adianta explicar a violência na escola só em função do entorno em que os alunos vivem. Isso conta, mas o fato é que o país não atualizou o ensino e, em plena cibercultura, mantém um modelo educacional do século passado.

Nesse sistema, o magistério é tão mal remunerado que não atrai talentos. Os que ingressam na profissão não recebem a preparação adequada, começam a lecionar sem experiência e têm dificuldade para conquistar os estudantes. Os alunos não se interessam pelo que é ensinado e a didática não é atraente. Ficam desmotivados, hiperativos, indisciplinados.

Para controlar a turma, muitos professores tentam manter a ordem, o que, dependendo da forma, gera revolta. A sala de aula se converte num campo de batalha. Professores adoecem. Milhares abandonam a profissão. Prova Brasil e Enem mostram que, a cada ano, poucos alunos aprenderam o que deveriam.

Ao mesmo tempo, esse desonroso resultado também significa que muitos jovens não estão aprendendo, em casa, aspectos básicos para o convívio social, como urbanidade, respeito, cortesia, civilidade. E estão aprendendo pouco sobre o valor da educação.

Na Coreia do Sul, o índice de violência relatado pelos mestres é zero. Isso não acontece apenas porque o país valorizou a carreira docente, mas sobretudo porque em casa, desde cedo, as crianças aprendem a importância da escola e o respeito pelos que ensinam.

É verdade que esse fenômeno não ocorre só no Brasil. Por exemplo, no México, a Comissão Nacional de Direitos Humanos e o Sindicato de Trabalhadores da Educação acabam de lançar um documento que adverte sobre a violência que os professores vêm sofrendo por parte dos alunos, citando ameaças, insultos, roubos, danos a seus carros, *bullying* pela internet, empurrões, socos. Fatos similares ocorrem na Argentina, na Espanha, no Uruguai, por citar alguns países. Isso não deveria ser um consolo. Alguns estados brasileiros passaram a colocar policiais dentro das escolas. Essa não deveria e não pode ser a única solução possível.

Pobre do país que despreza seus próprios mestres. Serão os tablets a solução mágica? Recursos tecnológicos armazenam muitos conteúdos, mas não podem ensinar valores, promover posturas de vida, formar agentes de mudança social.

Se os pais brasileiros desejam uma educação de qualidade para seus filhos, não devem lidar com agressões contra professores como se fosse normal. A violência crescente contra os mestres é sinal de colapso iminente no sistema educacional. Os pais precisam se envolver nas discussões sobre as melhorias necessárias nas escolas. Acompanhar a implantação do Plano Nacional de Educação. Seja qual for o candidato eleito, cobrar uma gestão qualificada da rede escolar. A cobrança da sociedade pode conquistar políticas educacionais mais continuadas e efetivas.

Os pais que têm filhos em idade escolar deveriam ficar atentos ao exemplo que dão quando falam dos mestres. Não tirar a autoridade deles na frente das crianças. Isso não significa que os estudantes precisam obedecer cegamente, eles sempre devem expressar o que pensam. E os pais sempre podem apresentar queixas na escola. Mas precisam ensinar uma postura de colaboração na sala de aula. Dos gestores escolares, exigir que o professor seja bem preparado, competente e valorizado.

É nas crianças e nos jovens em formação que está o país que podemos ser. Mas não se enganem, é urgente: antes, há que cuidar de quem os forma.

*G1*. 3 set. 2014. Disponível em: http://g1.globo.com/educacao/blog/andrea-ramal/post/violencia-contra-os-professores-nao-pode-ser-vista-como-normal.html. Acesso em: 23 ago. 2019.

**ASSISTA AOS VÍDEOS SOBRE O TEMA**

**Fonte:** http://g1.globo.com/educacao/videos/v/no-ar-andrea-ramal-programa-debate-violencia-nas-escolas/6208060/

Acesso em: 13 ago. 2019

**Fonte:** https://globoplay.globo.com/v/7680497/

Acesso em: 13 ago. 2019

**Fonte:** https://globoplay.globo.com/v/3500833/

Acesso em: 13 ago. 2019

# SE NÃO FOSSE O PROFESSOR...

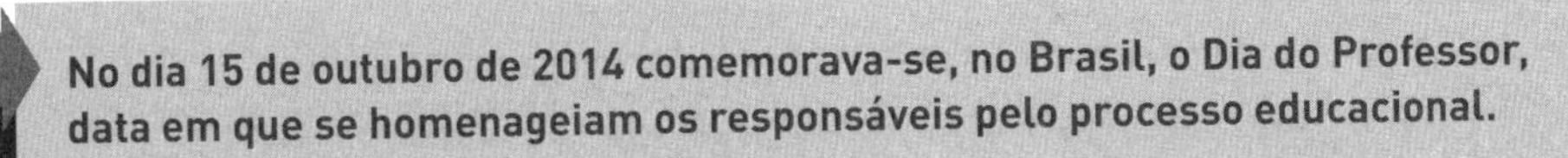

**No dia 15 de outubro de 2014 comemorava-se, no Brasil, o Dia do Professor, data em que se homenageiam os responsáveis pelo processo educacional.**

Todos nós tivemos mestres que marcaram a nossa história. Você se lembra dos seus? Eu tenho lembranças lindas de mestres inesquecíveis, que me ensinaram a apreciar a literatura, me estimularam a escrever, me desafiaram com reflexões sobre escolhas e valores.

Alguns dos meus colegas de colégio seguiram uma carreira graças à influência de um professor. E não é raro que dependa do mestre se gostamos ou não de um assunto, se temos vontade de ir à aula ou se queremos continuar aprendendo.

Hoje, quando a vida profissional requer desenvolvimento contínuo, o professor que faz nascer na criança o gosto por aprender ganha ainda mais importância. E uma pesquisa internacional recém-divulgada na França mostra que o professor brasileiro dedica 22% mais tempo do que a média dos demais países a atividades como orientação de alunos e revisão de tarefas, o que sugere que nosso docente está se alinhando com as novas formas de ensinar.

O magistério não é mera vocação. É profissão com um saber específico, construído na formação inicial e aprimorado na prática, na releitura da experiência cotidiana.

Mas existem professores que vão além: ensinam, mais do que disciplinas escolares, lições de vida. Esses são os verdadeiros educadores. Fazem a criança perceber o valor da justiça, da honestidade, da decência, do bem comum.

Professor é aquele que não se contenta com um trabalho mediano e diz ao aluno: "Você pode mais". É quem aproveita uma situação de desrespeito para refletir com a turma sobre o acontecido. Professor é quem inclui todos, dialoga, planeja cuidadosamente a aula porque tem um profundo respeito pelos estudantes.

O verdadeiro mestre não se considera o dono do saber, reconhece e valoriza a cultura e a linguagem dos alunos. Dá exemplo de equidade ao avaliá-los.

Você, que é mãe ou pai de crianças e jovens estudantes, mostre a seu filho a importância social do professor. É ele que forma o cientista, o médico, o advogado.

Lembre-se de que o professor é seu parceiro no mais nobre dos projetos: ajudar seu filho a crescer. Ensine as crianças a terem uma atitude de cooperação na escola. Quando isso ocorre, a aula funciona melhor. Até porque, como escreveram Batista e Codo, "aprender não é obra de solista: ou se orquestra, ou não ocorre".

Penso hoje na professora Antônia, que alfabetiza crianças numa zona rural. Ela diz: "Não peço para escrever uva, ema, siri. Qual é o sentido disso? Peço para escrever tijolo, enxada, trabalhador. Ensino a escrever salário, direito, amor".

Ela senta com as crianças em roda e lhes diz que essas palavras estão em suas mãos. Que toda ciência só tem valor se ajuda o mundo a ser melhor. No mural da sala, a frase é quase uma revelação: "Para construir a sociedade, nossa enxada é o saber".

Qual anônimo Dom Quixote, com seu trabalho discreto e pouquíssimos recursos, Antônia resgata vidas como pode, opera prodigiosas transformações, ensina a sonhar com horizontes possíveis.

Quanto mais alta a qualidade dos professores, mais altas são a qualidade das escolas e a perspectiva de crescimento de um país. Assim como essa mestra, tantos outros professores terão mais forças para continuar, quando nosso país acordar para o valor da educação!

*G1*. 15 out. 2014. Disponível em: http://g1.globo.com/educacao/blog/andrea-ramal/post/se-nao-fosse-o-professor.html. Acesso em: 23 ago. 2019.

# # JESUISPROFESSOR

**No dia 1º de junho de 2015, como sinal de protesto, professores de São Paulo que estavam em greve e reivindicavam aumento se acorrentaram às grades em frente da escadaria de entrada do prédio da Secretaria Estadual de Educação. A insatisfação dos docentes, muitas vezes manifestadas por paralisações, crescia no país.**

Na pátria educadora, há cada vez mais professores em greve. Nesta segunda-feira (1º), os docentes de São Paulo chegaram a se acorrentar ao prédio da Secretaria Estadual de Educação, poucas semanas depois da lastimável batalha campal do Paraná. Não são casos isolados. Os professores estão parados em 48 das 63 universidades federais. Há entraves na negociação em diversos estados e em centenas de municípios.

Por todo o país, há mestres infelizes, divididos entre seguir acreditando ou abandonar de vez a profissão. Mas quando a sociedade vai prestar atenção ao grito dos docentes brasileiros?

É fato que, em certos casos, há contaminação de interesses políticos. No entanto, ainda que haja algo disso, quem acompanha de perto sabe que a categoria, de um modo geral, só paralisa as atividades quando as chances de diálogo se esgotam, até porque não desconhece o impacto pessoal e social de cada interrupção de aulas.

Algum pai ou mãe pode imaginar que, após essas negociações desgastantes travadas a cada ano com o governo de plantão, repletas de episódios de humilhação e descaso, as aulas podem voltar tranquilamente, motivadoras e produtivas?

As sequelas ficam. Não se trata só de salário (o piso atual é R$ 1.917/mês). A cada ano, mais alunos agridem seus mestres, sem que isso seja motivo de espanto para as famílias. Faltam recursos, há escolas abandonadas. A cada ano, mais professores adoecem com males como estresse, depressão e até *bullying*, até desistir da profissão. Que jovem de talento sonha em ocupar o seu lugar?

Será que pais e mães de estudantes brasileiros conseguem enxergar a relação entre esse contexto e o fato de que, desde que o Brasil começou a participar do Pisa – exame internacional de matemática e leitura –, há 15 anos, ficou sempre nas últimas posições? Conseguem estabelecer uma ligação entre tudo isso e a falta de profissionais qualificados, o aumento do desemprego e da violência, o apagão da economia, a queda do PIB (índice que mede o crescimento da economia) e da competitividade?

Se acreditam que, para além de ajustes fiscais, só a educação de qualidade pode reverter esse cenário, é hora de ouvir a voz dos mestres. Vamos encarar seriamente esse problema, com a mente aberta, e zelar pelo futuro da nossa criançada? Todo mundo se mobilizou para gritar #JeSuisCharlie, em solidariedade aos profissionais mortos em um ataque terrorista à revista francesa *Charlie Hebdo*, em janeiro desse ano, não é? Pois já passou da hora de olhar para nossa casa e gritar, pelo Brasil, #JeSuisProfessor.

*G1*. 2 jun. 2015. Disponível em: http://g1.globo.com/educacao/blog/andrea-ramal/post/jesuisprofessor.html. Acesso em: 23 ago. 2019.

## SALÁRIO BAIXO FAZ CARREIRA DE PROFESSOR VIRAR OPÇÃO PASSAGEIRA

**A cena dos professores protestando acorrentados às grades da Secretaria de Educação de São Paulo ainda ecoava na mídia, semanas depois. Na pauta, a pergunta: quais são os atrativos para seguir nessa carreira?**

No Brasil, a carreira de professor está se tornando uma passagem, um momento de transição para outras funções. O profissional fica no magistério somente até conseguir um cargo mais bem remunerado e, provavelmente, menos estressante.

Prova disso é que 25% dos docentes brasileiros têm menos de 30 anos e apenas 12% estão com idade acima de 50, bem diferentemente do que ocorre em outros países. Aqui, o professor ingressa no magistério ainda jovem, mas em poucos anos deixa de ver perspectivas.

A baixa remuneração é a gota d'água num contexto desastroso, que combina elementos como superlotação das salas de aula, aumento da indisciplina e do desrespeito pelos mestres, indiferença das famílias e desprestígio social da profissão, falta de estrutura e de recursos nas escolas e o próprio despreparo dos professores para lidar com os desafios educativos de hoje.

Esse quadro tem como primeira consequência o chamado "mal-estar docente": cada vez mais professores adoecem com problemas psicológicos associados a estresse, exaustão emocional, depressão, cansaço crônico e frustração.

A categoria está entre as mais sensíveis à síndrome de *burnout*. São profissionais que entram na educação movidos pelo desejo de mudança social e lidam diariamente com o desalinhamento entre o sonho e a impossibilidade de alcançá-lo, entre a impotência diante do sistema de ensino e a cobrança da sociedade.

Por exemplo, no Distrito Federal, só no primeiro semestre de 2014, foram emitidos 16,4 mil atestados médicos para professores da rede pública – o que significa mais da metade dos 32 mil concursados. Esses dados se repetem pelos estados e municípios brasileiros.

A segunda consequência é a perda de talentos, uma vez que muitos dos profissionais acabam aceitando propostas de trabalho em outras áreas.

No Brasil, faltam 150 mil professores em disciplinas como química, biologia, física e matemática. No total, estima-se que haja carência de 300 a 400 mil professores nas salas de aula. A solução para que os alunos não fiquem sem fazer nada é recorrer a profissionais sem a devida formação. De acordo com o Censo Escolar 2013, o Brasil tem quase meio milhão de professores ativos sem diploma de graduação, o que equivale a 21,9% do total de 2 milhões de docentes.

Esse cenário funciona como barreira de entrada para novos talentos. Uma pesquisa da Fundação Carlos Chagas mostrou que apenas 2% dos jovens brasileiros querem ser professores. É justamente o oposto do que ocorre na Coreia do Sul, país que lidera os *rankings* da educação, onde a profissão é tão disputada que fica restrita aos jovens que mais se destacam nos estudos. É extremamente preocupante constatar que muitos dos calouros brasileiros que optam pela carreira de professor são aqueles que não teriam chance de cursar o ensino superior em outras áreas.

*G1*. 25 jun. 2015. Disponível em: http://g1.globo.com/educacao/blog/andrea-ramal/post/salario-baixo-faz-carreira-de-professor-virar-opcao-passageira.html. Acesso em: 23 ago. 2019.

## PARA ONDE VAI O PROFESSOR BRASILEIRO: ENTRE O SONHO E O DESENCANTO

**Dia 15 de outubro de 2015: chegava mais uma vez a data de homenagear os mestres brasileiros, mas novamente sem muito a comemorar.**

Decidi entrar no magistério quando adolescente. Admirava os professores que entendiam a aula não só como lugar de passar conhecimentos, mas também de educar para a vida. Percebi que, para fazer alguma diferença, teria que trabalhar ajudando a formar gente. Acredito que a educação pode mudar pessoas, mudar relações sociais, tornar o mundo mais justo.

Dei aula mais de 15 anos, depois fui atuar com formação de professores e diretores de escolas, depois de universidades. Fiz mestrado e doutorado para entender melhor a questão da educação. Porque a gente começa acreditando que ela transforma tudo, mas na verdade a escola é parte de uma engrenagem bem mais complexa. E quando não é transformadora, a escola faz pior: acaba reproduzindo as desigualdades, acentuando os abismos e a exclusão.

Nessa linha divisória está o papel decisivo do professor, que pode incluir e integrar, resgatar sonhos, ensinar honradez, estimular a coragem e a determinação. Aquele que não se contenta com pouco, chama o aluno e diz: "Você pode mais"; que aproveita uma situação de briga ou de preconceito na aula, para falar sobre respeito. É nessas horas que se forma um cidadão melhor. Quanto mais alta a qualidade dos mestres, maior a perspectiva de um país.

Apesar disso, a desvalorização dos docentes e da área educacional, que já era grande quando comecei a carreira, se manteve e até se agravou. Basta tomar como parâmetro o que observamos este ano: nas universidades federais, cinco meses de greve. No ensino fundamental, piso de R$ 1.917,78 para professores com dedicação integral. Menos de 1% das escolas têm a estrutura satisfatória para o ensino, ou seja, biblioteca, laboratório, quadra esportiva, salas adequadas para atender a estudantes com necessidades básicas.

Muitas vezes, como professora, me senti como no texto de Clarice Lispector: "...equilibro-me como posso, entre mim e eu, entre mim e os homens, entre mim e Deus". Esse é o professor brasileiro, que se equilibra como pode entre o sonho e a realidade, entre o desânimo latente e a garra de não desistir.

O baixo prestígio profissional, a falta de perspectivas de evolução na carreira e os próprios reflexos dos problemas sociais dentro da escola – como a violência, por exemplo – fazem com que no Brasil até faltem professores na educação básica: em torno de 170 mil, de acordo com o MEC. A falta de continuidade das políticas públicas – evidenciada, por exemplo, na alta rotatividade dos ministros da Educação – dá a essa área contornos pouco atraentes para os jovens que se fazem agora a mesma pergunta que me fiz há anos, sobre que carreira seguir.

Como escreveu Rui Barbosa: "De tanto ver injustiças, a pessoa chega a desanimar da virtude". Seria uma lástima se isso acontecesse e o país perdesse seus profissionais mais valiosos. Seria desistir do futuro. Antes que essa desdita se concretize, há que dar o devido significado a quem se dedica a formar a nova geração. É urgente. Se iniciássemos já, talvez só daqui a 20 anos o país sentisse a diferença. Mas quem trabalha com educação já sabe: é assim, no instante despretensioso do hoje, que se começam as maiores mudanças.

*G1*. 15 out. 2015. Disponível em: http://g1.globo.com/educacao/blog/andrea-ramal/post/para-onde-vai-o-professor-brasileiro-entre-o-sonho-e-o-desencanto.html. Acesso em: 23 ago. 2019.

## BRASIL É UM DOS PAÍSES QUE PAGAM MENOS AOS PROFESSORES

**Em 24 de novembro de 2015, a OCDE divulgava o documento *Education at a Glance*, que analisa o sistema educacional de 34 países – entre eles, o Brasil. Nele, ficava clara a distância entre a remuneração dos professores brasileiros e a dos de outras nações.**

O salário inicial dos professores, no Brasil, é um dos mais baixos entre os integrantes da Organização para a Cooperação e Desenvolvimento Econômico (OCDE) e, mesmo entre os países latino-americanos, abaixo do Chile, Colômbia e México. Na pré-escola, paga-se menos da metade da média mundial. É o que mostra o mais recente relatório dos sistemas educacionais do mundo, *Education at a Glance 2015*.

As salas de aula brasileiras estão entre as que têm mais alunos por professor. Quanto ao preparo docente, 37% dos mestres declaram necessidade de mais formação para o uso das tecnologias, enquanto, na média da OCDE, só 15% manifestam tal lacuna.

Baixa remuneração, excesso de alunos por turma e insegurança quanto a um importante ambiente de aprendizagem da atualidade, o tecnológico, acabam derivando no abandono da profissão. É o que nos conta o mesmo relatório: mais da metade dos professores dos anos iniciais do ensino fundamental brasileiro tem menos de 40 anos de idade e apenas 15% deles têm mais do que 50. Aliás, somos o segundo colocado na lista de países com menos professores de 50 anos nesse nível de ensino. Dos que entram no magistério, poucos permanecem.

Nesse rápido olhar sobre a educação global, outro dado chama a atenção: o Brasil é um dos países que alocam maior percentual de recursos na educação, com relação ao gasto público total; mas, ainda assim, investe pouco por aluno: US$ 3.441 dólares americanos/ano, simplesmente US$ 5.876 dólares a menos do que a média da OCDE.

Ora, não há milagres. As consequências desse quadro inquietante aparecem páginas à frente, no mesmo relatório. Aumentou a quantidade de alunos formados no ensino médio, mas os índices de aprendizagem (por exemplo, no Pisa) seguem baixos e só 14% dessa mesma população conclui o ensino superior. Muita quantidade, pouca qualidade. Prova de que, em educação, o Brasil continua investindo menos do que deveria e ainda gasta mal, comparado com outros sistemas educacionais do mundo.

*G1*. 24 nov. 2015. Disponível em: http://g1.globo.com/educacao/blog/andrea-ramal/post/brasil-e-um-dos-paises-que-paga-menos-aos-professores.html. Acesso em: 23 ago. 2019.

## MEC FORMARÁ PROFESSORES PARA A ESCOLA DE ONTEM OU DE AMANHÃ?

**O Censo Escolar 2015, divulgado pelo MEC em 22 de março de 2016, revelava que, na rede pública, mais da metade dos professores de Ciências e de Matemática não tinham formação específica na área em que lecionavam.**

É evidente a relação entre as falhas na formação do professor brasileiro e os problemas de aprendizagem dos estudantes. Vejamos o retrato do Programa Internacional de Avaliação de Alunos (Pisa): nas provas mais recentes, o Brasil ficou nos últimos lugares: 59º em Ciências, 58º em Matemática e 55º em Leitura, num *ranking* com 65 países.

Agora analisemos o Censo da Educação Básica, recém-divulgado: na rede pública, mais da metade dos professores de Ciências e de Matemática e 42% dos professores de Português não têm formação específica na área em que lecionam. O caso mais gritante é o de Física: 68,7% dos mestres entram na sala de aula das escolas públicas sem a preparação necessária.

Para mitigar as lacunas, o MEC lança hoje (5/4) as inscrições para 105 mil vagas num programa de formação que tem início no segundo semestre deste ano. Porém, será que o programa terá reflexo efetivo na melhoria da aprendizagem dos estudantes? Há fatores que podem colocar em risco os resultados esperados.

Em primeiro lugar, o Ministério vai pulverizar o atendimento entre universidades e institutos federais, o programa Parfor Presencial – na modalidade de um "intensivo de férias" – e vagas em cursos de instituições privadas. Em vez de criar sinergias na formação docente, na linha de um currículo mais próximo, opta-se pela certificação pura, sem buscar pontos em comum.

Além disso, muitos dos cursos de formação de professores estão defasados, precisam atualizar seus currículos e abordagens em vista das necessidades da aprendizagem do aluno do século XXI, que envolve tecnologias, interdisciplinaridade, currículo próximo da vida, metodologia ativa, protagonismo juvenil. No modelo proposto, de simples contratação de vagas, o MEC pode estar formando professores para a escola de ontem, não a de amanhã.

Por exemplo, deveria ter sido previsto o modelo de "residência pedagógica", já em vigor na formação de docentes da Finlândia e de Portugal, entre outros países. É algo similar à residência médica: para se formar, o professor ainda não graduado atua na escola sob supervisão, estabelecendo um diálogo frutífero entre teoria e prática.

Por fim, outro risco é lançar o programa sem uma estratégia de motivação e retenção dos professores no magistério. Hoje, há altos índices de abandono da carreira docente, que se tornou uma profissão "de passagem", assumida enquanto não se consegue uma oportunidade melhor. Sem garantir aos mestres condições dignas de trabalho e remuneração condizente, o MEC corre o risco de fazer um investimento vultoso, com pouco reflexo concreto na escola.

*G1*. 5 abr. 2016. Disponível em: http://g1.globo.com/educacao/blog/andrea-ramal/post/mec-formara-professores-para-escola-de-ontem-ou-de-amanha.html. Acesso em: 23 ago. 2019.

# QUANDO O BRASIL VAI LEMBRAR DOS PROFESSORES?

**Outubro de 2016: é o mês de homenagear os professores. E, para além disso, de olhar a educação do país para saber em que direção vamos.**

Além de homenagear os professores, o mês de outubro é também momento de olhar com especial atenção para a educação no país, a partir de indicadores que, em geral, são divulgados nesse período. Aí surge o paradoxo. Queremos celebrar os mestres e dizer-lhes o quanto são importantes e, ao mesmo tempo, nos deparamos com um cenário crítico, no qual faltam professores, sobram vagas na formação docente e o abandono do magistério aumenta. Situação ainda mais grave quando consideramos o baixo nível de aprendizagem dos estudantes brasileiros: o Índice de Desenvolvimento da Educação Básica (Ideb), divulgado em setembro, mostrou que o ensino médio se mantém com nota 3,7 desde 2011.

Outubro se converte, então, numa oportunidade de ampla conscientização social sobre a necessidade de uma mudança radical e definitiva no tratamento que a nação dedica aos mestres. Afinal, não pode existir um sistema educacional de excelência com professores de nível mediano e baixa motivação. A não ser que tivéssemos uma nação de autodidatas, o que não é o caso. Um exemplo é Singapura, que alcançou significativo sucesso na educação por valorizar os professores e inovar no processo de formação. Lá, um programa de trainee selecionou os melhores talentos e a profissão passou a ser cobiçada, o que permitiu condicionar a permanência no cargo ao nível de aprendizado dos alunos.

O Censo da Educação Superior 2015, divulgado pelo MEC no início do mês, mostra que os cursos de licenciatura, que habilitam quem leciona nos anos finais do ensino fundamental e no ensino médio, estão com matrículas estagnadas desde 2010, girando em torno de 1,4 milhão de estudantes. Destes, 71,6% são mulheres e 38,4% fazem o curso a distância.

Preocupa o tímido número de matrículas em licenciaturas importantes para o crescimento do país, como, por exemplo, Química e Física: 2,5% e 1,7% das matrículas, respectivamente. Hoje, dos 27.886 professores que lecionam Física, 68,7% não têm licenciatura na disciplina. Em Química, 46,3%. Temos 42% dos professores de Português e 51,3% dos professores de Matemática também sem formação específica. Nesse cenário de apagão docente, e no atual ritmo, seria necessário mais de uma década apenas para que todos os professores tivessem a formação adequada. Para piorar o quadro, a potencial reforma do ensino médio proposta pelo MEC abre a porta para a entrada de professores leigos em muitas áreas.

O problema de fundo é que a profissão docente interessa cada vez menos, por diversos fatores: baixa remuneração, parco reconhecimento social, pouco ou nenhum apoio das famílias em problemas de violência e indisciplina dos estudantes, lacunas na própria formação inicial e continuada. É duro constatar que, no Brasil, o magistério está se tornando uma carreira de "passagem". Hoje, 25% dos docentes brasileiros têm menos de 30 anos e apenas 12% estão com idade acima de 50. O efeito disso para a educação básica é o pior possível.

Se não pode existir um país de alto potencial onde não há educação de qualidade, a equação é simples e direta: precisamos de professores bem formados, motivados, talentosos e comprometidos com um plano de desenvolvimento do país. Nem os governantes das últimas décadas, nem os meios de comunicação, nem as famílias, nem a sociedade civil se conscientizaram da gravidade da situação. Talvez, assim como existe um "outubro rosa" ou um "novembro azul", precisemos de um mês verde-amarelo para a trazer essa questão à tona.

*G1*. 13 out. 2016. Disponível em: http://g1.globo.com/educacao/blog/andrea-ramal/post/quando-o-brasil-vai-lembrar-dos-professores.html. Acesso em: 23 ago. 2019.

## REFORMA DA PREVIDÊNCIA PODE AFASTAR NOVOS PROFESSORES

**No início de dezembro de 2016, o governo Michel Temer anunciava uma proposta de reforma da Previdência. Nela, a aposentadoria especial de professores terminava: tanto homens quanto mulheres, inclusive professores, só poderiam se aposentar após completarem 65 anos.**

Os professores se aposentarão com o mesmo tempo de serviço dos demais trabalhadores, se aprovada a reforma da Previdência. Até agora, a carreira docente tinha regras especiais, por se tratar de atividade que provoca alto desgaste físico ou psíquico.

Sob o ponto de vista jurídico, muito se poderá debater sobre a isonomia do professor com as demais profissões. Porém, do ponto de vista educativo, a questão é: qual será o impacto de os professores terem que permanecer mais tempo na sala de aula, à espera do prêmio da aposentadoria?

Um recente estudo britânico mostra que há relação direta entre a vida profissional e pessoal do professor e sua efetividade no ensino. Ora, o que o professor brasileiro enfrenta hoje é um conjunto de fatores desfavoráveis, convivendo com indisciplina dos estudantes na sala de aula, pressão dos pais e da sociedade, turmas superlotadas e até violência física e psicológica.

Isso resulta num quadro de desgaste físico e emocional, agravado por condições de trabalho precárias, pela necessidade de assumir jornada dupla para completar a renda e pela carga de trabalho que realiza em casa. À medida que acumula mais tempo no magistério, aumentam também a incerteza, o cansaço, a insatisfação, a sensação de baixo reconhecimento social. Muitos abandonam a carreira e, dos que permanecem, muitos convivem com a frustração e desenvolvem problemas crônicos de saúde.

De fato, a profissão docente é das que mais levam à síndrome de *burnout*, ou a doença do esgotamento emocional. Diferentes estudos apontam que seis a cada dez professores se sentem "queimados" – como se referem os pesquisadores espanhóis aos afetados pelo problema. Isso prejudica o clima das aulas, a relação com a escola, o rendimento dos estudantes.

Nada disso quer significar que professores mais velhos não trabalhem bem. Ao contrário, a experiência da idade é valiosa para a profissão docente.

No entanto, se não se alterarem as condições impostas pelo sistema educacional brasileiro aos que abraçam o magistério, certamente haverá impactos negativos na aprendizagem dos estudantes. Precisamos encontrar uma lição mais encorajadora para dar aos jovens sobre a vida e o destino dos que escolhem essa admirável profissão.

*G1*. 13 dez. 2016. Disponível em: http://g1.globo.com/educacao/blog/andrea-ramal/post/reforma-da-previdencia-pode-afastar-novos-professores.html. Acesso em: 23 ago. 2019.

## ENSINAR E APRENDER NO RIO: ATIVIDADES DE ALTO RISCO

**No dia 19 de junho de 2017, uma professora do Espaço de Desenvolvimento Infantil Azoilda Trindade, na Comunidade da Maré, Rio de Janeiro, foi baleada de raspão enquanto tentava proteger os alunos do intenso tiroteio que acontecia na comunidade. Segundo a Secretaria Municipal de Educação, na hora em que foi atingida, a professora estava com uma das 30 crianças atendidas na unidade ao seu lado.**

Enquanto protegia os estudantes no meio de um tiroteio no Complexo da Maré, uma professora foi baleada de raspão nesta segunda. Não é o primeiro caso. Este mês, outra professora foi baleada em Quintino e em abril foi a vez de uma auxiliar de creche no Jacaré. Em março, uma aluna de uma escola em Acari foi morta. É fato: ensinar e aprender no Rio se tornaram atividades de alto risco.

O incidente desta segunda ocorreu num dos Espaços de Desenvolvimento Infantil, que foram amplamente divulgados como "um novo conceito de educação". Mas de que adiantam o espaço físico, a brinquedoteca, os materiais e livros, os professores preparados... num cenário de guerra?

Em 2016, o Rio de Janeiro teve somente 43 dias com funcionamento normal de todas as escolas. Nos demais, houve sempre pelo menos um colégio com aulas suspensas, por ficar em área conflagrada. Foram 115 mil estudantes com alguma suspensão do ritmo de estudo. Desde o início deste ano, o problema se agravou.

A violência crescente vem causando enormes prejuízos à aprendizagem. Crianças com medo não têm a mente livre para raciocinar, não conseguem se concentrar. Com tantas interrupções, o ensino se torna um eterno recomeçar, gerando atraso na escola e desmotivação dos estudantes.

Nos trabalhos escolares, há desenhos com cenas sangrentas e pistolas que ferem bebês. O medo marca a linguagem de crianças que ainda estão aprendendo a ler, num momento em que deveriam estudar, conviver e se divertir.

O próprio Secretário de Educação do município, César Benjamin, afirmou numa rede social que tragédias como a de uma estudante assassinada "não são um fato isolado" e que no dia em que escreveu o post, por exemplo, "a violência provocou o fechamento de 25 escolas", deixando mais de 6 mil alunos sem aulas – situação que, segundo ele, "tem se repetido todos os dias". A cena do professor tocando violão para distrair e acalmar as crianças durante um longo tiroteio rodou o país e emocionou a todos. Professores virando heróis. Até quando?

Na Educação do Rio de Janeiro, já não temos mais um desafio didático-pedagógico, mas social e de segurança pública. Quantos seguirão na profissão docente mesmo que isso lhes custe a vida, lhes roube a paz ou lhes negue o sonho de um trabalho em condições diferentes? Complicado equilibrar tudo o que está em jogo, ainda mais porque em muitos casos, se não for o professor, não haverá quem olhe por essas crianças.

*G1*. 20 jun. 2017. Disponível em: http://g1.globo.com educacao/blog/andrea-ramal/post/ensinar-e-aprender-no-rio-atividades-de-alto-risco.html. Acesso em: 23 ago. 2019.

uqr.to/fml1

**ASSISTA AO VÍDEO SOBRE O TEMA**

**Fonte:** http://g1.globo.com/globo-news/jornal-globo-news/videos/v/escolas-do-rj-sofrem-com-greves-e-atraso-nas-aulas/6521982/

Acesso em: 13 ago. 2019

# QUE GERAÇÃO É ESSA, QUE ESPANCA OS MESTRES?

**Em 22 de agosto de 2017, a mídia de todo o país repercutia o caso da professora Márcia Friggi, agredida na escola por um estudante de 15 anos, em Santa Catarina. Infelizmente, esse não era um fato isolado.**

As agressões que os professores brasileiros enfrentam não são apenas físicas. Há relatos de ameaças, roubos, insultos, danos materiais, difamação e *bullying* pela internet. O caso da professora Márcia Friggi, espancada na segunda-feira (21/8) por um estudante, é exemplo do drama que os docentes enfrentam no Brasil, primeiro colocado no *ranking* de violência contra professores, segundo a OCDE. O fenômeno não é exclusividade brasileira: em países como México, Chile, Argentina e Espanha, entre outros, existe a mesma preocupação.

Essas ocorrências são um sinal de colapso, não só no sistema educacional, mas sobretudo de colapso social, e coloca em xeque o perfil de jovem que estamos formando.

A professora Friggi faz uma síntese desoladora: "Somos agredidos verbalmente de forma cotidiana. Fomos relegados ao abandono de muitos governos e da sociedade. Somos reféns de alunos e de famílias que há muito não conseguem educar". Ela ainda propõe uma reflexão, referindo-se ao aluno que a agrediu quando se revoltou por ser advertido na aula: "Esta é a geração de cristal: de quem não se pode cobrar nada, que não tem noção de nada".

A análise é coerente com alertas de psicólogos contemporâneos que defendem que os pais estão outorgando poder demais para os filhos. Não estabelecer limites, quase nunca dizer "não" e fazer todas as vontades de crianças e adolescentes são ingredientes-bomba. Derivam na "síndrome do imperador", um comportamento disfuncional em que os filhos estabelecem suas exigências e caprichos sobre a autoridade dos pais, controlando-os psicologicamente e podendo chegar, não raro, a agressões físicas. Pensando que dão demonstrações de afeto, os pais permissivos demais acabam criando pessoas egocêntricas, mimadas, com baixíssima tolerância à frustração, pouca empatia com os outros e dificuldade de lidar com figuras de autoridade.

Ao mesmo tempo, temos os desafios do próprio sistema educacional. O magistério é tão mal remunerado que não atrai talentos e quem entra não recebe a preparação adequada, leciona sem experiência, tem poucos recursos para inovar. É difícil conquistar os estudantes, desmotivados e indisciplinados. Quando o professor tenta manter a ordem, gera revolta. A sala de aula, em muitos lugares, se converte num campo de batalha.

Por todos esses fatores, muitos professores adoecem e outros abandonam a profissão. Nos Estados Unidos, entre 2009 e 2014, a matrícula na formação de professores caiu 35% e, a cada ano, 8% da força de trabalho docente deixa a profissão. Segundo as pesquisas de lá, o salário não é a causa. O problema central é que eles não se sentem apoiados e não sentem as suas vozes ouvidas. No Brasil, apenas um a cada quatro professores tem menos de 30 anos e só 12% têm mais de 50. Em muitos deles o desabafo de ontem, da professora agredida, certamente também calou fundo: "Sinto-me em desamparo, como estão desamparados todos os professores brasileiros".

Os efeitos desse fenômeno podem ser devastadores. Ter um bom professor em cada sala de aula é o coração do aprendizado de um país. Da educação de casa, precisa vir a formação em valores essenciais, como respeito e civilidade. É por isso que educar não é tarefa fácil, exigindo equilíbrio entre o amor e a disciplina. Reconhecer os problemas, em vez de justificar todos os comportamentos dos filhos, é o primeiro passo desse desafio.

*G1*. 22 ago. 2017. Disponível em: http://g1.globo.com/educacao/blog/andrea-ramal/post/que-geracao-e-essa-que-espanca-os-mestres.html. Acesso em: 23 ago. 2019.

## UM PAÍS SEM PROFESSORES?

**Cada vez menos jovens desejam ser professores. Entre 2006 e 2015, a taxa de adolescentes brasileiros de 15 anos que almejam seguir a carreira docente caiu de cerca de 7,5% para apenas 2,4%. Os dados foram revelados por um relatório da OCDE (Organização para a Cooperação e Desenvolvimento Econômico) divulgado em junho de 2018. O artigo comenta essa realidade.**

Muitos pensaram que ele seria substituído pelas tecnologias ou que tivesse seu papel relativizado. Ao contrário, no mundo da informação e da comunicação, a importância do professor é cada vez mais clara. Será que os brasileiros têm consciência disso?

Hoje, poucos jovens desejam atuar em magistério no Brasil. O primeiro fator que vem à mente é a baixa remuneração. A fala de Chico Anysio, imortalizada há décadas, na Escolinha do Professor Raimundo ("E o salário, ó...!") é cada vez mais atual. Só que a piada não tem mais graça. E a esse fator se somam vários outros problemas.

Escolas sem infraestrutura, tempo dividido entre várias instituições e dezenas de turmas, falta de recursos para investir em qualificação e, principalmente, a desvalorização moral da profissão, manifestada pelo descaso e desprezo dos próprios estudantes, são fatores que fazem com que os professores se decepcionem com a carreira e acabem abandonando o magistério. Situação bem diferente da encontrada em países da Europa e da Ásia, como Finlândia, Coreia do Sul e Singapura que, não por acaso, ocupam as primeiras posições do Pisa, programa internacional de avaliação de estudantes.

Os finlandeses, por exemplo, têm os melhores índices educacionais da União Europeia, e uma das razões está justamente na valorização dos professores. No país escandinavo, eles têm autonomia, são bem remunerados e trabalham em ambiente de qualidade. A consequência? Um número crescente de jovens talentosos querendo seguir a carreira. Tão disputada que o processo seletivo é extremamente rigoroso, privilegiando os mais bem preparados, garantindo assim a confiança da sociedade.

Na Coreia do Sul, a situação não é diferente. Os professores são selecionados entre os melhores alunos no ensino médio. A concorrência é enorme e o candidato só garante vaga na universidade a partir da obtenção de bons resultados em provas e de uma rigorosa avaliação do histórico escolar. Para completar, os futuros docentes precisam estagiar por quatro anos em escolas que funcionam nas instituições de ensino superior e, em seguida, passam por um curso de mestrado, condição para lecionar no país.

Ainda na Ásia, em Singapura, os professores são selecionados em testes de conhecimento. A carreira é extremamente prestigiada por oferecer bons salários e a possibilidade de dedicação aos estudos, com tempo para cursos de qualificação e preparação das aulas. No futuro, depois de um bom tempo em sala de aula, os docentes podem optar por seguir como pesquisadores em universidades, diretores de escolas ou especialistas. Eles podem também atuar como mentores para os mais novos. Entre os segredos do sucesso da educação no país está a meritocracia. Os professores são testados com frequência e os que são mais bem avaliados em provas anuais recebem promoções e se tornam gestores.

Os desafios no Brasil não são poucos, se compararmos com a realidade registrada nesses casos do exterior. E a procura cada vez menor pela carreira docente é um perigoso indicativo que não pode ser menosprezado, sob pena de chegarmos à situação vivida por outros países latino-americanos, onde é preciso contratar profissionais estrangeiros.

Ao contrário das nações mais desenvolvidas e daquelas que, em algumas décadas, conseguiram deixar a pobreza e a desigualdade para trás, investindo fortemente num ensino de qualidade, seguimos limitados a discursos vazios, promessas que nunca são cumpridas e planos de governo que não se tornam realidade. Apesar de constatarmos alguns avanços, a partir da cobrança de uma população que, aos poucos, vai se dando conta do valor da educação para um país mais justo e igual, o caminho a ser seguido é muito longo e, como sabemos, no ritmo atual, levaremos décadas para mudar o quadro atual.

Uma pitada a mais na crise do magistério brasileiro é trazida pela chegada das novas gerações às salas de aula. A formação de professores com foco no uso de tecnologias ainda é algo distante da realidade brasileira. É necessário, com a máxima urgência, investir na capacitação dos docentes para que atendam às demandas e expectativas dos alunos, gerando mais interesse pelo ambiente escolar e, consequentemente, um aprendizado real.

Neste ano de eleições para novos Governadores, Deputados, Senadores e do novo Presidente da República, mais uma vez, assistiremos a programas eleitorais e debates onde o investimento em educação, certamente com destaque para a qualificação dos professores, será apresentado como solução para os nossos problemas mais graves. Será que, mais uma vez, ficaremos com a sensação de já ter visto esse filme?

Que possamos passar da retórica à prática, exigindo que os eleitos tratem a educação como área estratégica, beneficiando nossa população a partir da adoção de mudanças concretas, com ênfase na valorização da figura mais importante para o desenvolvimento de um país: o professor.

*Correio Braziliense*, Brasília, p. 11, 30 jul. 2018.

**ASSISTA AO VÍDEO SOBRE O TEMA**

**Fonte:** https://globoplay.globo.com/v/7570311/

Acesso em: 13 ago. 2019

## VIOLÊNCIA NAS ESCOLAS

# CAPÍTULO 5

# TENDÊNCIAS

# A EDUCAÇÃO DE HOJE ESTIMULA OU REDUZ A PARTICIPAÇÃO DOS JOVENS NA POLÍTICA?

**Faltavam menos de três meses para as eleições presidenciais de 2014 e a imprensa noticiava que, dos 142,8 milhões de brasileiros que iriam votar, 1,6 milhão tinha 16 ou 17 anos, o que representava 1,1% do total, segundo dados do Tribunal Superior Eleitoral (TSE). Era o mais baixo percentual apresentado no Brasil em 20 anos.**

2014

No acontecimento mais importante e decisivo do ano, as eleições, apenas 25% dos brasileiros entre 16 e 17 anos irão votar. A grande maioria não tirou o título de eleitor. Desde 2006, a participação dos jovens dessa faixa etária vem diminuindo cada vez mais.

De fato, o baixo envolvimento da juventude com a política é um fenômeno constatado em diversos países, como o Chile, a Argentina, a Espanha, para citar alguns. As razões são diversas e o assunto exige análises mais complexas do que é possível fazer aqui. Mas quero propor o debate: a participação política dos jovens é estimulada ou, por outro lado, reduzida pela educação que recebem em casa e na escola?

Na educação de casa, crianças e jovens de hoje certamente percebem o desencanto dos pais quanto às reais formas de participação e de expressão que conseguiram se estabelecer nas últimas décadas, mesmo nos regimes democráticos. Compartilham o descrédito dos pais quanto aos partidos políticos, à gestão dos recursos públicos, à solução de problemas estruturais como a corrupção, a educação ou a inclusão social.

Uma frase comum entre os jovens é a de que "nenhum candidato me representa". Muitos consideram outras formas de participação, como as manifestações, mais efetivas do que o voto.

Por outro lado, há que lembrar que o espaço da convivência familiar pode ser um dos mais férteis para a formação política. É nele que se vivem as primeiras experiências de autoritarismo ou de democracia, que se começam a entender as estruturas de poder e de participação.

Em casa, as relações podem ser marcadas pelo individualismo ou pela cooperação. As tarefas domésticas podem ser assumidas apenas por alguns, ou distribuídas entre todos. Os limites podem ser estabelecidos de uma forma coerente, libertadora, que ajude a assumir as próprias decisões. Nada disso é neutro. Tudo forma para a vida política.

Conheço famílias que, inclusive, estão aproveitando essa véspera de eleições para educar visando à cidadania. Debatem com os filhos sobre as necessidades mais urgentes da população e as comparam com as propostas dos candidatos. Explicam às crianças as responsabilidades de um senador, um deputado, e como as suas ações podem afetar a nossa vida.

Na mesma linha, outras pedem que a criança imagine o que faria se fosse presidente. Com adolescentes, analisam os discursos dos candidatos, tentando separar programas de governo estruturados de meras promessas eleitoreiras. Pesquisam juntos o histórico dos políticos, avaliando como se saíram quando assumiram outro cargo público. Práticas desse tipo podem ajudar a despertar a consciência crítica e a perceber as implicações de um voto.

Ao mesmo tempo, a educação escolar é também um fator-chave na formação política. Hoje se fala bastante numa sala de aula na qual não só se transmitam conteúdos acadêmicos, mas também se forme para a vida cidadã.

Esse foi o tom das mais recentes reformas educacionais, tanto na gestão de Fernando Henrique Cardoso, por exemplo, com os Parâmetros Curriculares Nacionais, como na gestão de Lula e de Dilma Rousseff, por exemplo, ao defender um estilo de prova do Enem, como exame de ingresso ao ensino superior, mais focado em atualidades e análises de contexto do que em conteúdos abstratos.

No entanto, poderíamos questionar se o espaço escolar consegue ser, de fato, um ambiente que forma para a democracia e, com seus valores e práticas, a aprofunda e a consolida, ou se o estudante se depara com um sistema que ainda promove pouco a participação e forma indivíduos competitivos e utilitaristas. Pois, como diz Jose Gimeno Sacristán, "a escola contribuirá para a democracia sempre que seus conteúdos e objetivos se ajustarem aos valores da democracia, mas sobretudo quando as práticas pedagógicas estiverem alinhadas com as exigências mínimas de uma democracia".

Ora, se a escola mantém as antigas relações de poder, com hierarquias rígidas, atividades que se repetem mecanicamente, ordens que simplesmente devem ser cumpridas e conhecimentos fragmentados em disciplinas com pouca ligação com o mundo do estudante, a instituição está na verdade, como escreveu Foucault, formando um "objeto de informação", em vez de um "sujeito de comunicação".

Há instituições que, ao contrário, repensaram sua função social e, com isso, seus currículos e práticas. Concebem-se cada vez mais como ambientes de aprendizagem e de comunicação, onde pessoas com diferentes interesses e afinidades se encontram para aprender umas com as outras. Seguem o que disse Paulo Freire: "Não basta saber ler que Eva viu a uva. É preciso compreender qual a posição que Eva ocupa no seu contexto social, quem trabalha para produzir a uva e quem lucra com esse trabalho".

Nessas escolas, os professores se entendem como mediadores e as mídias são usadas para o intercâmbio de ideias e conhecimentos. A aula é o ponto de partida de uma rede de pessoas, dialógica, participativa, inclusiva, multicultural, aberta ao que é diverso.

São práticas necessárias nessa escola democrática, por exemplo, os grêmios estudantis e a existência dos conselhos de pais. Estruturas desse tipo, entre outras, estimulam a participação no planejamento e na tomada de decisões.

Outra atividade positiva são os trabalhos sociais. E nestes meses tenho acompanhado experiências escolares interessantes com foco nas eleições. Por exemplo, há professores que estimularam as turmas a organizar partidos políticos imaginários e fazer debates como os da TV, entre os candidatos com diferentes ideologias, discutindo soluções possíveis para os problemas da escola, da comunidade e do bairro. Quando adultas, estas crianças, provavelmente, terão mais condições de votar de forma consciente.

De resto, para além das instituições tradicionais, a própria juventude vem encontrando outros espaços e formas de participação. Um dos mais promissores é o das redes sociais, nas quais os jovens se posicionam, organizam movimentos, discutem visões de mundo. Nem sempre com respeito, nem sempre com tolerância, vão experimentando os riscos e potencialidades da cibercultura.

Há que torcer para que essa interatividade, da qual participamos com um clique tão confortável que não requer nem sair de casa, não termine por banalizar ainda mais o voto. Ao contrário: que a esfera digital nos desafie a mudar as formas de aprender e ensinar e provoque novas e produtivas discussões, nas casas e nas escolas.

*G1*. 30 jul. 2014. Disponível em: http://g1.globo.com/educacao/blog/andrea-ramal/post/educacao-de-hoje-estimula-ou-reduz-participacao-dos-jovens-na-politica.html. Acesso em: 23 ago. 2019.

# ENSINO DOMICILIAR ALCANÇA VITÓRIA IMPORTANTE

**O *homeschooling* ou ensino domiciliar conquistava, em abril de 2015, uma vitória significativa: uma estudante que não frequentou a escola, mas estudou em casa, era autorizada a ingressar na universidade.**

Nesta semana acompanhamos um fato inédito na educação do país: a jovem Lorena Dias, que não frequentou a escola, mas estudou em casa, foi autorizada a ingressar na faculdade.

O Ministério da Educação (MEC) pode recorrer, já que, em tese, a prática fere o Estatuto da Criança e do Adolescente, a Lei de Diretrizes e Bases (segundo a qual "é dever dos pais efetuar a matrícula das crianças na educação básica a partir dos 4 anos") e a Constituição Federal, pois deixar de prover instrução formal pode ser caracterizado como abandono intelectual.

Conhecida nos Estados Unidos como *homeschooling*, a prática vem ganhando força no Brasil. As famílias que optam por esse modelo entendem que a escola não é adequada para educar para o mundo de hoje. Segundo elas, em vez de estimular, a escola inibe a criatividade, não forma pessoas empreendedoras e desestimula o interesse de aprender, com sua didática obsoleta e conteúdos distantes da realidade.

Além disso, esses pais alegam que no ensino domiciliar evitam o *bullying*, fogem de escolas de má qualidade e ficam mais envolvidos na educação dos filhos. Por tudo isso, há um projeto em trâmite (PL 3179/2012, do deputado Lincoln Portela) que pretende legalizar o *homeschooling* no país.

Enquanto o projeto não é votado, vale esclarecer algumas dúvidas comuns das famílias a respeito da educação domiciliar. Vamos a elas:

**Quais são os riscos do *homeschooling*?**

Primeiro, a baixa escolaridade de muitas famílias brasileiras. Como ensinar, se os pais não aprenderam o suficiente? Além disso, o modelo limita a socialização, pois na escola a criança aprende a conviver com o diferente, gerencia conflitos, forma redes de relacionamento, o que desenvolve competências emocionais importantes para o trabalho e a vida. Sem falar da importância dos professores, pois é preciso interagir com outros líderes adultos além dos próprios pais.

**Qualquer pai ou mãe está apto para ensinar?**

Na verdade, no ensino domiciliar não são necessariamente os pais que ensinam. Há componentes de autodesenvolvimento e os pais podem ser orientadores do estudo. Em geral, o *homeschooling* acontece em famílias que já têm uma vida cultural bastante rica, então o hábito de ler e de estudar já está presente, o que ajuda bastante. Às vezes, conta-se com tutores. Sempre há um roteiro curricular, mas os modelos variam.

**É mais fácil educar os filhos pequenos no ambiente da própria casa?**

Depende do ambiente familiar, não há uma vinculação com a idade. Claro que as crianças podem ser mais abertas a ouvir os pais do que os adolescentes, cuja tendência é questionar tudo. Mas isso não é uma regra geral.

**Ensino domiciliar é uma saída diante da crise do ensino brasileiro?**

Em princípio, não parece a melhor das alternativas. A escola pode ter problemas, mas está se renovando aos poucos. Conta com profissionais especialmente preparados para lecionar, gerenciar grupos, acompanhar a aprendizagem. Há uma falsa ideia de que qualquer um pode ensinar. A pedagogia é uma arte e também uma ciência: ensinar exige muita preparação profissional.

**Quando a família não concorda com o ensino da escola e com os valores que transmite, deve partir para *homeschooling*?**

Por mais firmes que sejam nossas convicções, aprender a dialogar é fundamental. E quase sempre é possível encontrar uma escola que se afine com o modelo educacional da família. Há muitas instituições antenadas com os novos tempos, capazes de ser parceiras na educação dos filhos. Educação é um trabalho de equipe: escola e família.

**O ensino domiciliar deve ter fiscalização do Estado?**

Esse é um ponto polêmico. A flexibilidade está na essência dessa prática. Com fiscalização, o modelo se tornará rígido. Por outro lado, não se pode simplesmente dizer que cada um faça o que achar melhor. Para complicar, faltam materiais específicos para esse tipo de ensino. Por tudo isso, o *homeschooling* tem mais chances de funcionar em famílias que tenham suficiente formação acadêmica e cultural.

**E os pais que querem manter os filhos na escola, mas também desejam participar mais da educação deles: como se preparar para isso?**

Os pais precisam conhecer o projeto pedagógico da escola, participar das reuniões de pais, conversar sempre com a escola para expressar dúvidas e ouvir orientações. Em casa, planejar um ambiente de estudo organizado, com hora para fazer deveres de casa e para ler e estudar. E incrementar a formação com aprendizado de música, artes, esportes, viagens. Até debater um filme com os filhos já é uma forma de estimular o raciocínio e a capacidade de interpretação. Dentro das possibilidades econômicas de cada família, sempre é possível oferecer uma formação que vá além da escola.

*G1*. 14 abr. 2015. Disponível em: http://g1.globo.com/educacao/blog/andrea-ramal/post/ensino-domiciliar-alcanca-vitoria-importante.html. Acesso em: 23 ago. 2019.

**ASSISTA AO VÍDEO SOBRE O TEMA**

**Fonte:** https://globoplay.globo.com/v/6984075/

Acesso em: 13 ago. 2019

# SALA DE AULA INVERTIDA: A EDUCAÇÃO DO FUTURO

**Mudar a sala de aula é uma das chaves para melhorar o desempenho do estudante brasileiro. Entre as metodologias que têm se destacado para um aprendizado mais ativo, está a sala de aula invertida.**

Outra educação é possível, na qual o aluno é o protagonista e aprende de forma mais autônoma, com o apoio de tecnologias. Isso é o que os estudiosos da área defendem há décadas, mas na maior parte das instituições de ensino brasileiras perdura o modelo tradicional de ensino: o professor expõe os conteúdos e os alunos ouvem e anotam explicações para, em seguida, estudar e fazer exercícios.

Como alternativa, uma nova didática vem sendo adotada de forma crescente em vários países, colocando-se como uma das tendências da educação: a *sala de aula invertida* (*flipped classroom*). Nela, o aluno estuda os conteúdos básicos antes da aula, com vídeos, textos, arquivos de áudio, *games* e outros recursos. Em sala, o professor aprofunda o aprendizado com exercícios, estudos de caso e conteúdos complementares. Esclarece dúvidas e estimula o intercâmbio entre a turma.

Na pós-aula, o estudante pode fixar o que aprendeu e integrá-lo com conhecimentos prévios, por meio de atividades como, por exemplo, trabalhos em grupo, resumos, intercâmbios no ambiente virtual de aprendizagem. O processo é permeado por avaliações para verificar se o aluno leu os materiais indicados, se é capaz de aplicar conceitos e se desenvolveu as competências esperadas.

A metodologia tem alcançado resultados positivos, com impacto nas taxas de aprendizagem e de aprovação, como também no interesse e na participação da turma. Disseminada nos últimos anos pelos professores norte-americanos Jon Bergmann e Aaron Sams, foi testada e aprovada por universidades classificadas entre as melhores do mundo, como Duke, Stanford e Harvard.

Em Harvard, nas classes de cálculo e álgebra, os alunos inscritos em aulas *invertidas* obtiveram ganhos de até 79% a mais na aprendizagem do que os que cursaram o ensino tradicional. Na Universidade de Michigan, um estudo mostrou que os alunos aprenderam em menos tempo. O MIT (Massachusetts Institute of Technology) considera a *Flipped Classroom* fundamental no seu modelo de aprendizagem. O método é adotado em escolas da Finlândia e vem sendo testado em países de alto desempenho em educação, como Singapura, Holanda e Canadá.

Poderíamos discutir até que ponto a *sala de aula invertida* é mesmo uma inovação. Vygotsky (1896-1934), por exemplo, já destacava a importância do processo de interação social para o desenvolvimento da mente. Seymour Papert, na linha de Piaget, já defendia na década de 1960 uma didática em que o aluno usasse a tecnologia para construir o conhecimento. E, sem ir tão longe, o próprio Paulo Freire era adepto de que o professor transformasse a classe num ambiente interativo, usando recursos como vídeos e televisão. "Não temos que acabar com a escola", disse num diálogo com Papert em 1996, mas "mudá-la completamente até que nasça dela um novo ser tão atual quanto a tecnologia".

Em todo caso, seja um método novo ou apenas um nome diferente para o que há muito se pensa para a educação do futuro, é fundamental que escolas e faculdades brasileiras conheçam mais sobre essa pedagogia. Sobretudo porque ela apresenta contribuições importantes para alguns dos maiores desafios do nosso alunado: motivação, hábito de leitura, qualidade da aprendizagem.

Além disso, a *sala de aula invertida* valoriza o papel do professor, como orientador dos percursos de pesquisa e mediador entre estudantes e conhecimentos. E pode ajudar a desenvolver competências como capacidade de autogestão, responsabilidade, autonomia, disposição para trabalhar em equipe.

Sem cair no erro de importar tal e qual um modelo estrangeiro, nada impede que, no Brasil, o método seja estudado, sejam realizados estudos, ensaios e experiências e, na sequência, se adaptem alguns dos princípios e recursos para as necessidades do nosso contexto. Algumas escolas e universidades já vêm fazendo isso e, em breve, talvez verifiquemos resultados surpreendentes.

*G1*. 28 abr. 2015. Disponível em: http://g1.globo.com/educacao/blog/andrea-ramal/post/sala-de-aula-invertida-educacao-do-futuro.html. Acesso em: 23 ago. 2019.

## DESLIGA O FONE QUE A AULA VAI COMEÇAR

**As crianças e os jovens que estão nas salas de aula de hoje são autênticos representantes da chamada geração Z. Quando eles nasceram, o planeta já estava repleto de tecnologias fascinantes e poderosas. Para esses estudantes, que sala de aula?**

"Vivemos um desses raros momentos em que um novo estilo de humanidade é inventado" (Pierre Lévy).

As crianças e os jovens que estão nas salas de aula de hoje são autênticos representantes da chamada geração Z. Quando eles nasceram, o planeta já estava repleto de tecnologias fascinantes e poderosas. Apropriaram-se delas com naturalidade, "zapeando" sem parar por canais de TV, *videogames* com animações de impacto, telefones celulares, monitores de alta definição, *tablets*, iPhones, iPods, blogs e wikis, computadores cada vez mais velozes, redes digitais concebidas sem previsão de qualquer tipo de limite.

Por mais que encontrem informação disponível de vários modos nessa diversidade de dispositivos, esses jovens não podem, no entanto, prescindir de um ambiente educacional, no qual recebam ajuda e orientação para sistematizar o conhecimento, aprender conteúdos significativos com um foco específico e desenvolver competências para a vida pessoal, profissional, social e cidadã.

A questão é se a escola, instituição criada a partir de necessidades de gerações de outros séculos e de outros modelos de relação com o conhecimento, pode assumir adequadamente essa função, hoje. Certamente, ela precisará fazer mudanças em vários âmbitos, e muitas delas não tão simples. Talvez precise até mesmo reinventar suas práticas e seu papel.

Neste artigo, proponho algumas ideias nesse sentido – que de maneira alguma esgotam todas as nuances envolvidas nas necessidades educacionais da geração Z e na construção da escola das próximas décadas.

### A geração Z – algumas características

Usar categorias para descrever grupos humanos é algo sempre limitado e, muitas vezes, superficial. Por outro lado, a identificação de traços comuns entre gerações pode ajudar a orientar as discussões e a ampliar o entendimento de fenômenos que têm certa complexidade.

Consciente dessa limitação e do risco de simplificação que uma análise desse tipo pode conter, proponho algumas características que são muitas vezes identificadas nos jovens representantes da geração Z.

Nesta caracterização breve, não há nenhum juízo de valor. Afinal, seria leviano e antropologicamente absurdo imaginar que uma geração pudesse ser "boa" ou "ruim", "melhor" ou "pior" que as anteriores. Nenhum comportamento social nasce espontaneamente, ele se desenvolve em boa parte com influência do contexto em que crescemos. Ora, o que a geração Z pensa, faz e valoriza é, em certa medida, resultado de sua percepção e interação com o ambiente que a cerca. No seu caso, com o conjunto de mudanças sociais e culturais associadas à presença das tecnologias digitais em nossa sociedade.

### A geração do zapping

O conceito "Z", que vem de zapping, diz bastante sobre essa geração. Zapear é o ato de mudar contínua e rapidamente de canal de televisão ou de rádio, buscando, em tese, algo interessante, ou simplesmente por hábito de pular para outra programação – em geral, com auxílio do controle remoto. Talvez o nome se origine da onomatopeia "zap!", que sugere um salto, ou mudança repentina.

Zapear, para a geração Z, é uma prática comum e, em muitos casos, uma necessidade. O curioso é que essa relação fragmentada com o tempo e a informação – abrir muitas janelas, sem se aprofundar em nenhuma, e buscar sempre novidades – muitas vezes vale também para outros âmbitos: os relacionamentos, os estudos, o emprego formal.

O ramo das tecnologias explora bem essa característica, transformando o jovem no seu consumidor mais voraz e oferecendo-lhe novidades em intervalos de tempo cada vez menores. Já na escola, os professores costumam se queixar da desatenção e da dispersão desses mesmos jovens.

A avidez por informação tem, do outro lado da moeda, o desinteresse, como se não fosse possível concentrar-se para estudar alguma coisa em profundidade – até porque a rápida obsolescência de tudo coloca qualquer dedicação em xeque.

É uma geração que demonstra dificuldade em atividades que exigem concentração. Um exemplo que ajuda a comprovar esse perfil é o alto número de jovens que afirma que lê pouco ou não lê nenhum livro por ano, e que muitas vezes não termina os livros que começou a ler.

Nas empresas, muitos percebem a dificuldade de vínculo. Em muitos jovens, não parece haver interesse em permanecer muitos anos em uma mesma instituição, a não ser que seja para dar grandes saltos na carreira, em pouco tempo.

Seu mundo é tecnológico e virtual, e, em muitos casos, assim também são os relacionamentos. Sempre me chamou a atenção o anúncio que aparece na internet em um *site* que oferece um "matching" entre jovens. Diz ele: "Clique aqui e comece a namorar em 5 minutos".

Esse é um retrato de certa necessidade de viver na urgência imediata dos próximos instantes. Como se fosse possível resolver tudo simplesmente apertando um "Enter". O zapping vale também para os relacionamentos, nos quais se pula de uma pessoa para outra com relativa facilidade, e nos quais os vínculos são muitas vezes frágeis, superficiais ou passageiros.

**A geração silenciosa**

O jovem contemporâneo, conectado na web e, às vezes, desconectado do mundo, multifacetado em perfis de redes sociais, rodeado de amigos e seguidores no mundo virtual do Facebook, Twitter, Tumblr, Google+, Formspring etc., tem ao mesmo tempo habilidades pouco desenvolvidas no âmbito presencial.

Sua competência interpessoal é, em muitos casos, limitada. Percebe-se uma falta de expressividade na comunicação verbal, às vezes mesmo com pouco repertório linguístico, ao mesmo tempo que aparece certa dificuldade de ouvir – sobretudo explicações longas ou alguém que fale por mais de cinco minutos.

Alguns os chamam de "geração silenciosa", porque os jovens estão sempre com fones nos ouvidos, falam e escutam pouco. Uma atitude que alguns estudiosos relacionam com certo egocentrismo e individualismo, como se a pessoa pudesse se desligar de tudo o que não lhe interessa, seja isso um *site* da internet, uma aula da escola ou o grupo familiar.

Já nasceram num mundo em que a globalização era uma realidade, portanto, lidam bem com a desterritorialização, seja quando se reduzem as fronteiras entre países ou quando se pensa de modo interdisciplinar. Mas, em tal contexto, esse jovem aparece pouco atuante politicamente. Nas redes sociais, dificilmente o assunto discutido diz respeito a decisões de governantes ou a questões de políticas públicas e cidadania.

Escrevi certa vez que a interatividade pode banalizar o voto (Ramal, 1998). Hoje, esse exemplo é ainda mais claro no Twitter, na prática relativamente comum de "subir uma hashtag", também conhecida como "twitaço".

O twitaço é uma espécie de "movimento" reivindicatório realizado por meio do microblog Twitter, no qual, em geral a partir de combinações prévias, um grupo posta hashtags, ou seja, palavras ou mensagens prefixadas com um sinal de hash (#). Pela repetição dessas palavras, postadas por um grande número de usuários, a hashtag pode aparecer nos *top trends* mundiais ou do país, ou seja, na lista de "tendências de discussão" que o Twitter informa em tempo real.

Não é objeto deste artigo discutir a validade social e política dos twitaços. Mas chama a atenção, em certos casos, a distância entre o twitaço e o impacto concreto no mundo real que efetivamente ocorre, ou não.

Acompanhei "movimentos" de jovens que, mobilizados com alguma situação, lançam uma hashtag e convocam a comunidade para "subi-la". Um exemplo: certo dia em que aconteceu um fato violento na cidade em que morava, um jovem propôs "subir a tag #paznacidade". Como em uma espécie de euforia, se a causa é avaliada como justa, toda a "twitosfera" adere, progressiva e rapidamente, a esse twitaço. O autor insistia: "Vamos, estamos quase lá". "Twitem, deem RT" (retweet, ou seja, republicação do tweet).

Em questão de minutos, a tag subiu e apareceu entre as tendências de discussão no país. E, quando ela alcançou o primeiro lugar, o jovem anunciou: "Obrigado, amigos, chegamos lá, valeu".

Essa sensação de "dever cívico cumprido" simplesmente porque uma hashtag subiu sugere justamente que, assim como em outros planos, a geração Z imaginasse ser possível resolver tudo ficando detrás do monitor.

## A geração Homo zappiens

Veen e Wrakking chamam essa geração de Homo zappiens: segundo eles, aparentemente uma nova espécie humana, "que atua em uma cultura cibernética global" (2011). Há muitas diferenças entre o seu modo de se relacionar com o conhecimento e o das gerações anteriores, mas podemos destacar três que interessam decisivamente à escola.

Primeiro: o Homo zappiens se comunica permanentemente, mesmo que, como apontamos, de um modo não necessariamente presencial. Antes de ir para a escola, muitas crianças já conectam seus computadores e começam conversas no MSN. Ao chegar em casa, ou mesmo ainda no trajeto para casa, continuam conversas com colegas com quem acabou de falar na sala de aula.

Segundo: essa geração não usa a linearidade. Quando quer jogar um *game* novo, não passa primeiro pela tela de instruções, começa a jogar e, se tiver dúvidas, encontra rapidamente respostas por meio de interação *on-line* com outros jogadores. A lógica de gerações anteriores, em que primeiro se aprende para um dia talvez utilizar o que se sabe, não é mais válida – aprende-se no "just in time", à medida que se precisa do conhecimento para resolver desafios em tempo real.

Terceiro: a geração Z é a da simultaneidade. Ela prefere e talvez precise fazer várias coisas ao mesmo tempo. Não vale mais o sistema de gerações anteriores: primeiro fazer isso, depois aquilo. Ela desenvolveu uma notável habilidade para lidar com dispositivos diferentes e em alta velocidade.

## Para a geração Z, que escola?

A geração Z não é um conceito abstrato. Ela está presente todos os dias nas salas de aula de todo o país. Cabe à escola questionar o que pode fazer para cumprir seu papel de instituição educativa e verificar como ajudar o jovem contemporâneo a ver de forma abrangente e crítica o mundo em que se insere, significar a sua relação com o conhecimento, com as pessoas e as coisas e, talvez, até mesmo ajudá-lo a definir seu projeto de vida.

Não se trata, porém, de interpretar a geração Z a partir de nossa óptica e nossas normas. É verdade que toda geração faz um pouco isso, no movimento de educar seus filhos. Mas é preciso perceber, ao mesmo tempo, o potencial do que os jovens realizam, as habilidades valiosas que desenvolvem no uso das tecnologias e entender quais são as novas competências – conhecimentos, habilidades e atitudes – que essa geração precisará para viver bem no seu mundo.

Proponho aqui apenas três perguntas, entre muitas outras que me faço ao pensar na escola das próximas décadas.

**O currículo da escola não deveria ser mais hipertextual?**

Em vez de conteúdos isolados e distantes da realidade, na matriz epistemológica das redes de conhecimento, penso em uma escola que organizasse o conhecimento em redes de saberes.

Essas redes poderiam se materializar na organização curricular como unidades ou conjuntos temáticos organizados a partir de uma lógica não conteudista e não linear, por meio de estratégias didático-metodológicas que rompessem com os modelos formais de sequenciação de conteúdos, constituindo árvores de saberes.

Nesse "currículo em rede", o aluno seria estimulado a pesquisar e aprender com autonomia intelectual, em percursos próprios, orientados por educadores. Ao termos percursos próprios, teríamos os diferentes ritmos. Com isso, a escola se tornaria menos lenta e mais ágil.

O professor seria uma espécie de arquiteto cognitivo, responsável por traçar as estratégias e planejar os métodos mais adequados para que o aluno chegasse à construção ativa do conhecimento. Como o aluno, ele também precisaria se apropriar com segurança e destreza de todos os recursos tecnológicos, transformando sua sala de aula em um ambiente de aprendizagem interativo e conectado com o mundo.

Será que isso implicaria ensinar o jovem a estudar pedindo que desligasse todos os aparelhos eletrônicos por algumas horas? Dificilmente. Mas com certeza envolveria pesquisas mais consistentes sobre motivação e cognição, que levassem em conta o funcionamento da mente de sujeitos da cibercultura – uma sociedade não linear, hipertextual e multimidiática.

**A aprendizagem não deveria acontecer em redes cooperativas?**

Isso implica incorporar as tecnologias como ambientes de aprendizagem. Mas não tem a ver com aulas de computador ou laboratórios de informática. Trata-se de recriar a escola para o contexto da cibercultura, esse "conjunto de técnicas (materiais e intelectuais), de práticas, de atividades, de modos de pensamento e de valores que se desenvolvem juntamente com o crescimento do ciberespaço". Trazer para dentro de seu espaço esses modos de pensamento, problematizá-los, ressignificá-los.

O professor seria um "dinamizador da inteligência coletiva", ajudando grupos de estudantes a ressignificar o *link* (laço) entre saberes, disciplinas e, também, entre pessoas. Certamente, a formação da dimensão afetiva e interpessoal deveria estar inclusa. Os jovens seriam motivados a trabalhar em cooperação – mas não só no mundo virtual – e a estabelecer diálogos e parcerias produtivas, em uma síntese multidimensional e polifônica, com respeito entre si e "educando uns aos outros em comunhão", como imaginou Paulo Freire muito antes da internet.

**A escola não deveria trabalhar integrando mais a família, em um currículo impregnado de valores?**

A escola hoje já trabalha temas "transversais". Educação para a paz, para o trânsito, para a igualdade entre os sexos, meio ambiente, entre muitas outras formas, é estudada em projetos interdisciplinares nas salas de aula em diversos níveis escolares.

Será esse modelo suficiente para ajudar cada jovem da geração Z a descobrir-se como agente de construção da história, ser político e social, cidadão engajado em transformações que promovam o bem-estar de toda a comunidade?

Estou convencida de que deveríamos pensar em um modelo mais ousado, no qual o professor, além de orientar percursos de aprendizagem, atuasse como educador, estimulando a consciência crítica e cuidando da formação ética. Nesse contexto, o professor, certamente em um trabalho articulado e conjunto com a família, desde a educação infantil (que é a base de tudo), poderia ajudar crianças e jovens a atribuir (novos) sentidos às tecnologias e usá-las a serviço de um mundo justo, da dignidade humana e do desenvolvimento sustentável.

A geração Z, repito, não é um conceito abstrato. Detrás desse conceito estão milhares de jovens cheios de energia, vitalidade e emoção, capazes de se envolver em projetos que possam valer a pena. Como todo jovem, desejam ser acolhidos e compreendidos. E trazem em si um mundo de potencialidades.

A indústria da tecnologia e do entretenimento conseguiu seduzi-los com a aventura dos *games* e das mídias. Estou certa de que a escola saberá converter-se em um espaço capaz de seduzir para outra aventura, ainda mais gratificante: a do conhecimento.

Para isso, não é necessário desligar fones nem desconectar plugues das tomadas. Talvez seja preciso começar conhecendo um pouco mais o seu mundo, recriar os modos pelos quais conversamos com os jovens e dar-nos a oportunidade de descobrir e reinventar, juntos, o que existe para além do monitor.

*MultiRio*. 12 jun. 2015. Disponível em: http://multirio.rio.rj.gov.br/index.php/leia/reportagens-artigos/artigos/2933-desliga-o-fone-que-a-aula-vai-come%C3%A7ar. Acesso em: 23 ago. 2019.

**ASSISTA AO VÍDEO SOBRE O TEMA**

**Fonte:** https://globoplay.globo.com/v/2996457/

Acesso em: 13 ago. 2019

# TECNOLOGIAS NO ENSINO: COM QUAL CONTEÚDO?

**No início de julho de 2015, a Microsoft lançava um *site* para ensinar a usar o jogo eletrônico Minecraft com finalidades educacionais. Mais um exemplo de prática crescente: a incorporação de tecnologias no ensino.**

A Microsoft acaba de lançar um *site* que ensina a usar o Minecraft – um dos jogos eletrônicos mais populares do mundo – com finalidade educacional. Ao fazer isso, vai ao encontro de duas tendências das novas formas de aprender: a *gamefication* (didática que usa desafios, competições e ambientes lúdicos para resolver problemas) e a incorporação de recursos digitais ao ensino.

Isso não significa que o livro didático será substituído. Mas, se até pouco tempo atrás ele era o principal material de referência, a partir de agora deve se relacionar com objetos digitais, como vídeos, exercícios interativos e estudos de caso multimídia, viabilizando ao aluno uma experiência de aprendizagem com percursos flexíveis, ainda que bem estruturados.

A questão não é qual tecnologia, mas que conteúdo se coloca dentro dela. O caso do Minecraft pode ser uma tentativa interessante, mas há que lembrar que se trata apenas de mais um ambiente, sem muito conhecimento dentro. Ele exercita o poder de tomar decisões, a criatividade e a resolução de problemas, mas em algum momento o aluno terá que acessar e estudar conteúdos mais complexos.

Não há dúvida de que mesclar o estudo por livros impressos com objetos digitais, conforme os percursos e ritmos de aprendizagem de seus alunos, é o caminho mais indicado para que escolas e universidades brasileiras melhorem o padrão de desempenho dos estudantes. Isso implica reestruturar os planos de ensino, associando de forma lógica as aulas presenciais e as atividades a distância.

Mas, para dar certo, em cada área do conhecimento, há que garantir conteúdo de qualidade também nos aplicativos eletrônicos. É preciso ter cuidado com certas adaptações, improvisos e produções caseiras sem grande valor didático.

Um ou outro aplicativo popular e divertido sempre pode motivar os alunos. No entanto, é mais provável que os melhores resultados de aprendizagem sejam os que derivem de conhecimento impresso e digital consistente, oriundo de autores e editoras de referência nas áreas técnica, científica e acadêmica, estudado com a orientação de professores bem preparados. É isso que, para além de divertir e motivar, desenvolve competências para o trabalho e para a vida.

*G1*. 2 jul. 2015. Disponível em: http://g1.globo.com/educacao/blog/andrea-ramal/post/tecnologias-no-ensino-com-qual-conteudo.html. Acesso em: 23 ago. 2019.

**ASSISTA AO VÍDEO SOBRE O TEMA**

**Fonte:** http://g1.globo.com/globo-news/jornal-globo-news/videos/v/andrea-ramal-comenta-uso-da-internet-e-tecnologia-na-educacao/4937501/

Acesso em: 13 ago. 2019

# OLIMPÍADAS DO CONHECIMENTO AJUDAM ESTUDANTES A APRENDER MAIS E MELHOR

**Disciplinas como matemática ou física são, para muitos estudantes, um bicho de sete cabeças. Mas talvez essas matérias não assustassem tanto se fossem tratadas como desafios. É o que ocorre quando os estudantes participam de eventos como a Olimpíada Brasileira de Matemática, entre outros.**

Disciplinas como matemática ou física são, para muitos estudantes, um bicho de sete cabeças. Mas talvez essas matérias não assustassem tanto se fossem tratadas como desafios. Afinal, quem não se entusiasma ao resolver enigmas e problemas nos jogos eletrônicos, para passar de fase, ou ao testar sua inteligência para superar etapas mais difíceis? O mesmo poderia acontecer na escola, ao lidar com problemas matemáticos cada vez mais complexos.

Essa é uma das maiores contribuições que as competições ligadas a conhecimento, como a Olimpíada Brasileira de Matemática das Escolas Públicas (Obmep), trazem para o estudo dessas disciplinas. Ao participar dos torneios, disputando posições com outros jovens, os estudantes lidam com os conteúdos de outra forma, motivados a resolver desafios sempre mais instigantes. Assim, acabam desenvolvendo novas competências e talentos – que, no ensino tradicional, poderiam passar despercebidos.

Qual é o segredo? A aprendizagem passa a ter o sabor de "*game*". Há que usar o pensamento e a lógica em contextos de desafio, em situações-problema com metas a superar e numa dinâmica de competição, o que envolve também competências emocionais e sentimentos como superação dos próprios limites, frustração, conquista, reconhecimento, valorização e autoestima.

As questões desse tipo de competição não envolvem decoreba nem são desconectadas da vida real – o oposto do que acontece na didática tradicional ainda mantida por muitas escolas. Elas trazem desafios com os quais todos lidamos no dia a dia, como, por exemplo, calcular o rateio proporcional de ingressos de cinema entre amigos ou definir probabilidades num sorteio, além de questões de lógica, ligadas ao pensamento abstrato e ao raciocínio.

Além disso, os organizadores dos eventos disponibilizam, em geral, materiais para estudo e preparação, videoaulas e até capacitação de professores, o que permite que o torneio sirva, ainda, para renovar o ensino, aproximando-o das tendências da educação de hoje. Não é raro encontrar, nas escolas que participam dessas competições, grupos de estudos montados espontaneamente pelos alunos e professores que cumprem o papel de orientadores e treinadores, ou *coaches*.

Por tudo isso, tanto as famílias como as escolas públicas e particulares deveriam estimular os estudantes a participar dessas competições. Os colégios podem inclusive aproveitar a oportunidade para construir projetos específicos, usando materiais e questões dessas provas e fazendo uma mobilização interna a partir do *game*. Será bom para os jovens, porque passam a ter mais motivação para o aprendizado, para os professores, que contam com mais recursos para o trabalho, e para as escolas, que podem melhorar de forma significativa o desempenho dos jovens em disciplinas tão necessárias no trabalho e na vida.

*G1*. 22 jul. 2015. Disponível em: http://g1.globo.com/educacao/blog/andrea-ramal/post/olimpiadas-do-conhecimento-ajudam-estudantes-aprender-mais-e-melhor.html. Acesso em: 23 ago. 2019.

uqr.to/fml8

**ASSISTA AO VÍDEO SOBRE O TEMA**

**Fonte:** http://g1.globo.com/globo-news/estudio-i/videos/t/todos-os-videos/v/congresso-internacional-de-matematicos-comeca-na-quarta-1-no-rio/6911744/

Acesso em: 13 ago. 2019

## *BULLYING*: ESCOLAS TROCAM PUNIÇÕES POR RAP, IOGA E OUTRAS INOVAÇÕES

**Não há uma receita única para lidar com o grave problema do *bullying*, mas experiências bem-sucedidas sugerem que, em vez de punições, criar oportunidades para que os jovens se tornem parte da solução pode ser um dos melhores caminhos.**

Cada vez mais escolas investem em prevenir o *bullying* com propostas criativas, que tiram o foco da punição e estimulam os jovens a trabalhar a empatia, participar de eventos de integração e manifestar suas emoções.

No Brasil, entrou em vigor este ano a Lei nº 13.185/2015, que obriga as instituições a combater o *bullying* a partir de quatro linhas de ação: capacitar docentes para prevenir e resolver o problema, orientar familiares para identificar vítimas e agressores, realizar campanhas educativas e fornecer assistência psicológica e jurídica a vítimas e agressores. Pelo texto da lei, a punição deve ser, sempre que possível, trocada por atividades voltadas à mudança de comportamento.

Algumas experiências de sucesso parecem confirmar que esse é o caminho mais indicado. Na Argentina, por exemplo, um dos países da América Latina com maior número de denúncias de *bullying* (inclusive com episódios recentes de suicídios de estudantes), as escolas têm relatado conquistas significativas com atividades que estimulam o relacionamento interpessoal, na quais os jovens podem compartilhar suas dúvidas e seus talentos e se reconhecer como pessoas que têm sentimentos e precisam ser ouvidas e valorizadas.

Num colégio de ensino médio, por exemplo, os alunos costumavam fazer raps para se insultar mutuamente. Os diretores perceberam que, com as sanções, em poucos dias os jovens voltavam a agir do mesmo modo. Então a escola decidiu tentar colocar os estudantes como protagonistas da solução. Convidou-os a uma oficina de trabalho sobre os problemas típicos da idade, no qual os jovens poderiam descrever as suas emoções e também interpretá-las com raps.

O resultado foi surpreendente. Enquanto esses jovens pouco conversavam sobre suas vivências com os professores, nas músicas, eles expressaram seus medos e angústias relacionadas ao que passavam na escola. Além de servir como desabafo, a atividade os levou a discutir o problema. O rap ganhou um sentido solidário e transformador.

No Colorado, onde ocorreu o massacre de Columbine (quando dois estudantes sentiram a necessidade de se vingar do que haviam sofrido, deixando 15 mortos), diversas escolas instituíram a prática de ioga na escola primária, para ensinar as crianças a gerenciar o estresse e a raiva. Os estudantes aprendem a filosofia, as posturas e a respiração da ioga, além de técnicas de concentração. Os alunos relataram diminuição de 60% em seu próprio comportamento "agressor" e 42% nas intimidações que sofriam.

Vale levar em conta, ainda, o programa KiVa, aplicado nas escolas da Finlândia. Ele não coloca o foco só na vítima ou no agressor, mas também nas testemunhas do *bullying*, para que entendam a importância de seu papel. Busca-se educá-los para que não aceitem passivamente as agressões que presenciam, nem deem força aos agressores, mas que intervenham e apoiem as vítimas, a fim de influenciar positivamente no comportamento do grupo.

Se por um lado não há uma receita única para lidar com o grave problema do *bullying*, por outro as experiências bem-sucedidas sugerem que, em vez de punições, criar oportunidades para que os jovens assumam seu protagonismo e se tornem parte da solução pode ser um dos melhores caminhos.

*G1*. 31 maio 2016. Disponível em: http://g1.globo.com/educacao/blog/andrea-ramal/post/bullying-escolas-trocam-punicoes-por-rap-ioga-e-outras-inovacoes.html. Acesso em: 23 ago. 2019.

# PROFESSOR AMERICANO EXPLICA MÉTODO DE ENSINO BASEADO EM TECNOLOGIA E TROCA ENTRE ALUNOS

**Em 26 de agosto de 2016, chegava ao Brasil, pela primeira vez, o professor americano Aaron Sams, autor do livro *Sala de aula invertida* e precursor do método. Ele compartilhou suas ideias comigo numa entrevista exclusiva para o blog do G1.**

Pela primeira vez no Brasil, o professor americano Aaron Sams vem lançar a edição brasileira do livro *Sala de aula invertida: uma metodologia ativa de aprendizagem* (LTC), escrito em parceria com Jonathan Bergmann e já traduzido em dezenas de países, como Espanha, China, Japão, México, Itália e Coreia do Sul, entre outros. Devido aos resultados positivos desse novo modelo educativo, Sams tem rodado o mundo e falará a professores brasileiros em São Paulo e no Rio de Janeiro. Como prévia, concedeu a este blog uma entrevista exclusiva.

Para entender o método: o aluno estuda os conteúdos básicos antes da aula, com vídeos, textos, áudio e outros recursos tecnológicos. Em sala, o professor aprofunda o aprendizado com exercícios, estudos de caso e conteúdos complementares. Esclarece dúvidas e estimula o intercâmbio entre a turma. Na pós-aula, o estudante pode fixar o que aprendeu e integrá-lo com conhecimentos prévios, por meio de atividades como, por exemplo, trabalhos em grupo, resumos, intercâmbios no ambiente virtual de aprendizagem. O processo é permeado por avaliações para verificar se o aluno é capaz de aplicar conceitos e se desenvolveu as competências esperadas.

**Qual a principal diferença entre a "sala de aula invertida" e a sala de aula usual?**

**Aaron Sams:** Na sala de aula invertida, os professores são essenciais e realizam as mesmas tarefas que fariam em ambientes de ensino tradicional, tais como auxiliar a aprendizagem dos estudantes, selecionar e cobrir conteúdos e avaliar o desempenho dos estudantes. A diferença mais importante é que nesse novo método de ensino aproveitam-se de forma diferente as competências do professor dentro e fora do ambiente escolar. A aprendizagem invertida opera a partir do pressuposto de que a cobertura de conteúdo ocorre principalmente fora da sala de aula e deve ser uma tarefa compartilhada com os alunos, em vez de um trabalho exclusivo do professor.

**Os alunos, em geral, se mostram mais motivados na sala de aula invertida? Por quê?**

**Aaron Sams:** Sim. Esse método aumenta o interesse dos alunos, já que na estrutura de uma aula tradicional eles ficam com dúvidas que só vão perceber na hora do exercício ou do estudo, sozinhos em casa, o que é desestimulante. Com os vídeos, apresentamos aos alunos uma plataforma multimídia que é fácil de entender e muito mais engajadora.

**O método de sala de aula invertida pode ser implementado em instituições com poucos recursos financeiros, como ocorre no ensino público brasileiro?**

**Aaron Sams:** Sim! Uma sala de aula invertida pode ser implementada em instituições de diferentes recursos financeiros. Existem várias opções de recursos gratuitos e colaborativos de audiovisual, como ferramentas de produção de vídeo, distribuição de vídeo e sistemas de gerenciamento de ensino. O maior custo é a tecnologia do usuário final, que precisa ter internet adequada, mas com o grande número de *smartphones*, que estão cada vez mais baratos, nem mesmo isso se torna mais um problema.

**A sala de aula invertida eleva o nível de aprendizado do aluno?**

**Aaron Sams:** Qualquer pesquisa numérica que eu tenha visto indica que a inversão tem ganhos que vão de moderados a significativos. Não há indicações de que a sala de aula invertida cause danos. No mais, pesquisas mostram que os estudantes são mais felizes e menos estressados na sala invertida, assim como os professores. A inversão utilizada com outras estratégias de ensino se torna ainda mais eficaz. Alguns exemplos são Peer Instruction (instrução pelos colegas), Active Learning (aprendizagem ativa) ou Mastery Learning ("aprendizagem de maestria").

**Tenho visto boas experiências da sala de aula invertida em universidades. É um caminho para renovar o ensino superior?**

**Aaron Sams:** Acredito firmemente que a sala de aula invertida é uma maneira de inovar na educação superior. Salas invertidas são o primeiro passo que professores podem dar para sair da frente da sala como "entregadores de informações" e adquirir papel de facilitadores do aprendizado. Esse passo pode redefinir o papel do professor como um especialista pedagógico, assim como um especialista no conteúdo.

**Como educador que tem conversado com muitos professores ao redor do mundo, qual sua principal recomendação para os mestres brasileiros, que lidam com uma realidade desafiadora nas escolas e universidades?**

**Aaron Sams:** Professores e estudantes ao redor do mundo são surpreendentemente similares. Eles têm desafios e objetivos semelhantes. Apesar das diferenças culturais e dos desafios financeiros, todos estão empenhados em fazer da educação algo relevante e ativo, personalizado para os estudantes. Estou animado por viver num tempo em que tecnologias são desenvolvidas para ajudar nesses objetivos.

*G1*. 26 ago. 2016. Disponível em: http://g1.globo.com/educacao/blog/andrea-ramal/post/professor-americano-explica-metodo-de-ensino-baseado-em-tecnologia-e-troca-entre-alunos.html. Acesso em: 23 ago. 2019.

# A ESCOLA DO SEU FILHO ENSINA A APRENDER? HORA DE PEDAGOGIA OU HEUTAGOGIA?

**Melhorar o desempenho dos estudantes depende, entre outros fatores, de mudar as formas de ensinar. Construir uma sala de aula mais atraente e mais adequada ao aluno do século XXI é um dos maiores desafios da educação dos próximos anos.**

Na pedagogia tradicional, vigente em boa parte das escolas, os estudantes são organizados em turmas por idades e os professores conduzem o grupo a avançar de uma etapa a outra da formação. O professor explica os conceitos, o aluno faz exercícios. A dinâmica se repete por várias semanas até o dia da prova.

O resultado das avaliações costuma mostrar variação nos níveis de aprendizado, evidenciando determinadas lacunas no conhecimento de cada estudante. O problema é que, nas aulas seguintes, o professor seguirá em frente com matérias mais complexas.

E essa é uma das explicações para o fracasso atual de nosso ensino. Nos mais recentes Pisa (exames internacionais de medição de competências dos estudantes), o Brasil ficou nas últimas posições. Um levantamento do Todos pela Educação, realizado a partir da Prova Brasil, mostrou que apenas 10% dos estudantes do ensino médio aprendem o necessário em matemática. Isso ajuda a explicar a dificuldade que os universitários enfrentam nas disciplinas que dependem de conceitos da educação básica.

Os buracos na compreensão dos conteúdos vão se acumulando, com efeitos diversos. Alguns estudantes conseguem voltar ao ritmo da turma. Mas uma parte significativa não entenderá as aulas seguintes e começará a ter dificuldades com relação à matéria – como é o caso, por exemplo, dos que dizem "não levar jeito para a matemática", como se isso fosse algo genético. Num dado momento, o conhecimento prévio necessário é de tal porte que as lacunas acumuladas se tornam um muro intransponível. As consequências são repetência e o abandono escolar, ou ainda a perda de talentos em diversas profissões que simplesmente não são escolhidas, porque ficaram atrás do muro.

A boa notícia é que, hoje, há recursos com os quais os pedagogos de outrora não podiam contar, como os diversos recursos tecnológicos. Por exemplo, os professores podem usar ambientes virtuais e gerar relatórios do aprendizado de cada aluno, por tópico estudado. Se um aluno precisa rever as aulas no seu próprio ritmo, pode ver videoaulas – ferramenta à qual os jovens já costumam recorrer por si mesmos, até para aprender um novo jogo eletrônico. O professor pode checar a evolução por meio de exercícios interativos, adaptáveis a cada percurso. Os alunos podem ter *feedbacks* imediatos.

Cada estudante deve seguir uma trilha determinada. É o que se chama de ensino personalizado ou aprendizagem adaptativa, na qual o percurso se adapta às necessidades de cada um, com planos de trabalho individualizados. Isso se relaciona diretamente ao papel ativo do estudante, na gestão da própria aprendizagem. O professor se torna, muito mais do que expositor, um orientador, um arquiteto cognitivo que desenha os melhores caminhos para os aprendizes. Ele também tem a tarefa de entusiasmá-los a seguir aprendendo. O foco sai do professor que apresenta lições e passa para a interação entre estudantes e conhecimentos.

Eis o que a escola precisa ensinar agora: aprender a aprender. Um processo em que a pessoa é a maior responsável pela gestão de sua aprendizagem. Vamos da pedagogia, que etimologicamente remete a conduzir o estudante, para a heutagogia (aprendizagem autodirecionada), na qual nos tornamos responsáveis por buscar e construir o conhecimento por conta própria. Essa capacidade, da qual precisaremos ao longo da vida num mundo de mudanças velozes, envolve autodisciplina, motivação, organização e flexibilidade. E a escola do seu filho, já ensina assim?

*G1*. 21 mar. 2017. Disponível em: http://g1.globo.com/educacao/blog/andrea-ramal/post/escola-do-seu-filho-ensina-aprender-hora-de-pedagogia-ou-heutagogia.html. Acesso em: 23 ago. 2019.

## SETE COMPETÊNCIAS PARA AS ESCOLAS E FACULDADES SE ADAPTAREM AO NOVO MERCADO PROFISSIONAL

**Em 13 de julho de 2017, o presidente Michel Temer sancionava o texto da reforma trabalhista, que mudava a lei trabalhista brasileira e trazia novas definições sobre férias, jornada de trabalho e outras questões. Entre as mudanças, a nova lei permitia a terceirização nas empresas, mesmo que relacionadas à sua atividade-fim.**

O mercado profissional vem mudando e a reforma trabalhista aprovada em 12 de julho, em muitos aspectos, só registra o que já estava acontecendo de modo informal. Questões ideológicas à parte (sem dúvida existem, mas não é objetivo deste artigo discuti-las), é fato que há novas competências que escolas, famílias e universidades deveriam desenvolver nos estudantes, com vistas a um bom desempenho no mundo do trabalho dos próximos anos.

Veja abaixo sete competências que estão se tornando cada vez mais essenciais aos atuais e futuros profissionais:

- **Habilidade de negociação.** Os acordos entre prestadores de serviços e contratantes poderão se sobrepor à própria legislação trabalhista. Isso vai requerer habilidade para chegar a consensos por meio do diálogo, traquejo no relacionamento interpessoal e prática para resolver conflitos, buscando soluções em que as duas partes se sintam confortáveis. Isso envolve também aspectos como senso de oportunidade, persuasão e ética.
- **Foco em resultados.** Entregar o que lhe é confiado no prazo e com qualidade, com o menor gasto de recursos e a maior produtividade. Isso implica, entre outros aspectos, manter a concentração e não perder tempo com atividades que o distanciem de suas principais metas.
- **Autonomia, autodisciplina e processos de trabalho.** O home office ou teletrabalho, regulamentado pela reforma trabalhista, é uma tendência apreciada tanto pelas

empresas como pelos seus colaboradores, por aliar economia de recursos com qualidade de vida no trabalho. Para funcionar bem, requer organização, capacidade de gestão do tempo, planejamento do trabalho a partir de processos e bastante autocontrole.

- **Capacidade comercial e de marketing pessoal.** Profissionais que prestam serviços têm passado a trabalhar por projetos e até mesmo para mais de uma empresa. Irão sobressair aqueles que souberem divulgar bem os seus talentos e montar uma carteira de clientes fiéis.
- **Flexibilidade e resiliência.** O mercado de trabalho se tornou volátil e é comum que, ao longo do tempo, o profissional acabe assumindo novas atribuições, diferentes daquelas para as quais foi inicialmente contratado. Estar aberto a essa possibilidade, assim como administrar as próprias emoções ao lidar com situações adversas e com mudanças, são fortes diferenciais.
- **Disposição para trabalhar em grupo e respeitar diferenças.** As empresas costumam montar equipes multidisciplinares e estas podem variar de acordo com cada projeto. Isso requer capacidade de ouvir os diversos pontos de vista e de exercer diferentes posições nos grupos – ora podemos ser líderes, ora coadjuvantes ou colaboradores. Conviver bem com as diferenças de cultura, raça, crença, posição política é essencial. Ter uma atitude inclusiva é ainda melhor.
- **Capacidade de aprender continuamente e se reinventar.** Num mundo marcado por inovações tecnológicas e pela rapidez das mudanças, os conhecimentos se tornam obsoletos ou insuficientes em pouco tempo. Algumas profissões deixaram de existir e outras se tornaram completamente diferentes nos últimos anos. Mesmo sem um professor do lado ou sem frequentar cursos formais, os profissionais deverão ter habilidades para aprender o tempo todo, mantendo-se atualizados por meio de processos de educação continuada.

*G1*. 18 jul. 2017. Disponível em: http://g1.globo.com/educacao/blog/andrea-ramal/post/sete-competencias-para-escolas-e-faculdades-se-adaptarem-ao-novo-mercado-profissional.html. Acesso em: 23 ago. 2019.

**ASSISTA AO VÍDEO SOBRE O TEMA**

**Fonte:** https://globoplay.globo.com/v/7593636/

Acesso em: 13 ago. 2019

# SALA DE AULA INVERTIDA FAZ O ALUNO APRENDER MAIS, DIZ JONATHAN BERGMANN, PIONEIRO NO MÉTODO

**O americano Jonathan Bergmann, pioneiro do método da sala de aula invertida e um de seus criadores, concedeu a este blog uma entrevista exclusiva, às vésperas de embarcar para sua primeira conferência no país, em 22 de agosto de 2017.**

Uma das metodologias mais promissoras para renovar o ensino é a sala de aula invertida. O americano Jonathan Bergmann, pioneiro do método e um de seus criadores, concedeu a este blog uma entrevista exclusiva, às vésperas de embarcar para sua primeira conferência no país. Na entrevista, ele garante que a sala de aula invertida vai muito além de assistir a vídeos e traz uma nova forma de funcionamento da aula, na qual o professor, em vez de apresentar conteúdos, pode propor oportunidades de aprendizagem ativa e estabelecer mais relacionamento com os estudantes.

**O que é a "sala de aula invertida"?**

**Jon Bergmann:** Nosso sistema educacional está falido. Estabelecido sobre o modelo da era industrial, não atende mais às necessidades dos estudantes de hoje. A sala de aula invertida (SAI) é a metaestratégia que apoia todos os outros métodos de aprendizagem ativa. Funciona por sua simplicidade e impacto. Fundamentalmente, você muda o funcionamento da sala de aula. A apresentação de conteúdos sai do momento de grupo (horário da aula) para o momento individual (tempo do aluno sozinho – geralmente, em casa). O momento do grupo (o horário das aulas) se transforma num ambiente em que estratégias de aprendizagem ativa podem ser usadas para aprofundar a compreensão do aluno, esclarecer as suas dúvidas e criar relacionamentos de qualidade.

**Comparada com os métodos tradicionais, qual a maior inovação da SAI?**

**Jon Bergmann:** A sala de aula invertida muda o local onde a apresentação de conteúdos acontece e, assim, transforma o encontro com a turma no momento de usar estratégias de aprendizagem ativa. Em vez de o professor ficar na frente e dar a aula, o que abre uma distância (eu sou o professor, você é o aluno), na SAI o professor estabelece mais relacionamento com os estudantes, conseguindo atingi-los de um modo que não conseguia antes. Por isso, a SAI é muito mais do que usar vídeos. Ela tem a ver com as coisas ativas que acontecem na aula, porque deslocamos as apresentações de conteúdo para outro momento.

**Que evidências você tem de que essa metodologia eleva o aprendizado e o desempenho dos estudantes?**

**Jon Bergmann:** Já faz mais de dez anos que ajudamos os pioneiros na SAI. A pesquisa e os relatórios de praticantes de todo o mundo confirmaram a sua eficácia. Essa metodologia eleva o desempenho nas provas, ajuda estudantes em dificuldades, ajuda os alunos a aprender uma segunda língua, é mais motivadora para os alunos, mais motivadora para professores, e a lista continua. A SAI está sendo usada agora em algumas das mais prestigiadas universidades do mundo, incluindo Harvard, Yale, MIT e Stanford. Qualquer um pode buscar sala de aula invertida no Google e acessar todas as evidências necessárias.

**Como envolver os alunos com as tarefas prévias à aula quando muitos não têm a estrutura ideal (por exemplo, pais presentes, ambiente adequado etc.)? Nas comunidades de baixa renda, nas escolas que convivem com uma rotina diária de violência no entorno, há espaço para a sala de aula invertida?**

**Jon Bergmann:** Vi a sala de aula invertida implementada em áreas de baixa renda ao redor de todo o mundo. Normalmente, o que acontece nessas escolas é um modelo "inversão interna" (*in-flip*). Ou seja, as tarefas individuais são realizadas durante o dia escolar. Não se espera que os estudantes tenham acesso à tecnologia em casa. Assim, no *in-flip*, os alunos empregam algum tempo na própria escola para assistir aos vídeos e, em seguida, o tempo de aula é usado como ambiente para a aprendizagem ativa. Também estamos descobrindo, em diversas escolas de áreas pobres, que mais e mais estudantes têm acesso a um telefone celular. Então, muitas escolas nessa situação privilegiam tecnologias acessíveis por celular.

**No Brasil, infelizmente, muitos alunos não têm fortes hábitos de estudo e acabam não fazendo atividades de casa – o que, para o sucesso da sala de aula invertida, é essencial. Como lidar com esse desafio?**

**Jon Bergmann:** Essa é a pergunta mais recorrente sobre a SAI em todos os lugares. Temos uma orientação específica sobre como lidar com estudantes que não fazem a "pré-aula". Há várias dicas que podem ajudar:

- Use o *in-flip* explicado na resposta anterior.
- Ensine os alunos a interagir com o conteúdo.
- Use vídeos curtos (3-7 minutos).
- Nunca passe o vídeo na aula aos estudantes que não fizeram a pré-aula.

Descobrimos que essas estratégias fazem grande diferença na implementação bem-sucedida da SAI.

**Há sala de aula invertida sem uso de tecnologias digitais?**

**Jon Bergmann:** A SAI é uma solução pedagógica, não tecnológica – embora exista uma parte tecnológica. Portanto, é importante que as escolas escolham uma boa tecnologia ao implementá-la. Graças à tecnologia, por exemplo, os estudantes podem dar "pausa" e "voltar" a explicação do professor. Quantas vezes, na aula, um aluno ouve e tenta anotar tudo, mas se perde? A mágica não está na tecnologia, e sim em melhorar o que se faz com a turma.

**A SAI substitui antigas metodologias de ensino? Ou há intercessão possível?**

**Jon Bergmann:** A sala de aula invertida é o equilíbrio perfeito entre o antigo e o novo. Pense no "antigo" como palestra e no "novo" como centrado no aluno. A SAI ainda valoriza a apresentação de conteúdos, a instrução direta. Os alunos não dominam o que desconhecem, os professores sim. A SAI é um caminho para que os professores sigam ensinando seu conteúdo – mas em momentos diferentes. Assim, o tempo de aula pode ser mais centrado no aluno. O que será feito? Um projeto? Uma experiência? Uma discussão? Simulações, jogos? Há muito para fazer na aula, de forma mais ativa e envolvente.

*G1*. 22 ago. 2017. Disponível em: http://g1.globo.com/educacao/blog/andrea-ramal/post/sala-de-aula-invertida-faz-o-aluno-aprender-mais-diz-jonathan-bergmann-pioneiro-no-metodo.html. Acesso em: 23 ago. 2019.

# O FUTURO DO LIVRO DIDÁTICO NO MUNDO DIGITAL

**Com milhares de conteúdos *on-line* gratuitos na internet, o avanço das metodologias ativas de ensino e o aumento do acesso à rede, cabe a pergunta: ainda precisamos de livros didáticos?**

Os livros didáticos sempre foram um recurso fundamental para a aprendizagem na escola e na universidade. A experiência dos estudantes de hoje, porém, começa a se modificar. Com milhares de conteúdos *on-line* gratuitos na internet, o avanço das metodologias ativas de ensino e o aumento do acesso à rede, cabe a pergunta: ainda precisamos de livros didáticos?

É claro que sim, mas tanto o formato como o papel desses livros está se modificando. É o que observamos, por exemplo, na educação básica nos Estados Unidos. Com proporção de um computador para cada cinco alunos na maioria das escolas e quase todos os professores com acesso ao computador em sala de aula, abriram-se possibilidades fantásticas para quem produz material de ensino. As editoras lançaram plataformas digitais para estudantes e professores e também começaram a enriquecer os livros com recursos como vídeos, áudios ou simulações.

No Brasil, verificamos o mesmo fenômeno, inclusive no ensino superior. As editoras passaram a se conceber, muito mais do que como produtoras de livros tradicionais, como organizações de apoio à educação presencial e *on-line*, oferecendo material didático digital, disciplinas *on-line* e variadas midiatecas, que ajudam o professor a ensinar de novas formas.

Os novos livros didáticos e seus objetos de aprendizagem caem como luva para as metodologias ativas – como sala de aula invertida ou *problem-based learning* (PBL), por exemplo. Meio caminho andado para que o professor não precise gastar tempo da aula com longas exposições de conteúdos e torne a aula mais dinâmica, esclarecendo dúvidas, motivando os estudantes a resolver desafios e estudos de caso e acompanhando de forma mais personalizada a sua evolução e suas necessidades individuais de aprendizagem.

Há desafios. Por exemplo, é necessário que os professores estejam dispostos a adotar esses recursos e aprendam a utilizá-los. Escolas, universidades e os cursos de formação docente devem ajudar nessa transição.

Além disso, uma competência do novo professor é saber selecionar o conteúdo adequado e confiável. Isso porque há de tudo: materiais produzidos por "conteudistas" em vez de "autores", versões rasas de livros consagrados, apostilas com resumos baseados em copiar-colar. Na contramão dessa vulgarização dos saberes, as editoras capacitam seus autores para produzir conhecimento em diversos formatos e desenvolver materiais com garantia.

Mesmo com tais desafios pela frente, os novos livros didáticos – mais abertos, dinâmicos e interativos – terão sua parcela na transformação das formas de aprender, tornando a educação mais envolvente e emocionante, para alunos e professores.

*G1*. 31 jul. 2017. Disponível em: http://g1.globo.com/educacao/blog/andrea-ramal/post/o-futuro-do-livro-didatico-no-mundo-digital2.html. Acesso em: 23 ago. 2019.

# METODOLOGIAS ATIVAS CHEGAM À EDUCAÇÃO A DISTÂNCIA

**De 17 a 21 de setembro de 2017 realizava-se, em Foz do Iguaçu, o 23º Congresso Internacional da Associação Brasileira de Educação a Distância. O tema "metodologias ativas" envolveu professores e pesquisadores de todo o país.**

Profissionais que trabalham na área educacional em todo o país reuniram-se na semana passada em Foz do Iguaçu, no 23º Congresso Internacional da Associação Brasileira de Educação a Distância. O tema "metodologias ativas" esquentou as discussões entre representantes dos mais diversos setores: escolas, faculdades, universidades corporativas, editoras e fornecedores de tecnologias.

Nos debates de que participei, a maioria compartilha a visão de que as metodologias ativas vieram para ficar, embora revolucionar a sala de aula não implique necessariamente abandonar por completo o modelo tradicional. Ensinar na cibercultura requer estimular o estudante a se envolver com o conhecimento e aprender de forma cada vez mais proativa, o que depende da integração de estratégias didáticas, de acordo com cada objetivo pedagógico.

Ou seja, não se trata de usar métodos ativos por mero modismo ou por pura experimentação, no improviso. Para cada estratégia didática, há metodologias mais apropriadas do que outras, com resultados específicos.

Por exemplo, se o professor busca problematizar questões e desenvolver competências ligadas à postura investigadora, reflexão crítica e busca de soluções criativas, a aprendizagem baseada em problemas (*problem-based learning* – PBL) e os estudos de caso costumam funcionar bem. Se pretende reforçar competências de relacionamento interpessoal, capacidade de diálogo, respeito às diferenças ou habilidades de comunicação, as dinâmicas de grupo podem ser eficazes. Atividades de simulação e de laboratório seriam preferíveis para a experimentação de conhecimentos práticos.

Nessa diversidade de métodos, há lugar para a arte, por exemplo, em trabalhos com *role-playing*, encenações teatrais ou apresentações musicais. E, por que não, para a exposição do professor, seja em videoaulas ou presencialmente, quando se requer expor um conteúdo ou explicar a resolução de um desafio para todo o grupo. Tudo muito bem encadeado por uma trilha de aprendizagem consistente e o mais personalizada possível.

A educação a distância – modalidade que mais cresce no país no ensino superior – está ajudando a acelerar as mudanças na sala de aula tradicional. Mas não no padrão totalmente *on-line*. No congresso, confirmei uma tendência para modelos híbridos, nos quais o estudante tenha atividades a distância, com vídeos e exercícios interativos, e também encontros presenciais. Esse movimento valoriza o professor, que pode aproveitar os momentos com a turma para atividades mais ricas do que exposição de conteúdos, como debates, orientações e avaliações.

O desafio da educação a distância dos próximos anos, para implementar plenamente as metodologias ativas, está menos nas tecnologias e mais nas competências de alunos e professores. Do aluno, precisaremos mais autonomia, autodisciplina e certa maturidade. Do professor, que atue como um arquiteto cognitivo, selecionando os melhores materiais e estratégias para cada momento da trilha de aprendizagem.

*G1*. 26 set. 2017. Disponível em: http://g1.globo.com/educacao/blog/andrea-ramal/post/metodologias-ativas-chegam-educacao-distancia.html. Acesso em: 23 ago. 2019.

## A VIDA VAI EXIGIR MAIS DO QUE ISSO

ROTAPLAN
GRÁFICA E EDITORA LTDA
Rua Álvaro Seixas, 165
Engenho Novo - Rio de Janeiro
Tels.: (21) 2201-2089 / 8898
E-mail: rotaplanrio@gmail.com

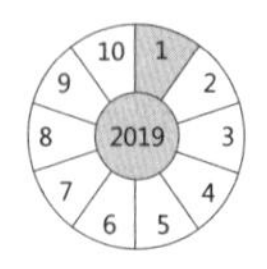